职业教育政策执行的监测与评估体系研究

孙翠香　著

南開大學出版社
天　津

图书在版编目(CIP)数据

职业教育政策执行的监测与评估体系研究 / 孙翠香著. —天津 ：南开大学出版社，2019.12
ISBN 978-7-310-05922-5

Ⅰ. ①职… Ⅱ. ①孙… Ⅲ. ①职业教育—教育政策—研究—中国 Ⅳ. ①G719.20

中国版本图书馆 CIP 数据核字(2019)第 297582 号

南开大学出版社出版发行
出版人:陈　敬
地址:天津市南开区卫津路 94 号　　邮政编码:300071
营销部电话:(022)23508339　23500755
营销部传真:(022)23508542　　邮购部电话:(022)23502200
*
北京建宏印刷有限公司印刷
全国各地新华书店经销
*
2019 年 12 月第 1 版　　2019 年 12 月第 1 次印刷
210×148 毫米　32 开本　9.75 印张　2 插页　280 千字
定价:36.00 元

如遇图书印装质量问题,请与本社营销部联系调换,电话:(022)23507125

天津市哲学社会科学研究规划项目（TJJX13-031）

天津市普通高等学校人文社会科学重点研究基地职业教育发展研究中心资助

目　录

绪论　职业教育政策执行的监测与评估：一个亟待关注的问题

第一节　研究缘起

一、来自政策实践的困惑

（一）依然“问题丛生”的职业教育实践领域

开篇就用“问题丛生”来表征职业教育实践领域存在的诸多问题，或许有点危言耸听，但是，职业教育领域确实存在许多悬而未决或未得到很好解决的问题，诸如职业教育师资质量问题、职业教育招生问题、职业教育课程体系及实施问题、职业教育资金投入问题、职业教育产教融合及校企合作问题、职业教育吸引力问题等，这些问题在某种程度上影响甚至直接决定了人们对职业教育现在及其未来发展的期许。“‘问题’的出现意味着需要和现实之间产生了距离或者差别，从而出现了一种令人不满的状态。”①在某种意义上可以说，职业教育政策正是基于要解决职业教育领域的诸多公共问题并达成公共目标而设计的一种政治行为或行为准则。

那么，这些职业教育公共问题得到解决了吗？为什么近些年以来，我国职业教育政策颁布的数量、频率日益增加，但职业教育领域需要解决的问题却日益繁杂？特别是某些职业教育问题从政策的角度已提出数年，甚至长达三四十年，但在职业教育实践中这些问题仍未得到彻底解决。换句话说，为什么有些职业教育政策的执行效果不尽如人意？例如，旨在提高高职院校整体办学水平和人才培养质量的《教

---

① 陈庆云. 公共政策分析（第二版）[M]. 北京：北京大学出版社，2011：36.

育部 财政部关于国家示范性高等职业院校建设计划》，目标之一是“对部分高等职业院校进行重点支持，以带动全国高等职业院校办出特色、特高水平”[①]。这一政策目标本无可厚非，但为什么在实践中却引起了大量非议？《北京大学教育评论》2019 年 2 月刊载了一篇题为《国家示范性高职院校带动周边院校发展了吗》的文章，作者刘云波通过对 2016 年全国高等职业院校质量年报等数据的多元线性回归分析，发现示范院校的邻近院校和非邻近院校的毕业生就业率和起薪不存在显著差异，示范院校的期次和示范院校的数量均未显著影响周边普通院校的毕业生就业情况。[②]显然，“国家示范性高职院校建设计划”的政策目标并未完全达成，这也就意味着该项政策在执行的过程中可能存在一定的偏差。再如，旨在提高职业教育教师专业素养的教师专业发展方面的政策效果似乎也不尽如人意。教育部从 1978 年以来，先后出台了 50 余项专门性政策，特别是近几年下发的关于提高教师素质的文件越来越细化，针对性也越来越强，如 2011 年 12 月教育部颁布的《关于进一步完善职业教育教师培养培训制度的意见》、2016 年 5 月教育部等七部门专门下发的《职业学校教师企业实践规定》、2016 年 10 月教育部和财政部印发的《关于实施职业院校教师素质提高计划（2017—2020 年）的意见》、2018 年 1 月中共中央国务院颁布的《关于全面深化新时代教师队伍建设改革的意见》、2018 年 2 月教育部等五部门印发的《教师教育振兴行动计划（2018—2022 年）》等。但作为政策目标群体之一的职业院校教师，却对上述政策存在诸多顾虑、疑问、不满，甚至是怨言，职业院校的教师为什么会对不断出台的旨在帮助他们提高专业能力的政策有上述反应？是他们错了吗？然而我们也观察到，在教育教学任务繁重的情况下，职业院校教师往往利用假期时间去参加各种培训，但名目繁多的培训与企业实践效果却并不理想，为什么会出现这样的结果？

① 教育部职业教育与成人教育司．职业教育与成人教育文件汇编（2001—2010 年）[M]．北京：高等教育出版社，2011：156.

② 刘云波．国家示范性高职院校带动周边院校发展了吗[J]．北京大学教育评论，2019（2）.

当然，需要说明的是，任何一项职业教育政策在解决了特定的问题并取得一定效果的同时，必然会引发新的政策问题，也必然需要新的职业教育政策去解决。相应的，也恰恰是这些不断出现的、新的职业教育政策问题，推动了职业教育不断向前发展。因此，从这个意义上来说，依然"问题丛生"的职业教育实践领域，或许恰恰是职业教育政策不断创新的源泉与动力。

（二）政策执行过程的"复杂性"激发了探索这一"黑箱"奥秘的勇气

众所周知，影响职业教育实践问题解决的因素很多，影响职业教育政策执行效果的因素也很多，正如最早将政策执行作为研究焦点的杰弗里·普雷斯曼（Jeffrey L. Pressman）与艾伦·怀尔德夫斯基（Aaron Wildavsky）所言，"一个似乎很简单的计划最后变得非常复杂，它牵涉到许多参与者，牵涉到一大堆不同的观点以及一条必须加以澄清的冗长而且扭曲的布满决策点的路径"[①]。从政策执行的实践来看，即使那些相当直接、简单的政策执行，也包含着许多或明或暗、相互冲突与竞争的利益，而这些利益代表着政策执行者在对待那些相互关联但又不同的问题上所持有的大相径庭的观点与看法，恰恰也是这些相互冲突的利益主体，在很大程度上决定着政策执行的过程及政策执行的效果。在我国，一项职业教育政策出台以后，往往要经历政策宣传、政策传达、学校或教师具体执行等不同阶段，这是一个非常复杂的、充满各种不确定性的过程。也就是说，任何一项职业教育政策的执行过程都是各利益相关者进行"利益博弈"的过程，这一过程的任何一个阶段、任何一个利益主体对政策的理解和判断，都将直接决定着他们在执行政策过程中的态度和行为，因此，都可能直接对职业教育政策执行效果产生影响。"我们可以把政策当作包含初始条件和预期结果的一个假设来探讨，如果在时间 t1 完成 X，那么在时间 t2 会出现 Y

---

① Jeffrey L. Pressman, Aaron Wildavsky. Implementation: How Great Expectations in Washington Are Dashed in Oakland; or, Why It's Amazing That Federal Programs Work at All [M]. Berkeley: University of California Press. 1973: 94.

这样的结果。这样的因果关系链越长，在各个环节之间的交互关系就越多，政策执行就越是变得复杂。”①

职业教育政策的执行受到一组复杂的环境因素的影响，即使没有环境因素的影响，负责执行特定政策的政府机构有时也不能完成任务。不管什么原因——有限的资源、不恰当的组织结构、无效的沟通，或者不良的协调——决策者的决策都有可能使职业教育政策未按其原先政策的设计意图得到执行。“正如政策并不能凭空产生一样，他们也不能凭空执行。确切地说，公共政策的执行受到一组复杂的环境因素的影响。”②事实也确实如此，从我国职业教育政策执行过程的各个利益主体来看，在执行中央政府的职业教育政策过程中，地方政府及教育行政部门可能更关注地方政府的“绩效”，对其管理的部门（包括学校）可能会采取行政命令的方式，而下级部门（包括学校）可能更关注上级教育行政部门的任务或指标的完成情况，往往对其管理的对象（例如教师）采取动员、号召或通过制定激励措施的方式。作为职业教育政策主要目标群体中的教师，往往处在职业教育政策执行链条的最末端，出于对自身各种利益的考量，教师群体往往也会规避与己无关的政策，政策的执行效果也就会变得越发充满各种不确定性。

因此，职业教育政策执行从本质上来说是一个充满不确定性的“黑箱”，也正是对各种“不确定性”存在兴趣，也或许仅仅是对政策执行过程“复杂性”本身的着迷，笔者想尝试探索这其中奥秘，或许最后的结果是仅仅了解了“政策执行”这一“黑箱”的冰山一角，但“探索”本身就需要并也值得尝试。

（三）困惑：一系列关于“政策”的问题

近些年来，笔者虽然一直对职业教育政策有所关注并有一定了解，但是却有更多的困惑和疑问萦绕脑海：如何判断一项职业教育政策是否取得了成效？或者说如何判断一项职业教育政策是否达成了其

① Jeffrey L. Pressman, Aaron Wildavsky. Implementation (3rd edition) [M]. Berkeley: University of California Press. 1984: XXII.

② [美]罗伯特·B. 登哈特. 公共组织理论[M]. 扶松茂，丁力，译. 北京：中国人民大学出版社，2011：109.

预期目标，并最终解决了需要解决的问题？进一步说，如果某项职业教育政策达成了其政策目标，那么，它是不是还产生了其他的政策后果？职业教育政策从本质上来说是调整不同主体之间的利益关系的，那么，一项职业教育政策会使谁受益，又会使谁的利益受损？如果要对一项已经颁布并实施的职业教育政策进行监测与评估，那么应该由谁来监测与评估？如何进行监测与评估？监测与评估会产生什么样的结果？这些监测与评估结果会改变一项政策的去留吗？这项职业教育政策会被调整或废止吗？职业教育政策制定者会制定新的政策来解决由原来政策引发的问题吗？政策执行过程会因为监测与评估而重新开始吗？上述问题要想得到很好的回答，必然需要将职业教育政策执行作为一个“问题”来进行研究和探索。

二、反思：我国职业教育政策体系之“困”[①]

（一）我国庞大的职业教育政策体系

1. 我国职业教育政策体系的内涵阐释

职业教育政策体系有广义和狭义两种内涵。从广义上来看，我国职业教育政策体系是指我国颁布的一系列涉及职业教育发展与改革的所有的职业教育政策的总和，既包括国家宪法和法律体系中涉及职业教育发展的法律、法规、条例等，也包括由各级政府或教育行政管理部门及相关部委颁布的、涉及职业教育发展和改革的各种规定、文件、规章等。诸如《中华人民共和国宪法》《中华人民共和国教育法》《中华人民共和国高等教育法》中均有涉及职业教育改革与发展的相关法律条款、法规、实施条例；再如《学校卫生工作条例》《学校体育工作条例》等部门规章，其条款和规定均涉及职业院校。因此，这些部门规章也可以归属为广义的职业教育政策体系。可见，上述法律、法规或条例等，并不是专门针对职业教育改革与发展的，但又与职业教育改革与发展密切相关，因此，可以将其看作是广义的职业教育政策体

① 本部分内容根据笔者 2018 年 2 月发表于《职教论坛》第 2 期的《改革开放 40 年我国职业教育政策体系述评》一文整理而成。

系的范畴。与广义的职业教育政策体系不同，狭义的职业教育政策体系专指由我国立法机关、各级政府、教育行政管理部门（或联合相关部门）制定颁布的专门针对职业教育改革与发展的一系列法律、法规、规章、规定等。如《中华人民共和国职业教育法》，该法即是由全国人民代表大会常务委员会作为立法主体于1996年9月颁布实施的、专门针对职业教育改革与发展的职业教育法律。再如由国务院颁布实施的《关于大力推进职业教育改革与发展的决定》（2002 年）、国务院七部委颁布的《关于进一步加强职业教育工作的若干意见》（2004年）、国务院颁布的《关于大力发展职业教育的决定》（2005年）、国务院颁布的《关于加强职业培训促进就业的意见》（2010年）、国务院和中央军委联合颁布的《关于加强退役士兵职业教育和技能培训工作的通知》（2010年）、国务院颁布的《国家职业教育改革实施方案》（2019年），这些均属于专门针对职业教育改革与发展的狭义的职业教育政策。为了更全面、客观地分析职业教育政策体系，本书采用广义的职业教育政策体系的内涵。但需说明的是，鉴于地方各级政府、各政治团体等制定的职业教育政策数量过于复杂和庞大，本书仅以改革开放40年间（1978—2017 年）由国家层面和各部委颁布的职业教育政策为分析对象，力图从整体上描述我国职业教育政策体系。

还需说明的是，本书中所提到的职业教育政策既包括位阶层次较高的、可作为司法裁判依据的、由立法部门通过立法程序制定并实施的教育法律和法规，又包括位阶层次相对较低的、由各级政府和教育行政部门制定的规章、制度、条例等。因为从本质上讲，教育法律法规和教育条例、规章都是基于要调整一定时期内的教育利益关系，由公权力机关颁布实施的，并且具有一定强制力和约束力的行为准则。前者诸如《中华人民共和国宪法》《中华人民共和国教育法》《中华人民共和国高等教育法》《中华人民共和国职业教育法》中涉及职业教育改革与发展的相关法律条款、法规等，这些教育法律法规层面的职业教育政策是具有法律效力的、影响范围较广的、经过实践检验且较为成熟稳定的教育政策；后者如教育部《关于完善中等职业教育贫困家庭学生资助体系的若干意见》（2006年）、国务院《关于大力发展职业教育的决定》（2005 年）、国务院《关于加快发展现代职业教育的决定》（2014 年）、国务院《国家职业教育改革实施方案》（2019 年）等，尽管是以意见、决定、方案等形式颁布实施的，但同样是由公权力机关颁布实施的、具有强制力的职业教育政策。

2. 我国职业教育政策体系的量化与质性分析

我国职业教育政策体系是一个庞大且繁杂的系统，关涉职业教育改革与发展的方方面面。本书以 1978—2017 年国家层面的职业教育政策为分析对象，力图从整体上描述我国职业教育政策体系，梳理我国职业教育政策变迁的特点和动向，为进一步深化和丰富我国职业教育政策的理论和实践提供一定的依据。

（1）改革开放 40 年间我国职业教育政策体系的整体态势与特征

根据不完全统计①，改革开放 40 年间，全国人大、中共中央、国务院、教育部（或联合其他部委）等立法机构和部门颁布的各类职业教育政策多达 692 项，这些由不同立法机关、中央政府、部委颁布的职业教育政策构成了庞大而复杂的职业教育政策体系。从整体上看，我国职业教育政策体系在数量上日益增加，国家层面不仅每年颁布的政策总量逐年上升，而且纵向来看 40 年间上升趋势非常强劲（见图 1）。例如，我国职业教育政策已从 1978 年全年颁布 4 项政策增加到 2017 年全年颁布政策 45 项，仅从数量上就增加了 10 倍。从主题上来看，职业教育政策也呈现日益丰富和多样化形态。鉴于职业教育政策体系的庞大和繁杂，本书依据职业教育政策颁布主体不同这一逻辑，将职业教育政策进行归类，并以此逻辑尝试对我国职业教育政策体系做一梳理与解读。

① 本部分数据资料来源主要有：中国人大网（http://www.npc.gov.cn/）、中华人民共和国教育部网站（http://www.moe.edu.cn/）、国务院网站（http://www.gov.cn/guowuyuan/index.htm）、中华人民共和国中央人民政府文件库（http://www.gov.cn/zhengce/xxgkzl.htm）、国务院法制办公室法律法规（http://www.chinalaw.gov.cn/col/col11/index.html?uid=1648&pageNum=15）、中华人民共和国人力资源和社会保障部网站（http://www.mohrss.gov.cn/）、财政部网站（http://www.mof.gov.cn/index.htm）等，为了更全面搜集整理职业教育政策，本部分还参考了历年教育部职称司编著的职业教育政策汇编和部分职业教育政策汇编，最后根据所搜集的政策文本内容对搜集的政策做了取舍，凡是在政策文本内容中涉及职业教育发展与改革的政策均列入统计范围。

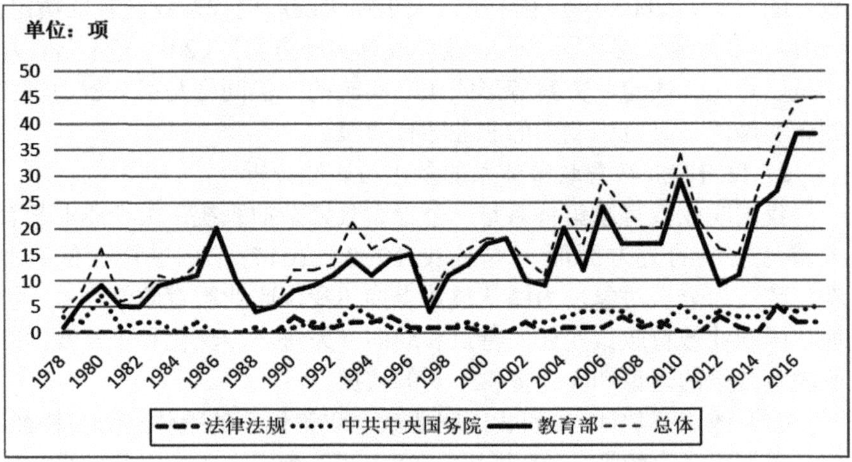

图 1　1978—2017 年我国颁布的职业教育政策数量统计图

① 改革开放 40 年间先后出现了五次职业教育政策数量峰值

从职业教育政策的五次峰值情况来看，进入 21 世纪之前，职业教育政策数量出现两次峰值。第一次职业教育政策数量峰值出现在 1986 年①，这一年由原国家教委颁布的职业教育政策多达 20 项，且这些政策的主题多是关于中等专业学校的招生、教学计划、教材、教师职务、毕业生、学校经费、学校设置等较微观层面的主题，如《关于成立全国中等专业学校十二门学科课程组的通知》（1986 年 1 月）、《关于今年继续执行〈一九八五年普通中等专业学校招生规定〉的通知》（1986 年 3 月）、《关于制定和修订全日制普通中等专业学校（四年制）教学计划的意见》（1986 年 4 月）、《贯彻执行〈关于高等学校和中等专业学校教材价格问题的请示报告〉的通知》（国家教委联合七部委，1986 年 4 月）、《关于颁发〈普通中等专业学校设置暂行办法〉的通知》（1986 年 10 月）等。

第二次职业教育政策数量峰值出现在 1993 年，全国人大、中共中

① 1980 年职业教育政策数量也出现了一次小峰值，据不完全统计，这一年国务院批准、教育部颁布的职业教育政策数量多达 16 项，鉴于篇幅所限，本书暂不做分析。

央、国务院和国家教育委员会等部委先后颁布了 20 余项职业教育政策，且这些政策的主题既包括《教师法》的颁布、宣传与学习、贯彻实施、职业教育发展规划等宏观层面，也包括中等专业学校专业目录、专业设置管理、教材规划，以及职业中学校长职责及岗位培训等微观层面。从职业教育政策的层次来看，这些政策中既有法律层面的政策，如《中华人民共和国教师法》（1993 年 1 月）、《中华人民共和国科学技术进步法》（1993 年 7 月），也有中共中央、国务院颁布的涉及宏观层面职业教育改革与发展的政策，如《中国教育改革和发展纲要》（1993 年 2 月）、《关于贯彻实施〈中华人民共和国教师法〉若干问题的通知》（1993 年 11 月），还有国家教育委员会单独或联合其他部委颁布的涉及中观或微观领域的政策，如《关于印发〈关于普通中等专业学校专业设置管理的原则意见〉的通知》（1993 年 3 月）、《关于颁发〈普通中等专业学校专业目录〉的通知》（1993 年 3 月）等。其中，《中国教育改革和发展纲要》（1993 年 2 月）初步确定了 20 世纪 90 年代至 21 世纪初职业教育发展和改革的蓝图。

第三次职业教育政策数量峰值出现在 2006 年。国务院于 2005 年 1 月出台《关于大力发展职业教育的决定》，对职业教育定位、宗旨、基础能力建设与质量提升、体制改革、行企校合作、教育投入等多个方面在“十一五”期间的改革与发展进行了整体规划和设计。在这一背景下，2006 年，以教育部（或联合其他部委）为主颁布的职业教育政策数量出现了进入 21 世纪后的第一个小高峰，也是改革开放 40 年我国职业教育政策数量出现的第三次峰值。这一年国务院、教育部（或联合相关部委）先后颁布了 29 项职业教育政策。从主题上来看，中共中央和国务院在这一年颁布或转发的政策多集中于宏观层面的大政方针，诸如《关于构建社会主义和谐社会若干重大问题的决定》等，而由教育部（或联合其他部委）颁布的职业教育政策主题则集中于国家示范性高职院校建设计划、中等职业学校教师素质提高计划、职业院校“工学结合”及教师企业实践制度、贫困家庭学生助学及资助制度等微观层面。值得一提的是，“十一五”的开始之年，教育部和财政部联合颁布的《关于实施国家示范性高等职业院校建设计划　加快高等职业教育改革与发展的意见》（2016 年 11 月）和《关于实施中等职业学校教师素质提高计划的意见》（2016 年 12 月），对于切实提高高等职业教育质量及中等职业教育教师素质都具有标志性的意义。

第四次职业教育政策数量峰值出现在 2010 年。从职业教育政策数量上统计，包括中共中央、国务院、教育部（或联合其他部委）在内的国家机构和部委在 2010 年先后颁布了 34 项职业教育政策。其中，由中共中央、国务院颁布的职业教育政策主题集中于各种规划，如人才发展规划、教育改革和发展规划、“十二五”规划等宏观层面，具体有：《国家中长期教育改革和发展规划纲要（2010—2020 年）》（2010年7月）、《国家中长期人才发展规划纲要（2010—2020年）》（2010年 6 月）、《关于制定国民经济和社会发展第十二个五年规划的建议》（2010 年 1 月）。而由教育部（或联合其他部委）颁布的政策主题多集中于提升质量的行动计划和项目，以及微观层面的职业院校招生、专业设置、教师教学团队、职业院校技能大赛、专业资源库建设、国家级精品课程建设等。值得一提的是，继“十一五”期间推出的高等职业院校示范校计划之后，2010 年教育部又先后启动了《关于实施国家中等职业教育改革发展示范学校建设计划的意见》（2010 年 5 月）、《关于印发〈中等职业教育改革创新行动计划（2010—2020）〉的通知》（2010 年 11 月），以及《关于进一步推进“国家示范性高等职业院校建设计划”实施工作的通知》（2010 年 6 月）等，这些从整体上提升中、高职院校质量的项目和计划，既是对国务院等相关政策的贯彻落实，又是以职业院校为单位从整体上提升职业教育人才培养质量和办学质量的改革推进举措，对于切实改善中、高职院校办学条件和提高其办学质量起到了重要作用。

第五次职业教育政策数量峰值出现在 2015 年，并在 2016 年和 2017 年持续处于峰值状态。从职业教育政策数量上统计，2015 年、2016 年、2017 年连续三年，全国人大、国务院、教育部（或联合其他部委）掀起了职业教育法律法规修正、国家宏观调控和深入推进职业教育改革的职业教育政策颁布的小高潮，这三年先后颁布了近 130 项关涉职业教育发展的政策，政策颁布的频率日益加快。整体上来看，

2015—2017 年，全国人大先后对多部关涉职业教育的法律法规进行了修正，“依法治教”的节奏和力度明显加强，着力构建“政府依法行政、学校依法办学、教师依法执教、社会依法参与教育治理”新格局的构想正在变为现实，更好地契合了我国法治政府建设大背景，如《中华人民共和国教育法》（第二次修正，2015 年 12 月）等。从中共中央和国务院 2015—2017 年颁布的职业教育政策来看，主题多集中于顶层的规划和设计，包括教育事业发展规划、创新驱动发展战略实施、双创行动计划实施、质量提升行动等。其中，关于就业创业主题的比较多，如《关于进一步做好新形势下就业创业工作的意见》（2015 年 4 月）、《关于大力推进大众创业万众创新若干政策措施的意见》（2015 年 6 月）等。2015—2017 年教育部（或联合其他部委）颁布的职业教育政策数量非常多，大多是从中观和微观层面对国家层面职业教育政策的贯彻落实，涉及诸多职业教育发展与改革较具体的问题，包括《依法治教实施纲要》的落实、提升人才培养质量、职业院校数字校园建设、职业院校管理水平提升行动计划、高等职业教育创新行动计划、普通本科高校向应用型转变、职教教师素质提高计划、教育脱贫攻坚计划等，具体有：《关于发布〈职业院校数字校园建设规范〉的通知》（2015 年 1 月）、《关于深化职业教育教学改革　全面提高人才培养质量的若干意见》（2015 年 7 月）、《关于印发〈职业院校管理水平提升行动计划（2015—2018 年）〉的通知》（2015 年 9 月）、《关于引导部分地方普通本科高校向应用型转变的指导意见》（2015 年 10 月）等。

② 从职业教育政策颁布主体来看我国职业教育政策体系

目前我国已形成了国家层面通过法律、法规、规章进行宏观规划设计，教育部门通过决定、意见等从中观和微观层面对职业教育内外关系进行调整的职业教育政策体系。从职业教育政策体系颁布的主体来看，不同主体颁布的职业教育政策数量之间存在较大差异（见图 2），以教育部（或联合其他部委）为主颁布职业教育政策的政策体系框架雏形已初步形成。在改革开放 40 年间颁布的 692 项职业教育政策中，全国人大及国务院颁布的法律法规数量为 40 项，占比 5.73%，中共中央、国务院颁布的职业教育政策数量为 91 项，占比 13.04%，而由教育部（或联合其他部委）颁布的职业教育政策数量为 561 项，占比 81.23%。

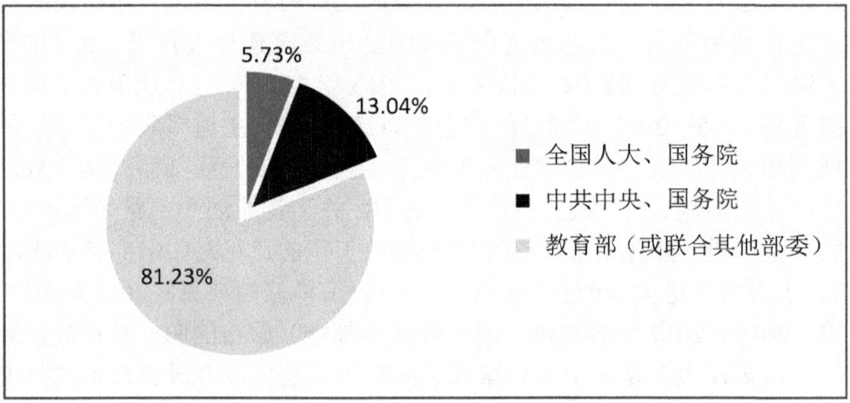

图 2　1978—2017 年间不同颁布主体颁布的职业教育政策数量占比图

（2）不同职业教育政策颁布主体视角下的我国职业教育政策体系

① 全国人大、国务院[①]等立法机构和部门颁布的职业教育法律或法规：态势及特征分析

具有法的性质的法律法规层面的职业教育政策，主要是指那些由我国最高立法机构全国人民代表大会常务委员会审议通过并颁布的法律，以及由国务院以条例、规定、办法、实施细则等方式发布的行政法规。据不完全统计，在 1978—2017 年间，由全国人大、国务院颁布的涉及职业教育发展的法律法规有 40 项。从整体上看，1990 年之前，

① 鉴于由中共中央和国务院颁布的政策可以从广义、中观和狭义的层面来理解，广义的主要是指由中共中央和国务院所发布的除行政法规以外的具有法定效力和规范体式的一切文件，包括中共中央办公厅和国务院办公厅所发布的文件（官方采用此标准）；中观意义上的理解，则排除了中共中央办公厅和国务院办公厅所发布的文件，但包括以国务院名义所发出的函；狭义层面的理解则仅指“中共中央印发”或“国发××××［年份］×号”作为发文字号而发布的文件等政策，排除了以国务院名义所制发的函。本书采用中观意义上的界定，因此，这一部分的政策多指国令、国发、国函，不包括国办发、国办函及其他；另外，对于国务院颁布的法规层面的职业教育政策，放在本部分分析，其他的政策则放在“中共中央、国务院颁布的宏观政策”部分分析。

我国并未颁布任何关涉职业教育发展的法律法规[①]，从1990年开始，除个别年份之外，几乎每年都有一两部关涉职业教育的新的法律法规颁布或对原来的法律法规进行修正（见图3）。

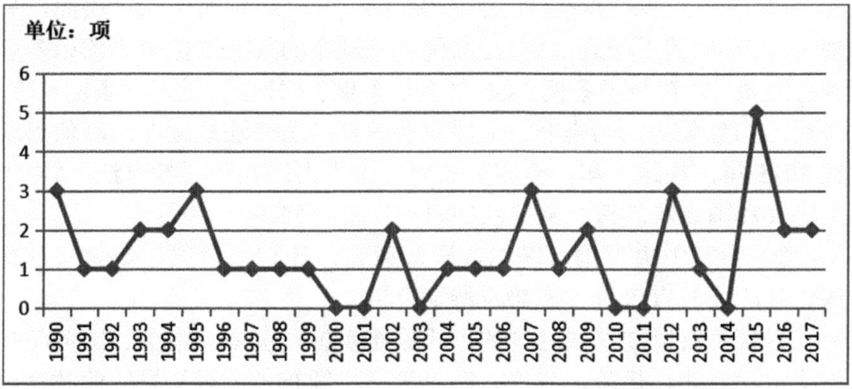

图3　1978—2017年全国人大/国务院颁布的专门及相关职业教育法律法规数量统计图

改革开放40年，由全国人大、国务院颁布的法律法规层面的职业教育体系有如下几个特点。首先，在由40项法律法规构成的法律法规层面的职业教育体系中，只有一部法律是专门针对职业教育的，即1996年5月15日由全国人大颁布的《中华人民共和国职业教育法》。为我国第一部职业教育的专门法律，《中华人民共和国职业教育法》的颁布，不仅是我国职业教育发展历史上具有里程碑意义的重要事件，更是标志着我国职业教育发展进入了依法治教的新阶段，对推进我国职业教育改革和发展具有深远的意义。除了这一部专门的职业教育法律之外，其他39项法律法规均不属于专门针对职业教育的法律法规，但这些法律法规都有个别条款涉及职业教育的发展与改革。例如作为教育“母法”的《中华人民共和国教育法》，其中关于职业教育的条款

① 1982年的《中华人民共和国宪法》中有关教育的规定为职业教育法律的制定提供了最高的宪法依据，但由于宪法中相关条款没有直接提及职业教育，故没有将《中华人民共和国宪法》统计在内。

如第二十条“国家实行职业教育制度和继续教育制度。各级人民政府、有关行政部门和行业组织以及企业事业组织应当采取措施，发展并保障公民接受职业学校教育或者各种形式的职业培训”①。其次，在这40项专门或关涉职业教育的法律法规中，有30项属于法律层面，另外还有10项属于法规层面，是由国务院颁布的具有法定效力的诸多条例，例如《教育督导条例》《教师资格条例》《社会力量办学条例》等。最后，在改革开放40年间，关涉职业教育的法律法规颁布的峰值出现在2015年，在这一年，全国人大对《中华人民共和国教育法》《中华人民共和国高等教育法》等法律再一次进行修正。

② 中共中央、国务院以决定、通知、计划、建议、意见等形式颁布的职业教育政策：态势及特征分析

尽管没有以立法或法规的形式颁布实施，但中共中央、国务院却以决定、通知、措施、建议、意见等形式颁布了大量指导职业教育改革与发展、调整职业教育发展过程中不同利益关系的职业教育政策。据不完全统计，改革开放40年间，由中共中央、国务院颁布实施的决定、通知、措施、建议和意见（包括国务院或中共中央批转教育部等部委的意见）等职业教育政策多达91项（见图4）。

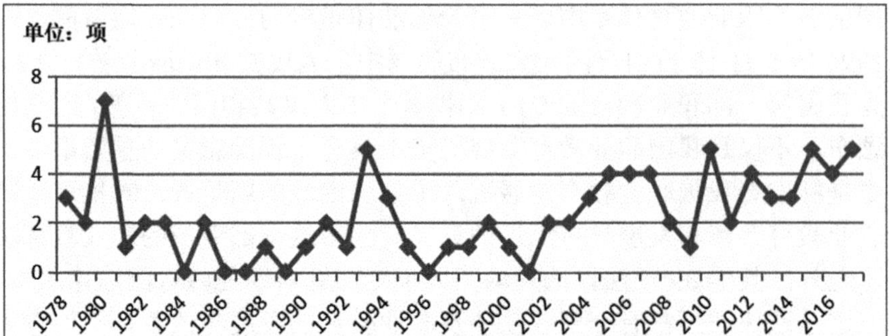

图4　1978—2017年由中共中央、国务院颁布的职业教育政策数量统计图

① 全国人大. 中华人民共和国教育法[EB/OL]. [2017-09-01]. http://www.moe.edu.cn/s78/A02/zfsleft/s5911/moe_619/201512/t20151228_226193.html.

分析梳理改革开放 40 年间中共中央、国务院颁布的职业教育政策，可以发现有如下几个特点。首先，从整体上看，由中共中央、国务院颁布的职业教育政策数量呈不断增长态势。其次，在我国经济社会发展规划起始年份，中共中央、国务院颁布的职业教育政策数量与之前后年份相比数量增加态势明显。比较典型的是 2010 年和 2015 年，2010 年中共中央、国务院先后颁布了 5 项关涉职业教育发展的政策，较之前一年的 1 项政策，增加明显；2015 年中共中央、国务院也先后颁布了 5 项相关政策，较之前一年的 3 项政策增加明显。

③ 由教育部[①]（或联合其他部委）以通知、意见、规定等形式颁布的职业教育政策：态势及特征分析

据不完全统计，1978—2017 年，由教育部（或联合其他部委）或原国家教委颁布实施的关涉职业教育发展的通知、意见、规定等多达 561 项。其中，《中共中央关于教育体制改革的决定》（1985 年 5 月）颁布之前，由教育部先后颁布的职业教育政策为 50 项，1985 年之后共颁布实施了 511 项职业教育政策（见图 5）。

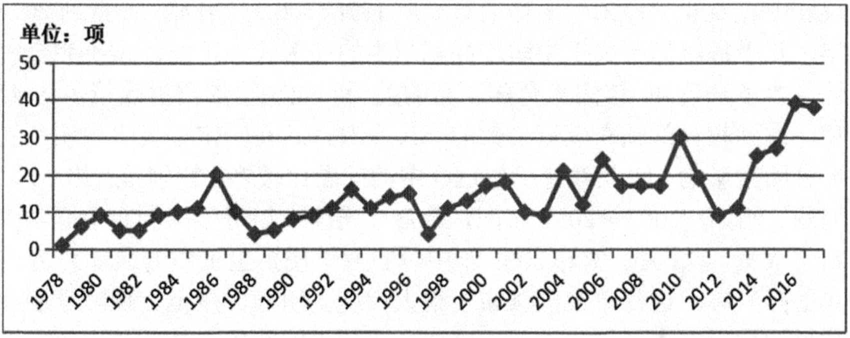

图 5　1978—2017 年由教育部（或联合其他部委）颁布的关涉职业教育政策数量统计图

① 鉴于由教育部颁布的政策可以从广义、狭义的层面来理解，广义的主要是指由教育部所发布的所有具有约束效力和规范体式的一切文件，包括教育部办公厅及教育部各司局以部门名义发布的文件（官方采用此标准）；狭义上的理解，则排除了教育部办公厅及教育部各司局以部门名义所发布的文件。本书采用狭义层面的理解，包括部令、部文、部函，不包括厅文、厅函及其他。

显而易见，改革开放 40 年，由教育部（或联合其他部委）或原国家教委颁布的关涉职业教育改革与发展的政策从整体上呈现不断增加的态势。同时，在改革开放 40 年间，教育部（或联合其他部委）或原国家教委颁布的关涉职业教育政策的数量峰值出现多次，且这些政策峰值也是前述政策峰值的主要构成，鉴于前文已对相关峰值做了分析，此处不再赘述。

从主题上来看，教育部（或联合其他部委）或原国家教委颁布的政策主要集中于如下方面。第一，对全国人大、中共中央、国务院颁布的职业教育法律法规等政策的贯彻落实。几乎在每一项重要的法律法规或全局性重大政策发布之后，教育部都要颁布贯彻落实该政策的意见或通知，例如《关于学习贯彻〈中共中央关于进一步加强和改进学校德育工作的若干意见〉的通知》（1994 年 9 月）、《关于学习贯彻全国职业教育工作会议精神和〈教育部等七部门关于进一步加强职业教育工作的若干意见〉的通知》（2004 年 9 月）等。第二，关于中、高职院校招生问题的政策。从 1978 年《教育部关于一九七八年高等学校和中等专业学校招生工作的意见》（1978 年 6 月）开始，一直到 2017 年，几乎每年都有关于中职或高职招生的相关通知下发。据不完全统计，改革开放 40 年间教育部颁布的关于职业院校的招生政策多达 45 项，占到教育部颁布政策总数的 8%左右，这在一定程度上说明，受各种因素影响，职业教育招生过程中的问题比较多，特别是“招生难”问题。例如，2003—2012 年间，教育部连续十年每年都颁布中职学校招生政策，如《关于做好 2003 年中等职业学校招生工作的通知》（2003 年 2 月）等，这些政策的颁布在很大程度上引导、规范、保障了职业院校的招生工作。第三，关于师资队伍建设的政策。从数量上来看，改革开放 40 年间，大概有 45 项专门政策是关于“教师”的政策。从这些教师政策涉及的内容来看，包括教师职业道德、教师培训、教师职称及职务、教师资格认定、教师队伍建设、教师企业实践、教师管理等方面。尽管在不同时代背景下政策内容和要求侧重点不同，但 40 年间这些主题一直是“教师政策”的核心内容，诸如《教育部印发〈关于中等专业学校确定与提升教师职务名称的暂行规定〉的通知》（1980

年2月)、《关于实施职业院校教师素质提高计划的意见》(2011年11月)等。第四，关于课程、教学、专业设置等方面的政策。关于“课程”的政策从数量上来看并不是太多，在教育部颁布的561项职业教育政策中，大概有20余项专门针对职业学校政治课、思想品德课、国家精品课程等方面的政策，例如《关于在中专、中师贯彻〈中共中央关于改革学校思想品德和政治理论课程教学的通知〉的意见》(1986年8月)等；关于“教学”的政策从数量上来看比较多，改革开放40年间关于“教学”的政策数量多达50项左右，涉及教学改革、教学大纲、教学资源库、教指委、教学团队等诸多方面，例如《关于中等专业学校工科专业二年制教学计划安排的几点意见》(1979年8月)、《面向二十一世纪深化职业教育教学改革的原则意见》(1998年2月)、《关于印发〈关于全面推进素质教育、深化中等职业教育教学改革的意见〉的通知》(2001年3月)、《关于制定中等职业学校教学计划的原则意见》(2009年1月)以及《关于公布2016年度职业教育专业教学资源库项目评审结果的通知》(2016年12月)等；关于“专业设置”的政策数量较少，多涉及专业设置管理、专业设置标准及专业目录公布等，例如《关于印发〈关于普通中等专业学校专业设置管理的原则意见〉的通知》(1993年3月)、《关于印发〈普通高等学校高等职业教育(专科)专业设置管理办法〉和〈普通高等学校高等职业教育(专科)专业目录(2015年)〉的通知》(2015年10月)等。第五，关于职业教育管理的政策。从数量上来看，在教育部(或联合其他部委)颁布的561项职业教育政策中，关于“管理”的政策多达40余项，内容涉及学生学籍管理、学校领导管理体制、教育经费管理、资金管理、专业设置管理、招生管理、实习管理、教师管理等多方面，例如《关于试行〈中等专业学校学生学籍管理的暂行规定〉的通知》(1976年9月)、《关于印发〈关于制定中等职业学校学生学籍管理规定的原则意见〉的通知》(2001年11月)、《关于印发〈中等职业学校学生实习管理办法〉的通知》(2007年6月)等。

（二）反思：缺少“关注”的职业教育政策执行

1. 我国职业教育政策体系内部结构尚不完善，应进一步增加对职业教育政策实施过程及效果进行监督和评估的政策

从我国职业教育政策体系内部结构来看，目前专门针对政策执行及政策效果进行监督和评估的“督导”类政策数量过少。除了 1991 年 4 月原国家教委颁布的《教育督导暂行规定》、2012 年 9 月国务院颁布的《教育督导条例》、2016 年 8 月教育部颁布的《关于印发〈督学管理暂行办法〉的通知》、教育部等三部委联合颁布的《关于印发〈营利性民办学校监督管理实施细则〉的通知》等专门针对政策执行及效果的政策之外，针对政策执行过程及效果的检查、评估、诊断等方面的政策相对来说较少，“公共政策体系作为一个系统，其内部结构会极大地影响着公共政策体系的整体功能”[①]。职业教育政策体系的整体功能更关键的还是对政策执行过程及执行效果的监督和评价，从这个角度考虑，未来职业教育政策体系的整个内部结构，应适当增加对职业教育政策执行过程及效果监督和评价的相关政策，尤其是职业教育政策这一关涉产业、行业、企业、学校等多领域的“复杂领域”，不是政策颁布之后问题就能得到顺利解决，而是需要更关注政策的实施及效果，以更好地对原有政策进行调整、补充和完善。值得期待的是，2019 年 6 月，国务院教育督导委员会办公室印发了《2019 年对省级人民政府履行教育职责评价方案》（以下简称《方案》），依据该《方案》，2019 年国家有关部门将对各省级人民政府 2018 年履行教育职责情况、2019 年相关重点工作进展落实情况和 2017 年履行教育职责评价发现问题的整改落实情况等进行评价。尽管该《方案》只是针对省级人民政府履责的监督与评价，但从某种视角来看，也是我国正逐步加强政策执行监测与评估的一个重要信号。除此之外，2019 年 6 月南京颁布实施的《教育督导条例》也是地方政府加强政策执行监测与评估的一个重要表征。

---

① 王传宏. 公共政策行为[M]. 北京：中国国际广播出版社，2002：354.

2. 从政策理论的发展历史来看，亟待加强政策执行研究

从政策理论的发展过程来看，政策执行一直被视为是一个“黑箱”过程，而揭示这一“黑箱”的运行过程与机理，使其日益公开化和透明化，是当前我国职业教育政策理论研究的一个重要使命。从政策研究的现有成果来看，学界一般认为“政策执行”研究的奠基人杰弗里·普雷斯曼（Jeffrey L. Pressman）与艾伦·怀尔德夫斯基（Aaron Wildavsky）于1973出版的著作《执行》（Implementation），是“政策执行”研究的发轫之作，标志着学界开始从真正意义上关注“政策执行”这一问题的研究。《执行》这部著作的副标题极好地表达了这样的新关注——“华盛顿的伟大期望是如何在奥克兰市破灭的？为什么联邦计划项目的运作令人震惊？”（How Great Expectations in Washington Are Dashed in Oakland; or, Why It's Amazing That Federal Programs Work at All）[①]从《执行》这本书的内容来看，普雷斯曼与怀尔德夫斯基针对美国奥克兰计划（Oakland Project）进行了深入而系统的研究，这项曾得到美国国会鼎力支持的公共工程项目，预算高达 2300 万美元，项目目标是希望为失业率高达8.4%的奥克兰市创造3000个工作机会，但项目最后竟然仅动用了预算中的300万美元，近2000万美元尚未动用，何以如此？普雷斯曼与怀尔德夫斯基通过系统研究之后，得出的结论是，受到联邦政府高度肯定与经费支持的伟大计划，可能因为政策执行的不当而宣告失败。随着社会利益和价值观念的日益分化及社会矛盾冲突的日益加剧，政策的工具价值日益凸显，因而政策执行问题也引起了更多关注。正如20世纪80年代普雷斯曼与怀尔德夫斯基所言，“执行研究正在变为一个成长的领域，尽管研究队伍显然尚未稳定，数十甚至数百项相关的研究正在进行之中”[②]。尽管如此，与其他研究领域相比，政策执行的研究仍然相对较弱，再加上政策执

---

① Jeffrey L. Pressman, Aaron Wildavsky. Implementation: How Great Expectations in Washington Are Dashed in Oakland; or, Why It's Amazing That Federal Programs Work at All [M]. Berkeley: University of California Press. 1973.

② Jeffrey L. Pressman, Aaron Wildavsky. Implementation (3rd Edition)[M]. Berkeley: University of California Press. 1984.

行本身受到内外部多种因素的影响，相关利益者众多，且政策执行大多受当时的资源和环境的制约。因此，时至今日，政策执行研究仍是政策研究领域最核心也是最亟须解决的一个研究问题，同时，也是颇具“魅力”的一个研究领域。

三、时代诉求：亟须加强职业教育政策执行的监测与评估[①]

职业教育政策执行的评估与监测作为对职业教育政策进行事实判断和价值判断的实践活动，它是达成职业教育政策目标这一有机链条中的关键环节之一。近些年以来，我国颁布了一系列职业教育政策，但是，对这些政策执行的效果却关注不够。事实上，职业教育政策评估与监测对于改进教育政策制定系统、克服职业教育政策执行过程中的弊端和障碍、切实提高我国职业教育政策效果不可或缺。

（一）加强职业教育政策执行的监测与评估是新时期职业教育改革与发展的迫切需要

1. 我国职业教育改革取得的巨大成就

近些年来，我国职业教育改革和发展取得了巨大成就。中等职业教育一直在我国职业教育发展中起着“不可或缺”的基础性作用，而高等职业教育则在近20年间表现强劲，不仅在发展规模上而且在发展的质量上都表现亮眼。

（1）20年间（1999—2018年）我国中等职业教育规模呈微增长趋势，2005—2012年是迅速增长期

教育部最新统计数据显示，2018年全国中等职业学校共有10229所。其中，普通中等专业学校3322所，职业高中3431所，技工学校2379所，成人中等专业学校1097所。另外，2018年，全国中等职业学校招生557.05万人，占高中阶段教育招生总数的41.27%；中等职业学校在校生1555.26万人，占高中阶段教育在校生总数的39.53%；中等职业教育毕业生487.28万人，占高中阶段教育毕业生总数的38.36%；

① 本部分内容根据笔者2014年1月发表于《职教论坛》第1期的《高等职业教育质量评估：高职内涵式发展的关键环节》一文修改、完善而成。

中等职业学校共有教职工 106.63 万人，其中，专任教师有 83.35 万人。

1999—2018 年，我国中等职业教育在学校数、招生数、在校生数、毕业生数等关键指标上都有较大变化。首先，中等职业学校的学校数量在不断减少。具体而言，20 年间，中等职业学校数量由 1999 年的 21542 所减至 2018 年的 10229 所，减少了 53%。其中，主要是职业高中学校数量与成人中等专业学校数量锐减：职业高中学校数量由 1999 年的 8317 所，锐减至 2018 年的 3431 所，20 年间减少了 4886 所；成人中等专业学校数量由 1999 年的 5165 所减至 2018 年的 1097 所，20 年间减少了 4068 所。而作为中等职业教育主力军的普通中等专业学校与技工学校则分别减少了 640 所和 1719 所。其次，与 1999 年相比，2018 年中职学校招生数、在校生数及毕业生数等几个关键指标呈微增长态势，但在 2005—2012 年间曾有过一个迅速增长期。具体而言，中等职业学校招生数在 2001 年曾出现过最低点，全年仅招生 399.94 万人，从 2002 年开始，中职招生人数每年都呈增长态势，一直到 2010 年出现中职招生人数的最高峰，全年招生高达 870.42 万人；中职在校生人数的最低点出现在 2001 年，2001 年全国中职在校生仅为 1164.94 万人，之后每年均呈增长态势，至 2010 年中职在校生人数达到最高峰，全年中职在校生人数高达 2238.5 万人；中职毕业生人数的最低点出现在 2003 年，2003 年全年毕业生仅为 348.46 万人，从 2009 年开始一直持续到 2014 年，连续六年中职毕业生人数每年都超过 600 万人，并在 2012 年达到最高峰 674.89 万人（见表 1）。①

表 1　1999—2018 年我国中职学校招生数、在校生数与毕业生数②　单位：万人

年份	招生数	在校生数	毕业生数
1999 年	473.27	1417.51	468.9
2000 年	408.3	1284.46	476.66

① 教育部. 1999—2018 年全国教育事业发展统计公报[EB/OL].［2019-09-09］. http://www.moe.gov.cn/s78/A03/ghs_left/s182/.

② 教育部. 1999—2018 年全国教育事业发展统计公报[EB/OL].［2019-09-09］. http://www.moe.gov.cn/s78/A03/ghs_left/s182/.

续表

年份	招生数	在校生数	毕业生数
2001 年	399.94	1164.94	430.6
2002 年	473.55	1190.81	380.05
2003 年	515.75	1256.72	348.46
2004 年	566.2	1409.24	359.19
2005 年	655.66	1600.05	418.19
2006 年	747.82	1809.89	479.05
2007 年	810.02	1987.01	530.9
2008 年	812.11	2087.09	580.66
2009 年	868.52	2195.16	625.19
2010 年	870.42	2238.5	665.29
2011 年	813.87	2205.33	660.34
2012 年	754.13	2113.69	674.89
2013 年	674.76	1922.97	674.44
2014 年	619.76	1755.28	622.95
2015 年	601.25	1656.7	567.88
2016 年	593.34	1599.01	533.62
2017 年	582.43	1592.5	496.88
2018 年	557.05	1555.26	487.28

（2）20 年间（1999—2018 年）我国高等职业教育规模迅速扩张

自 1999 年我国颁布和实施高校扩招政策以来，高等职业教育在短时间内获得了快速的发展：高职院校数量翻了三倍，由 1999 年的 474 所发展到 2018 年的 1418 所；招生人数翻了近八倍，由 1999 年的 47.84 万人发展到 2018 年的 368.8 万人；在校生人数翻了近 12 倍，由 1999 年的 98.49 万人发展到 2018 年的 1133.70 万人；毕业生人数翻了 16 倍，由 1999 年的 22.46 万人发展到 2018 年的 366.47 万人。具体数据如下。

首先，高职院校数量翻了三倍。2018 年我国高职院校已达 1418

所，与 1999 年的 474 所相比，20 年间院校数量增长了 944 所；高职院校占普通高校总数的比例由 1999 年的 44.3%提升到 2018 年的 53.2%。[①]其次，高职招生数由 1999 年的 47.84 万人增长到 2018 年的 368.8 万人，并且自 2002 年到 2008 年，连续 7 年高职每年招生人数均超过同年本科院校的招生人数。从所占比例上来看，高职招生人数占高校总招生人数的比例一直在 50%以上；从招生的总人数上看，2002 年基本实现了 1999 年招生人数的翻倍，2008—2018 年基本保持在每年招生 310 万人以上。再次，高职在校生数由 1999 年的 98.49 万人增长到 2018 年的 1133.70 万人，在校生人数在 20 年间增长了 11.51 倍。2003—2005 年，高职在校生人数以年均 100 多万的增幅迅速实现了占高校"在校生总人数"的近 46%。2006—2009 年，高职在校生人数年增长仍保持在 50 万～80 万人之间，2010 年及以后增速明显放缓。自 2014 年开始，至 2018 年底，高职在校生人数均超过了 1000 万人。最后，高职毕业生人数由 1999 年的 22.46 万人增长到 2018 年的 366.47 万人，20 年间增长了 16.32 倍；而且从 2002 年开始，一直到 2012 年，高职每年的毕业生人数均占高校每年总毕业生人数的一半以上（见表 2）。

表 2　1999—2018 年高职招生数、在校生数与毕业生数[②]　单位：万人

年份	招生数	在校生数	毕业生数
1999 年	47.84	98.49	22.46
2000 年	69.79	141.85	26.28
2001 年	89.81	197.87	28.00
2002 年	161.7	376.28	68.15
2003 年	199.6	479.36	94.79
2004 年	237.4	595.65	119.49

① 教育部. 1999—2018 年教育统计数据[EB/OL]. [2019-09-06]. http://www.moe. gov cn/s78/A03/ghs_left/s182/.

② 教育部. 1999—2018 年全国教育事业发展统计公报[EB/OL]. [2019-09-09]. http://www.moe.gov.cn/s78/A03/ghs_left/s182/.

续表

年份	招生数	在校生数	毕业生数
2005 年	268.1	712.96	160.22
2006 年	293.0	795.5	204.8
2007 年	283.8	860.59	248.2
2008 年	310.6	916.8	286.27
2009 年	313.4	964.81	285.57
2010 年	310.5	966.18	316.37
2011 年	324.9	958.85	328.53
2012 年	314.8	964.23	320.89
2013 年	318.4	973.64	318.75
2014 年	338.0	1006.63	317.99
2015 年	348.4	1048.61	322.29
2016 年	343.2	1082.89	329.81
2017 年	350.7	1104.95	351.64
2018 年	368.8	1133.70	366.47

2. 新时期我国职业教育面临许多新问题，亟须加强职业教育政策执行的监测与评估

正如前文所述，我国职业教育在短短 20 年间获得了巨大的发展，特别是在职业教育发展规模上，可以说我国已经建成了世界上最大的职业教育体系。尽管如此，进入新时代我国职业教育改革和发展仍然面临一些比较棘手的新情况、新任务和新问题。诸如：如何建设现代职业教育体系？如何更好地促进地方高校转型？如何更好地推进现代学徒制？如何促进中高职协调发展？如何促进中高职内涵式发展？如何提高职业教育人才培养质量？如何使职业院校教师的企业实践成为常态？如何激发更多企业积极主动地参与职业教育？特别是 2019 年 1 月《国家职业教育改革实施方案》颁布以后，职业教育又面临许多新问题。诸如：产教融合型企业的评价标准是什么？如何遴选出真正的产教融合型企业？职业院校的“1+X 证书制度”如何更好实施？等等。

这些问题的有效解决将会极大地提高我国职业教育人才培养的质量，而这些问题的解决都离不开职业教育政策的制定和执行。但毫无疑问，目前我国对职业教育政策的执行缺乏有效的监测与评估，职业教育政策执行的监测与评估的不到位已严重影响了我国职业教育政策制定的科学化、民主化、制度化和绩效化目标的实现。因此，未来进一步加强对职业教育政策执行的监测与评估，已成为新时期教育改革与发展的迫切需要。

（二）职业教育政策执行的监测与评估是科学决策、纠正政策执行偏差的迫切需要

1. 职业教育政策执行的监测与评估是实现职业教育政策决策民主化和科学化的迫切需要

近些年我国陆续出台了一系列推动职业教育发展的教育政策，本部分以高等职业教育政策为例。首先，1999—2005年，国家推出一系列重振职业教育发展的教育政策，包括高等职业教育在内的职业教育获得了快速的规模化发展。1999年发布的《中共中央国务院关于深化教育改革全面推进素质教育的决定》提出，“高等职业教育是高等教育的重要组成部分。要大力发展高等职业教育”①。进入21世纪，我国在2002年到2005年之间连续召开三次全国职业教育工作会议，先后颁发了《国务院关于大力推进职业教育改革与发展的决定》《教育部等七部门关于进一步加强职业教育工作的若干意见》《国务院关于大力发展职业教育的决定》。其次，“十一五”期间（2006—2010年），出台“四大工程”和“四大计划”。国务院决定“十一五”期间中央财政对职业教育投入100亿元，重点支持职业教育实训基地建设、充实教学设备，实施“国家技能型人才培养培训工程”等“四大工程”和“国

① 中共中央办公厅. 中共中央国务院关于深化教育改革全面推进素质教育的决定[EB/OL].[2014-01-01]. http://www.chinalawedu.com/news/1200/22598/22615/22793/2006/3/he739603219736 0029150-0.htm.

家示范性高等职业院校建设计划”等“四大计划”。[①]最后，“十二五”期间（2010—2015 年），国家发布了一系列涉及高等职业教育专业建设、教师发展、人才培养质量、技能大赛、示范性高等职业院校建设等方面的政策。2010 年 6 月，教育部和财政部发布《教育部 财政部关于进一步推进“国家示范性高等职业院校建设计划”实施工作的通知》，继续推进“国家示范性高等职业院校建设计划”，推出建设 100 所左右的骨干高职院校建设计划；2011 年 8 月 31 日教育部颁布《教育部关于推进高等职业教育改革创新，引领职业教育科学发展的若干意见》；2011 年 9 月教育部和财政部颁布《教育部 财政部关于支持高等职业学校提升专业服务产业发展能力的通知》；2011 年 11 月 8 日，教育部和财政部又颁布《教育部 财政部关于实施职业院校教师素质提高计划的意见》。当然，除了上述政策之外，涉及高等职业教育发展的政策还有很多，构成了一个非常庞杂的高等职业教育政策体系。客观上说，尽管这些政策在推动我国高等职业教育发展的过程中起到了非常重要的作用，而且对于丰富和完善我国高等职业教育政策体系也起到了不可或缺的作用，但不可否认的是，上述诸多政策的颁布时间间隔都非常短，特别是由同一部门颁布的许多重要政策，其颁布时间几乎是同时的，“决策过程之迅速急迫在国内外公共政策发展的历史上是不多见的”[②]。一项教育政策的问题提出、确定为教育政策问题、启动政策议程、政策方案设计与选择、教育政策合法化，是一个非常复杂的、包含很多环节和步骤的过程。因此，我国高等职业教育政策的决策和颁布实施过程不免让人产生疑问：这些重要政策的制定和颁布过程是否经过严密、科学的论证？政策的制定和执行过程是否有多元主体参与？政策在执行之后是否达到了政策目标和政策预期？

所有上述职业教育政策的科学性问题、目标达成问题都需要通过

① “四大工程”指：“国家技能型人才培养培训工程”“国家农村劳动力转移培训工程”“农村实用型人才培训工程”“成人继续教育和再就业培训工程”；“四大计划”指：“职业教育实训基地建设计划”“县级职教中心建设计划”“职业教育示范性院校建设计划”“中等职业学校教师素质提高计划”。

② 刘复兴. 教育政策的价值分析[M]. 北京：教育科学出版社，2003：221.

职业教育政策执行的监测与评估来实现，因此，职业教育政策执行的监测与评估是实现传统经验型决策向科学决策转变的重要环节和必由之路。要想实现科学决策，就必须使决策建立在大量的、全面的、准确的信息基础之上，职业教育政策执行的监测与评估可以利用一切可行的技术和手段收集相关信息、掌握第一手的政策运行数据，为政府的教育决策活动提供基础性保障。

值得欣喜的是，我国政府当前正在着力构建科学、民主的决策机制和制度，“提高政府决策的科学性”已成为《国家中长期教育改革和发展规划纲要（2010—2020 年）》提出的“管理体制改革”的重要内容之一，“规范决策程序，重大教育政策出台前要公开讨论，充分听取群众意见……建立和完善国家教育基本标准。整合国家教育质量监测评估机构及资源，完善监测评估体系，定期发布监测评估报告”[①]。我国政策领域中一直以来占主导地位的“经验决策”惯例和决策文化，在日益复杂和多元的社会文化影响下，在面对越来越复杂的社会问题背景下，正日益被决策科学化所替代。因此，加强对职业教育政策执行的监测与评估，是实现教育政策决策民主化和科学化的迫切需要。一方面，通过职业教育政策监测与评估，可以检验上述诸多政策的效果、效益和效率，更合理地配置职业教育资源。在我国教育资源有限的情况下，不仅可以确定职业教育优先发展项和优先发展顺序，而且还可以与时俱进，随时根据职业教育发展情况，对政策做出继续、调整或终结的决定。另一方面，通过职业教育政策监测与评估得出的结论具有科学性，为下一步的民主决策、科学决策奠定坚实的基础。从这个角度上来说，职业教育政策监测与评估对于职业教育科学决策不可或缺。

2. 加强职业教育政策执行的监测与评估是纠正职业教育政策执行偏差的需要

客观地说，职业教育政策执行过程中都或多或少地存在一定程度

---

① 国家中长期教育改革和发展规划纲要（2010—2020）[EB/OL]. [2013-12-11]. http://edu.ifeng.com/news/detail_2010_07/30/1859314_0. shtml.

的偏差——“行为效果偏离政策目标并产生了不良后果的政策现象”①。执行偏差产生的原因是多方面的，“如执行者的认识水平、价值取向、个人及其所代表的利益、偏好等，经常使得政策在执行过程之中被误解、曲解、滥用、消极抵制甚至反抗等现象”②。而职业教育政策执行的监测与评估则是对职业教育政策执行情况进行监控和“紧急救险”的最有力工具。职业教育政策执行的监测与评估使分析者能够描述政策执行情况与结果之间的关系，所以它就成了获取政策执行信息的首要来源。基于此，加强对职业教育政策执行的监测与评估，密切关注这些政策执行的启动、实施过程，搜集相关的资料和信息，并以此为基础，对政策执行情况进行科学的分析和论证，及时地纠正政策执行过程中的偏差，不仅可以继续完善职业教育政策执行的过程，而且还可以更好地达成政策目标。

（三）教育政策执行的监测与评估是进一步转变政府职能、形成问责制的需要

1. 加强职业教育政策执行监测与评估是政府职能转变的重要内容之一

政府职能是指政府在国家和社会生活中所承担的职责和功能，其核心内容涉及“管什么”和“怎么管”的问题。早在1996年经合组织（OECD）部长级会议报告就曾指出，“政府面临着同样的变革压力，包括全球经济问题、日益不满的市民以及财政危机”。这使得原有的政府组织高度集权、自上而下的官僚体制日益无法适应新环境的要求，政府职能转变已成为世界各个国家面临的重要议题。早在1996年，经合组织的24个成员国就曾指出，政府面临着同样的变革压力，而让人惊讶的是，各国均以极其相似的方式指出了政府改革的如下内容：“在政府组织中进行分权，将责任转移至较低一级的政府部门；重新审视政府应该做什么，应该付出什么，哪些是政府应该付出却没有付出的，

① 宁骚. 公共政策学[M]. 北京：高等教育出版社，2003：392.

② 陈振明. 政策科学——公共政策分析导论（第2版）[M]. 北京：中国人民大学出版社，2003：347.

哪些是既没有去做也没有付出的；削减公共服务的规模，实行公共活动的私有化与公司化；寻求更富成本-效益的公共服务提供途径，如签约外包、市场机制及使用者付费等；顾客取向，包括为公共服务提供明晰的质量标准；实行标杆管理和绩效评估；简化规则、降低成本的改革。"①当前，政府职能变革已经成为我国政府转型的一个重要内容。2014 年 12 月，李克强总理在国务院常务会议上就指出，"中国经济向中高端迈进，打造中国升级版，必须转变政府职能，建设现代政府"②。2016 年 5 月在国务院召开的全国推进简政放权放管结合优化服务改革电视电话会议上，李克强总理明确提出，"要加快转变政府职能，不断提高行政效能"③，一个法治、透明和服务型的政府正在逐步建立。在这样一个大背景下，要进一步加强和改进政府宏观管理工作，就需要各级政府不断深入基层，了解各级各类教育政策执行的实际情况，掌握基层的详细信息，提高政府宏观管理绩效，促进政府职能转变。

2. 加强对政府及教育行政部门教育履职功能的问责亟须职业教育政策执行的监测与评估

"问责制是一个系统化的责任追究制度，包含权力授予、明确责任和全面实施体系化控制三方面的内容，体现了权力与责任、义务的平衡。"④从当前国际上许多发达国家教育治理的实践和经验来看，实施问责制已成为许多国家提高政策效率、评估教育改革绩效，以及进行有效教育治理的重要举措。

以美国为例，20 世纪 80 年代，美国发布了《国家在危机中：教育改革势在必行》报告，引发了全美范围内的以"标准"为导向的教育改革浪潮，"基于标准的问责运动"在这次改革浪潮中应运而生。其

---

① [美]戴维·奥斯本，彼得·普拉斯特里克. 再造政府[M]. 谭功荣，刘霞，译. 北京：中国人民大学出版社，2010：6.

② 李克强. 转变政府职能，建设现代政府[EB/OL]. [2015-1-01]. http://www.gov.cn/xinwen/2014-12/12/content_2790275.html.

③ 李克强. 加快转变政府职能，不断提高行政效能[EB/OL]. [2016-12-01]. http://business.sohu.com/20160510/n448576468.shtml.

④ 顾明远，石中英. 国家中长期教育改革和发展规划纲要（2010—2020 年）[M]. 北京：北京师范大学出版社.2010：452.

实，引发美国教育界实施问责制还有一个重要原因，即美国政府层面实施的绩效改革。1993 年，美国《政府绩效和结果法案》（Government Performance and Results Act of 1993）颁布[①]，该法案是美国政府绩效改革浪潮中具有里程碑意义的代表性立法，它要求每一个联邦机构部门每年必须报告其在《战略规划》（Strategic Plan）中所确立的目标及目的达成情况。可以说，政府绩效改革实施的“问责制”，从根本上进一步推动了美国教育领域的“问责制”实施。2001 年，美国联邦政府颁布《不让一个孩子掉队法案》（No Child Left Behind Act），开始授权州对其所属的学校及学区的教育改革绩效进行问责，自此，州层面的问责体系逐步建立。对美国职业教育而言，1998 年的《卡尔·D. 帕金斯职业与技术教育修正案》（Carl D. Perkins Vocational and Technology Education Act Amendments of 1998）[②]、2006 年的《卡尔·D. 帕金斯生涯与技术教育改革法案》（Carl D. Perkins Career and Technical Education Improvement Act of 2006）[③]，分别对美国职业教育（生涯与技术教育）实施“问责的目的”及“州绩效措施”，特别是对中等及中等后职业教育（生涯与技术教育）的核心绩效指标、绩效表现进行了详细的规定，从而为问责制的实施提供了法律上的标准和依据。

相比较而言，目前我国教育领域尚未建立起完善的问责机制。“我国亟待建立一种‘谁接受了多少教育委托，谁就要承担多少教育责任、承受多少失职追责后果’的机制，实现权利和义务的平衡。”[④]问责机制的缺失和不完善极易造成教育公共权力滥用、教育资源分配不公及教育效率低下等问题。例如，我国早在 1991 年就颁布了《教育督导暂行规定》，实施了教育督导制度。但客观地说，尽管国家及地方督

---

① Government Performance and Results Act of 1993. [2016-12-01]. http://www.whitehouse.gov/omb/mgmt-gpra/gplaw2m.

② Carl D. Perkins Vocational and Applied Technology Education Act Amendments of 1998. [2014-12-01]. http://www.gpo. gov/fdsys/pkg/PLAW-105publ332/pdf/PLAW-105publ332.pdf.

③ Carl D. Perkins Career and Technical Education Improvement Act of 2006. [2014-12-01]. http://www.gpo. gov/fdsys/pkg/BILLS-109s250enr/pdf/BILLS-109s250enr. pdf.

④ 端木. 我们需要什么样的教育问责之路[N]. 大众日报，2005-7-28（7）.

导机构能在一定程度上监督和制约政府及教育行政部门的行为，但这种监督还存在诸多问题：教育问责缺乏力度、社会或第三方问责缺位、问责的价值取向存在一定偏差和误导。具体表现为过分强化“升学率”问责，不仅进一步激化了升学考试竞争，而且还使教育问责制走向了反面。除此之外，教育问责随意性强、缺失公正现象也比较普遍，最典型表现即问责的标准弹性过大、问责的主客体界定不清、问责的程序不规范、处分滥用等现象。

出现上述问题的一个根本原因，在于我国的法律和政策层面尚缺乏关于“问责”的、具体可操作的法律法规。我国 1996 年 9 月 1 日颁布实施的《中华人民共和国职业教育法》并未提及“问责”问题，只在第三十九条提出，“在职业教育活动中违反教育法规定的，应当依照教育法的有关规定给予处罚”[①]，该条目规定笼统，并未从真正意义上涉及“问责”问题。随着我国教育事业的快速发展，加强教育督导和问责已经越来越成为提高政府教育执政能力的一条重要路径和选择。2010 年 7 月颁布的《国家中长期教育改革和发展规划纲要（2010—2020 年）》第六十五条规定，“完善督导制度和监督问责机制”，提出“严格落实问责制”，并对“问责制”的内容做了如下解释，“主动接受和积极配合各级人大及其常委会对教育法律法规执行情况的监督检查以及司法机关的司法监督。建立健全层级监督机制。加强监察、审计等专门监督。强化社会监督”[②]。客观地说，该条款只涉及教育督导机制问题，并没有具体涉及教育问责机制到底该如何运行的问题。而且，更值得关注的是，《纲要》还提出了一系列的职教重大项目和改革试点，涉及职业教育实训基地建设、“双师型”教师培训、高职改革示范校建设、示范性职教集团学校建设等，这意味着国家将投入大量的人力、物力和财力支持高等职业教育基础能力建设。上述职教政策能否得到很好的贯彻执行？能否达到政策当初预定的政策目

① 中华人民共和国职业教育法[EB/OL]. http://www.gov.cn/banshi/2005-05/25/content_928.htm.

② 国家中长期教育改革和发展规划纲要（2010—2020）[EB/OL]. [2014-12-01]. http://edu.ifeng.com/news/detail_2010_07/30/1859314_0.shtml.

标？由于职业教育政策执行的监测与评估能“识别政策执行的限制和障碍，确定政策偏离的责任归属”①，因此，加强对教育政策执行的监测与评估，不仅可以为政府职能转换提供翔实、可靠的信息，而且还可以及时、有效地消除教育政策执行过程中的权力异化和腐败现象，进一步形成问责机制，提高教育政策的透明度和合法性。

（四）职业教育政策执行的监测与评估是资源配置、衡量成本与效果的需要

任何一项职业教育政策的执行都需要一定的资源。教育政策更是如此，它涉及了大量的物质资源、人力资源、时间资源等资源的投入。那么，如何才能使这些资源的配置发挥最大的效用？如何有效避免各种资源的过度投入？如何才能避免资源配置的不合理？如何避免资源配置过程中的片面性和私利？这些问题的有效解决都需要职业教育政策执行的监测与评估。只有对职业教育政策的执行过程和结果进行及时、准确的监测与评估，才能决定投入各个项目资源的优先顺序，才能在政策执行的不同阶段上恰当地分配资源投入量的比例，并根据教育问题紧迫程度和价值认识程度，满足不同主体对资源的需要量，有效地推动职业教育政策的执行。当然，及时、准确地对职业教育政策的执行进行监测与评估，还可以较客观地对该职业教育政策执行的投入与产出进行衡量，特别是兼顾该政策产出的实际效果，可以极大地提高这些教育政策的经济价值。

当前，我国的教育资源是有限的。仅就教育经费投入而言，2010年发布的《国家中长期教育改革和发展规划纲要（2010—2020）》提出：“提高国家财政性教育经费支出占国内生产总值比例，2012年达到4%。”②事实证明，我国确实实现了这一目标，2012年3月5日的《中国青年报》刊登文章《教育经费占GDP4%目标设定19年后终获

---

① William N. Dunn. Public Policy Analysis: An Introduction (4th). NJ: Pearson Education, Inc.2008: 233.

② 国家中长期教育改革和发展规划纲要（2010—2020）[EB/OL]. [2014-12-01]. http://edu.ifeng.com/news/detail_2010_07/30/1859314_0.shtml.

实现》[①]。尽管如此，与发达国家和其他一些发展中国家相比，我国教育经费的投入仍然是排名相对靠后的，“如果达到了4%的话在全世界也不是很高，大体在全世界188个国家中也只能排在101位”[②]。况且，这些有限的教育资源将以不同的比例分配至学前教育、基础教育、高等教育阶段。以职业教育为例，从教育经费分配的实际情况来看，当前我国职业教育仍然存在教育经费投入总量不足、生均经费偏低、投入不均衡等诸多问题。有研究者提出，2011年，职业教育总经费仅占全国教育总经费的12.31%，比上一年减少0.21个百分点，其中，高等职业学校占比5.24%，比上一年减少0.14个百分点，高等职业院校生均预算内公用经费为3546.23元，普通本科为9077.30元，后者是前者的2.56倍。[③]同时，与普通教育相比，职业教育可以说是一种“最昂贵”的教育类型，其涉及大量的物质资源、人力资源、时间资源等资源的投入。因此，只有通过教育的监测与评估，尤其是教育政策执行的监测与评估，才能实现教育资源的有效配置、发挥教育资源配置的最大效益。同时，通过职业教育政策的监测与评估，还可以对照以往资源配置分配情况，判断其合理性，总结经验教训，使职业教育健康、持续发展。当然，客观、公正地对职业教育政策进行监测与评估，还可以较客观地对职业教育资源的投入与产出进行衡量，特别是兼顾职业教育产出的实际效果，可以极大地提高职业教育的效益。除了上述几点之外，建立教育政策执行的监测与评估体系还是公民政治参与社会民主化的一种重要表现。

---

① 教育经费占GDP4%目标设定19年后终获实现[N]．中国青年报，2013-3-5.

② 胡鞍钢.2012年教育投入将达GDP的4%的要求必须达到[EB/OL]．[2014-12-01]．http://news.xinhuanet.com/video/2010-03/01/content_13075056.html.

③ 苏敏．我国职业教育经费投入的成绩、问题与政策建议[J]．职教论坛，2013（25）.

第二节　文献综述

笔者利用中国知网平台和硕博士学位论文数据库，以“教育政策执行”为搜索主题词，对搜索到的文献进行整理归纳，最终得到 265 篇核心研究文献。其中，核心期刊学术论文 139 篇，硕博士学位论文 126 篇。

一、已有研究的量化分析

（一）核心期刊关于“教育政策执行”研究的量化分析

以“教育政策执行”为主题词，以职业技术教育、高等教育、教育学等领域 50 种核心期刊（包括 CSSCI 期刊）为数据来源，对其中 139 篇核心期刊文献进行分析，这些文献的研究特征如下。

1. 核心期刊论文关于“教育政策执行”研究的总体情况

整体上看，核心期刊中关于“教育政策执行”的研究文献、参考文献及引证文献多出现于 2005 年以后。其中，研究文献数量在 2011 年前后达到高峰，之后逐渐呈微减态势并趋于稳定。

从整体上看，核心期刊中最早出现“教育政策执行”的文献是在 1988 年，只有 1 篇文献，2004 年有 3 篇文献，最高峰出现在 2011 年，有 19 篇文献研究“教育政策执行”问题。

2. 文献互引网络分析

从整体上来看，关于“教育政策执行”研究的互引文献网络相对分散程度较高，表明这些期刊文献之间相互引用率并不高。

3. 关键词共现网络分析

关键词共现网络中，连线多少和粗细表示关键词之间的亲疏程度，连线越多，表示该关键词与其他关键词出现次数越多，也就表示该关键词是该研究领域的核心和热点研究内容。关键词共现网络分析发现：教育政策执行（29）、教育政策（29）、政策执行（16）、职业教育政策（6）、政策（5）、职业教育（4）、教育政策执行偏离（4）是排前7位的关键词。

4. 文献分布分析

（1）来源期刊分布

从来源期刊来看，《教育理论与实践》《现代教育管理》《教育发展研究》是主要刊载“教育政策执行”研究的期刊。

（2）涉及的基金分布

从涉及的基金分布来看，涉及“教育政策执行”的研究成果大部分没有课题资助，少量研究成果涉及全国教育科学规划课题和国家社会科学基金课题资助。

（3）作者所在研究机构分布

从作者所在研究机构来看，国家教育行政学院、东北师范大学、沈阳师范大学、华东师范大学等是对该主题比较关注的作者所在研究机构。

（二）硕博士论文关于“教育政策执行”研究的量化分析

以“教育政策执行”为主题词，以中国硕士学位论文和博士学位论文数据库为数据来源，并对搜集到的硕博论文进行整理归纳，对其中126篇硕博士学位论文进行分析，这些硕博论文的研究特征如下。

1. 关于“教育政策执行”研究的硕博论文的被引和下载情况

“下载量能在第一时间对文献的使用情况作出反映，这一独特的揭示功能使其在网络时代可以作为审视学科发展以及科学评价的指标之一……文献被引用的次数多少能反映其应用价值、参考价值或学术影响力”。[①]从整体上看，关于“教育政策执行”研究的硕博论文的总被引量和下载量均不高（见表3）。

表3　关于“教育政策执行”研究的硕博论文的被引等情况　　单位：篇/次

项目	数量
硕博学位论文总篇数	126
总被引次数	616

① 李文静. 图书馆情报学核心期刊Web全文下载与被引对比分析[J]. 情报杂志，2010（2）.

续表

项目	数量
总下载次数	97743
篇均被引次数	4.89
篇均下载次数	775.74
下载被引比	158.67

2. 关系网络分析

（1）文献互引网络分析

整体上看，关于“教育政策执行”研究的硕博论文互引网络呈散点状，表明这些硕博论文之间相互引用率并不高。

（2）关键词共现网络分析

如前文所述，关键词与其他关键词出现次数越多，表示该关键词是硕博论文关于“教育政策执行”研究的核心和热点。硕博论文中出现的高频词关键词主要有：教育政策（22）、义务教育（11）、政策执行（10），这三个关键词的频次均高于或等于 10。

（3）作者合作网络分析

整体上看，关于“教育政策执行”研究的硕博论文作者之间合作网络呈现散点状，说明这些硕博论文作者之间合作关系并不密切。

3. 论文分布情况

（1）论文类型分布

整体上看，关于“教育政策执行”研究的论文以硕士学位论文为主，占到总量的近 80%。

（2）作者来源分布

从整体上看，关于“教育政策执行”主题的硕博论文多来源于西南大学、华东师范大学、东北师范大学、南京师范大学四所高校。

二、已有研究的质性分析

从上述期刊论文及硕博士论文的研究内容、研究视角、研究方法等角度进行分析，可以发现如下内容。

（一）已有研究的“研究内容”分析

关于“教育政策执行”相关研究的内容主要集中在教育政策执行的偏离（梗阻、滞后、失真等）现象分析、执行偏离的原因分析、执行偏离的改进策略等方面，如《城市化进程中社区教育政策执行主体偏差行为》（刘爱刚，2014）、《教育政策执行的滞后问题研究》（王智超，2009）、《教育政策执行主体的机会主义行为分析及对策研究》（吕敏，2006）、《治理理论视域下教育政策执行滞后问题的思考》（王智超、杨颖秀，2010）、《中国农村义务教育政策执行的梗阻及治理对策研究》（欧顺田，2014）等，这些研究提出了教育政策执行偏差主要表现为政策资源浪费、政策目标落空等政策失效问题。关于影响教育政策执行的因素，有研究提出从系统角度看，教育政策问题、教育政策、教育政策执行主体、教育政策执行客体、教育政策工具、教育政策执行环境等是主要影响因素（衣华亮，2010）；也有研究从社区教育政策立法、政策滞后、政策执行体制行政化（包括执行路径狭窄、执行力量薄弱）以及社区教育政策执行资源短缺等方面分析了政策执行滞后的原因（刘爱刚，2014）；还有研究者从政策执行者素质、目标群体、本身缺陷、执行体制及政策环境等方面分析了政策执行偏差的原因（王瑞丰，2006）。关于解决教育政策执行偏差的策略和建议，有研究提出要提高政策执行者素质、加强宣传和说服工作，构建合理的政策体系和多样化的教育评价体系、开畅信息渠道、实现政策执行手段多样化以及加强监控和法治等对策措施（王瑞丰，2006）。

（二）从研究视角分析

从已有研究文献来看，许多研究者从教育学视角、政策学视角、社会学视角、政治学视角、管理学视角、现象学视角等对教育政策执行问题进行了研究，如《制度变迁理论视野下教育政策执行滞后问题的思考》（王智超，2012）、《复杂理论视域下的教育政策执行研究》（蒋园园，2011）、《制度视野下教育政策执行研究方法论的范式转换》（邓旭，2008）、《制度分析方法与教育政策执行研究》（胡春梅，2007）、《教育政策执行前提明证性初论：现象学视域》（蒋园园，2011）等。

（三）从研究对象分析

"教育政策执行"是涉及一系列不同种类、面向不同目标群体的政策执行。从现有研究成果来看，已有研究在研究对象上，主要涉及素质教育政策执行、流动儿童义务教育政策执行、农村义务教育政策执行、学前教育政策执行、免费师范生教育政策执行、高等教育政策执行、民族教育政策执行等。例如:《素质教育政策执行偏差的成因与对策研究》(王瑞丰，2006)、《流动儿童义务教育政策执行的复杂性——基于政策网络视角的研究》(侯云，2012)、《工具理性与价值理性权衡下的教育政策执行分析——以流动儿童教育政策为例》(郭元凯、秦燕燕，2014)、《农村义务教育政策执行失真研究》(康靖，2008)、《学前教育政策执行偏差的归因及其矫正》(胡福贞、吴梅芬，2014)、《师范生免费教育政策执行状况调研与思考》(王智超，2015)、《高等教育政策执行过程中的变形：基于公共选择理论的视角》（王鹏，2011）、《少数民族教育政策执行研究》（徐妍，2013）等。

三、已有研究述评

从前述对已有研究文献的分析来看，尽管在数量及质量上，关于"教育政策执行"的研究整体上呈现研究数量日益增加、研究质量不断提高等态势，但从目前已有的研究成果来看，国内对教育政策的研究尚处于探索阶段，相关研究主要集中在对教育政策理论体系的构建，以及对教育实践中某一具体教育政策的分析等方面。从总体上看，我国教育政策理论体系尚不完善，缺乏对政策制定和实施过程的系统研究和科学研究，教育政策监测与评估的研究也相对较弱。

然而更为薄弱的是有关职业教育政策的研究方面。从目前关于职业教育政策的研究文献来看，这些研究的主题大多集中在对我国职业教育政策的变迁、价值取向，或某个领域职业教育政策（如农村职业教育政策、高等职业教育政策）等方面，个别研究涉及职业教育政策的国际比较。在这种研究现状下，专门针对职业教育政策监测与评估的研究非常少，目前仅搜索到 4 篇以"职业教育政策评估"为题的文献，分别是《中等职业教育免费政策评估研究》(王星霞，2012)、《职业教育政策评估探析》（陈取江，2012）、《制度视角下的职业教育政策评估》（颜炳乾，2011）和《职业教育政策评估指标体系设计与实施》（周晶，2011）；关于“职业教育政策监测”的文献有3篇，分别是《职业教育政策执行监督机制研究》（董天鹅，2014）、《基于效度分析的职业教育政策监测体系研究》（董天鹅，2012）和《建立职业教育政策监测体系》（颜炳乾，2011）；关于“职业教育政策执行”的文献有 12篇，这些文献多集中于对职业教育政策执行力、执行低效等主题。从科学的政策过程来看，“监测与评估”是贯穿整个“政策过程”的活动，既涉及“政策制定过程”的监测与评估，也涉及“政策执行过程”的监测与评估。因此，从现有研究成果来看，将“职业教育政策执行”“职业教育政策监测”与“职业教育政策评估”三个主题综合起来，即专门研究“职业教育政策执行的监测与评估”的文献非常少，不仅亟须引起研究者重视并对其加强相关研究，而且还应从研究内容、研究视角、研究方法等方面对“职业教育政策执行的监测与评估”研究进一步丰富化和多元化。

另外，在实践中，虽然我国教育行政部门或一些专业机构相继成立一些专门的针对教育事业发展的教育监测中心，如上海市教育科学研究院的教育部基础教育监测中心、设在中央教育科学研究所的“基础教育监测站”、设在北京师范大学的教育部基础教育质量监测中心等，但专门针对教育政策，特别是职业教育政策的监测评估机构和组织以及相关实践活动都相对较弱，而专门针对“职业教育政策执行”的监测与评估实践就更为薄弱了。但近十多年来，我国职业教育领域陆续颁布了诸多重大职业教育政策，特别是“十二五”和“十三五”期间，我国陆续推出一些职教重大项目和改革试点，诸如“职业教育实训基地建设项目”“‘双师型’教师培训项目”“中等职业教育改革示范校和优质特色校建设项目”“高等职业教育示范校建设”“示范性职业教育集团学校建设”“职业院校管理水平提升行动计划”“高等职业教育创新发展行动计划（2015—2018年）”“中国特色高水平高职学校和专业建设计划”“高职扩招专项工作”等。随着这些重大教育政策与改革试点的逐步推进，社会和公众亟须了解这些政策执行的过程到底如何，以及政策执行的效果、效益是否能达成政策预期。因此，当前亟须从理论和实践两个方面加强对职教政策执行过程和结果的监测与评估。

相比较而言，许多西方国家和国际组织一直在对职教政策执行的监测与评估方面进行研究和实践，相关研究成果较为丰富，相关实践也多种多样。例如联合国教科文组织对其 2001 年颁布的《关于技术与职业教育的修订建议》及《联合国教科文组织 21 世纪第一个 10 年的技术与职业教育计划》等政策实施情况的评估实践，美国对其颁布的《2006 年卡尔 · D. 帕金斯生涯和技术教育法案》执行情况的诸多国家层面和州层面的评估实践以及发布的大量评估报告。但国内对国外教育政策执行评估的研究并不多见，大多只局限于对国外或国际组织教育政策的价值分析、内容引介等。总之，从整体上看，国内对职业教育政策执行监测与评估的研究比较缺乏，这方面的研究亟待加强。

第三节 研究意义与研究目标

一、研究意义

加强教育政策的监测与评估，提高政府决策的科学性和管理的有效性，强化教育政策的执行力，是一项重要的国家战略。《国家中长期教育改革和发展规划纲要（2010—2020 年）》指出，要“规范决策程序，重大教育政策出台前要公开讨论，充分听取群众意见。整合国家教育质量监测评估机构及资源，完善监测评估体系，定期发布监测评估报告。加强教育监督检查，完善教育问责机制”。在国家不断强化教育质量、不断完善教育问责机制的大背景下，特别是在近十年来国家大力发展职业教育、不断制定和颁布各种职业教育政策的具体情境下，了解、关注、强调职业教育政策执行的效率、效益和效果，即对职业教育政策的执行情况进行监测和评估，已成为当前职业教育政策理论和政策实践领域迫切需要关注的重点和焦点问题。

通常，一项新的职业教育政策颁布实施后，教育政策制定者及其他利益相关者需要及时了解和把握一系列相关情况。例如，政策是否按计划付诸实施？在政策实施过程中，政策是否被正确地理解？各利益相关者的态度和反应如何？政策执行所涉及的资金是否被合理地分配和使用？政策执行过程中遇到哪些困难和障碍？政策实施的效果如何？是否达到了预期目标？政策实施后，出现了哪些新情况？为了解决所面临的问题（老问题和新问题），需要对政策做哪些修正？职业教育政策执行监测与评估就是系统地收集数据来回答上述问题的过程。

本书致力于职业教育政策执行监测与评估体系的系统研究，对丰富和发展职业教育政策理论体系及职业教育政策实践都具有重要意义。首先，本书通过对职业教育政策执行相关概念的界定、职业教育政策执行监测与评估价值基础和价值选择的理论建构、专业取向的职业教育政策执行监测与评估主体的建构、政策监测评估指标体系的构建等多个方面进行创新性理论建构，力图构建中国特色的职业教育政策理论，进一步完善我国教育政策特别是职业教育政策理论体系，服务我国教育政策学科发展。其次，本书通过对国外相关政策的监测与评估技术、方法、模式、经验的引介和分析，进一步丰富现有关于职业教育政策监测与评估的国内研究成果。最后，本书构建的职业教育政策执行监测与评估理论，可以为职业教育政策监测与评估实践提供理论指导，为动态监测评估职业教育政策提供理论基础和实践依据。

二、研究目标

1. 以某职业教育政策的执行为典型案例，调查了解职业教育政策执行的现状与问题。

2. 引介国外职业教育政策监测与评估的理论，包括模式、方法、技术等。

3. 构建我国职业教育政策执行监测与评估体系，包括职业教育政策监测与评估的价值基础、职业教育政策执行监测与评估主体、指标体系等。

第四节　研究假设、研究方法

一、研究假设

1. 职业教育政策执行过程是一个“自上而下”或“自下而上”的交互复杂过程，任何职业教育政策在执行过程中都不可能被完美执行。

2. 职业教育政策执行的监测与评估不仅有科学性、客观性的一面，更有主观性的一面，难以规避人的“价值取向”的影响。

3. 职业教育政策执行的监测与评估体系是一个关涉多种要素且要素之间相互作用关系比较复杂的系统，也就是说存在传统意义上的“黑箱”过程，任何研究只能从某一视角对其进行探究，难以窥其全貌。

二、研究方法

（一）文献法

通过梳理和分析相关研究文献，掌握国内外有关“职业教育政策执行”“政策执行监测”和“政策执行评估”的基本理论，分析已有研究对该理论研究的现状、问题、研究态势，从整体上把握本主题的研究起点、过程，并对研究结论形成一定的假设。

（二）调查法

通过“开放式访谈”和“问卷调查法”，调查了解当前职业教育政策执行的现状和存在的问题。调查问卷的编制和试测将在开放式访谈的基础上进行，问卷的正式施测将在问卷修订的基础上进行。

（三）个人访谈法

采用自编个人访谈提纲，选取包括教师、学校管理者等典型职业教育政策的执行者，进行个人质性访谈。通过对典型个案的深度访谈，了解某典型职业教育政策执行的现状，为本研究提供质性数据材料。

（四）比较法

选取美国等有代表性的国家，分析比较其在职业教育政策执行监测与评估方面的做法、经验及差异，并将其典型的做法进行总结提炼，为我国职业教育政策执行监测与评估的理论体系构建提供借鉴经验。

第一章　核心概念界定

第一节　职业教育政策执行的基本内涵

一、职业教育政策的内涵界定

基于不同模型，对“政策”的理解有不同的观点。按照美国著名的政策学家托马斯・R. 戴伊（Thomas R. Dye）的观点，政策可以有如下不同的内涵：从制度主义模型来看，“政策是制度的输出”；从过程模型来看，“政策是政治活动”；从理性主义模型来看，“政策是社会效益的最大化”；从渐进主义模型来看，“政策是过去政策的补充和修正”；从团体理论模型来看，“政策是团体利益的平衡”；从精英理论模型来看，“政策是精英的价值偏好”；从公共选择理论模型来看，“政策是自利个人的群体选择”；从博弈理论模型来看，“政策是竞争状态下的理性选择”。[①]每一模型视角下的政策内涵，都为我们提供了理解政策的一个视角，同时也从侧面说明了政策的内涵是极为丰富的。

（一）“公共政策”的基本内涵

关于何为“公共政策”，目前国内外学术界对其内涵的界定尚未完全达成一致，各种界定之间存在一定的差异。

1. 国外学者对“政策”的基本界定

政策科学主要的倡导者和创立者哈罗德・拉斯韦尔（H. D. Lasswell）与亚伯拉罕・卡普兰（A. Kaplan）认为，政策是“一种含有

---

① [美]托马斯・R. 戴伊. 理解公共政策（第十二版）[M]. 谢明，译. 北京：中国人民大学出版社，2011：11-24.

目标、价值与策略的大型计划”[①]。美籍加拿大学者戴维·伊斯顿（David Easton）认为，“政策是对全社会的价值作权威性的分配”[②]。托马斯·R. 戴伊认为，“凡是政府决定做的或不做的事情就是公共政策”[③]。詹姆斯·E. 安德森（James E. Anderson）认为，“政策被定义为一个或一组行动者为解决一个问题或相关事务所采取的相对稳定、有目的的一系列行动。这个定义包含了以下几层含义：第一，这个定义说明政策是有目的性的或是具有目标导向的行动，而不是随机的行为或偶然的事件。第二，政策是指政府官员活动的方式或过程，而不是他们所做的单独的、没有联系的决定。第三，公共政策产生于对政策需求的回应。第四，政策是指政府实际所做的事，而不是政府打算做或政府官员声称他们将要做的事。第五，公共政策可以是积极的，也可以是消极的。第六，公共政策，至少是积极的公共政策，是建立在法和权威的基础上的”[④]。

从上述“政策”内涵的不同界定来看，不管是把“政策”界定为“价值的分配”“大型计划”“做或者是不做的事情”，还是界定为“活动过程”，都凸显了“政策”所具有的不同方面的质的内涵。把“政策”界定为“价值的分配”的观点，显然内隐着一个基本的政治学假设：利益及利益关系是人类社会活动的基础，政府的基本职能就是对社会公共利益进行分配，公共政策是政府进行社会公共利益分配的一种主要形式。当然，把“政策”界定为“一种含有目标、价值与策略的大型计划”的观点，强调了“政策”本身应具有的“目标性”和“计划性”，也凸显了政策要经由科学的论证过程、要达成一定的目标，因此也具有其合理性。而把“政策”界定为“政府决定做的或不做的事情

① H. D. Lasswell, A. Kaplan. Power and Society[M]. New Haven: Yale University Press, 1970: 71.

② D. Easton. The Political System: An Inquiry into the state of political Science. New York: Knopf, 1953: 129.

③ Thomas R. Dye. Understanding Public Policy (6th ed.). Englewood Cliffs, N. J. : Prentice-Hall Inc., 1987: 2.

④ ［美］詹姆斯·E. 安德森. 公共政策制定[M]. 谢明，译. 北京：中国人民大学出版社，2009：3-7.

就是公共政策”这一界定，则从“政策”的本质是一种“实践科学”的视角突出了政策的实践性特征。最后，把“政策”界定为“公共政策是一个有目的的活动过程”，则强调了政策的动态性，把政策视为一个完整的过程，并强调政策的实证性，因而也有其合理性。概括西方政策学者关于“政策”内涵的界定，主要包括如下几个核心点：政策是由政府或其他权威人士所制定的计划和规划；政策是对社会所做的权威性的价值分配；政策具有明确的目的和目标；政策是由一系列的活动组成的过程。总之，上述学者可以说是西方政策研究领域内非常具有代表性的人物，从他们对“政策”内涵界定上的差异，可以进一步说明“政策”内涵本身的复杂性。

2. 我国学者关于“政策”的界定

20 世纪 90 年代初期，公共政策研究被引入我国，我国一些学者开始探索具有中国特色的公共政策理论与实践。关于何为“政策”，我国一些学者基于不同的价值偏好、研究视角、研究立场，提出了诸多略有差异的观点。

政策学者张金马认为政策是“党和政府用以规范、引导有关机构团体和个人行为的准则或指南。其表现形式有法律、规章、行政命令、政府首脑的书面或口头声明和指示以及行动计划或策略等”[①]。政策学者陈庆云提出，“公共政策是政府依据特定时期的目标，在对社会公共利益进行选择、综合、分配和落实的过程中所制定的行为准则”[②]。政策学者宁骚认为，“公共政策是公共权力机关经由政治过程所选择和制定的为解决公共问题、达成公共目标、以实现公共利益的方案”[③]。政策学者陈振明也提出了自己的观点，“政策是国家机关、政党及其他政治团体在特定时期为实现或服务于一定社会政治、经济、文化目标所采取的政治行为或规定的行为准则，它是一系列谋略、法令、措施、

① 张金马. 政策科学导论[M]. 北京：中国人民大学出版社，1992：19-20.

② 陈庆云. 公共政策分析[M]. 北京：中国经济出版社，1996：9.

③ 宁骚. 公共政策[M]. 北京：高等教育出版社，2000：109.

办法、方法、条例等的总称”[①]。台湾政策学者林水波、张世贤认为，公共政策是指政府选择作为或不作为的行为。政策学者张国庆认为，“公共政策是公权力主体制定和执行的用以确定和调整广泛社会关系的行为规范。其逻辑思维至少包含了 5 个要点：公权力主体的行为；对适用主体具有约束力；欲达到的目标或目的；一定的政策声明或宣示；公权力主体的政策执行行动”[②]。

从上述界定可以看出，国内政策学者在对“政策”进行界定时，一般都强调“政策”作为“行为准则”或作为一种“政治行为”的内涵，在表现形式上“政策”以“声明、指示、行动计划、行动策略、方案、法令、措施、办法、条例”等多种样态呈现。当然，上述界定还有一个共同点，即都强调“党和政府”的政策主体作用以及政策的“目标性”。显然，在这一点上，这些界定都在一定程度上忽略了除政府之外的其他公共团体等的政策主体地位，以及在一定程度上忽略了“政策”本身具有的“动态性”问题。

当然，需要说明的是，尽管本书对国内外“政策”内涵的界定做了梳理和分析，但我们不得不面对这样一个现实：公共政策作为一种理论，从其诞生之日开始，就同时吸收、借鉴了众多学科的研究成果，并且，在其自身理论发展过程中，通过不断地综合和分化，又产生了许多新的理论。同时，作为一门实践学科，公共政策的实践几乎涉及了人类社会的所有领域，而不同的政策实践需要应用不同的政策理论和方法来研究，但不同的研究者在研究公共政策时所采用的研究理论和方法通常是有限的，再加上研究者自身的价值偏好、研究视角、理论积淀及研究立场的不同，这些因素使得在概括公共政策的一致性方面或者是获得对公共政策统一性的看法方面，具有很大的困难。因此，对于公共政策的内涵的看法也就不可避免地出现了多样性的观点，而也恰恰是因为这种“多样性”的存在，才为我们从根本上认识和了解

① 陈振明. 政策科学——公共政策分析导论（第二版）[M]. 北京：中国人民大学出版社，2003：50.

② 张国庆. 公共政策分析[M]. 上海：复旦大学出版社，2004：4.

公共政策提供了可能。

基于上述分析，本书无意对“政策”做出理性的、全面的、精确的内涵界定，而是旨在通过以下核心要义来把握本书所提及的“政策”内涵。

首先，政策是由国家权威机构、政党及其他政治集团、团体制定的。也就是说，任何政策的制定都有特定的主体，政策要体现特定主体的意志和价值取向。其次，政策具有目标性。也就是说，特定的政策总是为实现特定的政策目标为目的，具有明确的方向性，而不是那些无意识或偶然的行为。另外，政策目标往往产生于特定的历史时期和特定的情境之下，因此，政策目标往往具有时效性。再次，政策不仅体现为静态的行为规范、谋略、措施，而且还体现为主体服务于特定目标而采取的一系列活动或政治行为及其过程。因此，政策不仅具有静态性，而且还具有动态性。最后，政策具有权威性和强制性。政策是一种行为准则或行为规范，规定着政策对象应该做什么和不应该做什么，规定着哪些行为受鼓励，哪些行为被禁止。因此，政策具有权威性和强制性，政策必须为政策对象所遵守和执行。

（二）“职业教育政策”的内涵

要想明晰职业教育政策的内涵，需要对教育政策的概念和职业教育的内涵予以界定和说明。

1.“教育政策”的概念界定和职业教育的内涵说明

（1）“教育政策”的概念界定

在探讨“职业教育政策”内涵之前，应首先明晰“教育政策”的内涵。关于“教育政策”的概念界定，目前学术界观点众多，具有代表性的观点如下。

范国睿教授提出，“教育政策是负有教育的法律或行政责任的组织和团体为实现特定时期的教育目的，在管理教育事业过程中制定和执行的，用以确定和调整教育利益关系的行为准则”[①]。孙绵涛教授认为，“教育政策是一种有目的的、有组织的动态过程，是政党、政府

① 范国睿，等. 教育政策的理论与实践[M]. 上海：上海教育出版社，2011：4.

等政治实体在一定历史时期，为了实现一定的教育目标和任务而协调教育的内外关系的行动依据准则”[①]。刘复兴教授则提出，“教育政策是公共政策的一部分，它是由政府及其机构和官员制定的、调整教育领域社会问题和社会关系的公共政策”[②]。袁振国教授认为，“教育政策是一个政党或国家为实现一定时期的教育任务而制定的行为准则”[③]。叶澜教授认为，“教育政策是政府或政党制定的有关教育的方针、政策，主要是某一历史时期国家或政党的总任务、总方针、总政策在教育领域内的具体体现”[④]。褚宏启教授提出，“教育政策是指由执政党和政府制定与颁布的用以指导、规范教育事业发展的一切价值准则与行为规范的总称”[⑤]。成有信教授提出，“教育政策是负有教育的法律或行政责任的组织及团体为了实现一定时期的教育目标和任务而规定的行动准则”[⑥]。颜国梁教授提出，“教育政策是教育行政机关对目前社会需求及未来发展趋势，拟定方针与方案，经由立法或行政命令之合法化程序，以作为教育机关执行的准则”[⑦]。顾明远教授提出，“由党中央和中央政府所授权的部门或地方政府制定的，不经过立法程序，对教育机构、个人教育行为都具有指导性，它体现着一种意向，回旋余地较大，在具体贯彻中常常可以因人、因事、因条件而异，就是说，教育政策具有较多的灵活性和弹性”[⑧]。

显然，作为一种特殊类型的公共政策，教育政策内涵的界定基本上沿袭了公共政策内涵界定的范式。也就是说，上述诸多界定基本上套用了公共政策内涵界定的范式，教育政策被界定为“行动依据准则”“行为准则”“行动准则”等。当然，这些“行动/行为准则”多指向达成教育目的（目标）、教育任务或以解决教育问题为本，其制定的主体

---

① 孙绵涛. 教育政策论[M]. 武汉：武汉工业大学出版社，1997：5.

② 刘复兴. 教育政策的价值分析[M]. 北京：教育科学出版社，2003：30.

③ 袁振国. 教育政策学[M]. 南京：江苏教育出版社，1996：115.

④ 叶澜. 教育概论[M]. 北京：人民教育出版社，1991：148.

⑤ 褚宏启. 教育政策学[M]. 北京：北京师范大学出版社，2011：4.

⑥ 成有信，等. 教育政治学[M]. 南京：江苏教育出版社，1993：201.

⑦ 颜国梁. 教育政策执行理论与应用[M]. 台北：师大书苑，1997：序2.

⑧ 顾明远. 中国教育大系：现代教育理论丛编[M]. 武汉：湖北教育出版社，1994：1337.

以政党、政府、负有教育责任的组织和团体等为主。基于此，我们提出，作为旨在解决教育问题的公共政策，教育政策必须具有如下核心要点。

首先，教育政策的制定主体是国家权威机构、政党及其他政治集团、团体，主要是指各级政府、教育行政部门等负有教育法律或行政责任的组织和团体。因此，教育政策的制定主体是多元的。

其次，教育政策的目的在于确定和调整教育的各种利益关系。“隐藏在具体教育政策‘外衣’之下的教育礼仪，是教育政策的调整对象。可以说，教育政策活动的本质在于调整教育利益”①，即通过调整教育利益关系从而达成特定历史阶段的教育目的，解决特定时期的公共教育问题。“教育政策对教育利益的分配与调整主要发生在两个层次：第一层次是对受教育权利和机会进行分配。这是一种全能的分配。教育政策的这一分配层次仅仅给利益主体提供了一种获得利益的可能性，它尚不能保证利益的完全实现；第二层次是分配教育资源（教育条件），提供教育服务，这一分配层次提供了利益主体获得利益的充分条件，使第一分配层次的权能在具体的教育活动中得到体现和落实，最终保证教育价值的完全实现。”②

再次，教育政策不仅体现为静态的“行为规范/准则”、解决公共教育问题的谋略和措施，而且还体现为主体服务于特定目标而采取的一系列活动或政治行为及其过程，教育政策是“某种有目的地进行价值分配、处理问题或实现既定目标的复杂过程”③。因此，教育政策是静态文本表征与动态的实践过程的统一。“政策的内涵远远超越了政策文本，它还包括先于文本的政策过程，包括在政策文本产生之后开始的政策过程，以及对作为一种价值陈述及行动期望的政策文本的修正和实际的行动。”④也就是说，教育政策的静态文本，仅仅是为政

① 范国睿，等. 教育政策的理论与实践[M]. 上海：上海教育出版社，2011：8.

② 劳凯声，刘复兴. 论教育政策的价值基础[J]. 北京师范大学学报，2000（6）.

③ 刘复兴. 教育政策的四重视角[J]. 清华大学教育研究，2002（4）.

④ Taylor S., Rizvi F., Lingard B., Henry M. Education Policy and the Politics of Change[M]. London and New York: Routledge.1997: 28.

策执行者提供一个行动方案，而教育政策更多的意涵着文本之后的各种冲突、论证、调整的“动态的”实践过程。

最后，教育政策具有权威性和强制性。教育政策是一种“行为准则”或“行为规范”，规定着政策对象应该做什么和不应该做什么，规定着哪些行为受鼓励，哪些行为被禁止。因此，教育政策具有权威性和强制性，教育政策必须为政策对象所遵守和执行。

（2）“职业教育”的内涵说明

目前，国内外关于“职业教育”的界定并不完全相同，我们仅列举具有代表性的几个观点。

首先，从国际上来看，不同的国际组织、不同的国家在对“职业教育”的内涵理解上存在一定的差异。例如，在《国际教育标准分类法》（1997）中，职业教育指职业前或技术前教育：一是主要为学生进入劳务市场和准备让他们学习职业或技术教育课程而设计的教育；二是主要为引导学生掌握在某一特定的职业或行业，或某类职业或行业中从业所需的实际技能、知识和认识而设计的教育。完成这类课程之后学生可以获得所在国的主管当局（如教育部、雇主协会等）认可的在劳务市场上从业的资格。作为重要的国际组织之一的联合国教科文组织在 2001 年提出，“技术与职业教育”是作为一个综合术语来使用的，它所指的教育过程除涉及普通教育之外，还涉及学习与经济和社会生活各部门的职业有关的技术及各门科学，以及获得相关的实际技能、态度、理解能力和知识。技术与职业教育还可以进一步理解为：普通教育的一个组成部分；准备进入某一就业领域以及有效加入职业界的一种手段；终身学习的一个方面以及成为负责任的公民的一种准备；有利于环境的可持续发展的一种手段；促进消除贫困的一种方法。[①]总之，正如研究者周明星所言，“目前，国际社会习惯把‘职业教育’理解为‘职业和技术教育与训练’，它包括：以在校生为主要对象的‘职业准备教育’，其中有普通学校的‘职业基础教育’与职业学

① 刘来泉. 世界技术与职业教育纵览——来自联合国教科文组织的报告[R]. 北京：高等教育出版社，2002：68.

校的‘职业教育和培训’；以在职人员为主要对象的‘岗位培训’以及以失业人员为主要对象的‘再就业培训’。就职业教育的形式而言，包括学校本位的职教模式、企业本位的职教模式、社会本位的职教模式以及‘学校—企业’综合模式。随着终身教育思想的深入人心，职业教育成为贯穿个人职业发展全过程的一种教育，职业准备教育—就业培训—岗位培训—晋级/专业/再就业培训。这就是现在所说的‘大职业教育观’”①。

其次，从国内对“职业教育”概念的理解来看，不同的研究者、组织或团体对职业教育的理解也存在一定的差异。例如，《辞海》中对“职业教育”做了如下界定：职业教育是给予学生或者在职人员从事某种生产、工作所需的知识、技能和态度的教育，分就业前和就业后两类。在《教育大辞典》中，广义的职业教育包括普通教育中的职业入门教育、准备从事各项职业的职业准备教育和之后进一步提高的职业继续教育。狭义的职业教育则专指后两种教育。职业教育是培养各层次的技术人员、管理人员、技术工人和其他城乡劳动者的教育。在《中国大百科全书·教育》中，把职业教育定义为给予学生从事某种职业或生产劳动所需要的知识和技能的教育。除了《辞海》等对职业教育的界定之外，我国一些专家学者也提出了自己的观点。例如，国务院原参事、国家副总督学黄尧提出，“作为独特教育类型的职业教育，在课程方面，是以就业能力为导向的能力本位课程或工作过程课程；在教学方面，实施行动导向教学，实行工学结合的人才培养模式；教师的素质要求是‘职业实践能力＋专业素养’并且掌握职业教育理论的‘双师型’教师；学生评价方面，要求以学生获得职业胜任能力和职业资格为依据，重行而不唯知；教师评价方面，要从重升学率和学术成果转向重就业导向的课程开发与教学应用与转化；管理制度方面，要建立起符合职业教育规律与特色的内部与外部管理制度”②。研究者周明星也提出，“从狭义的角度来说，职业教育就是在基础教育之上，

① 周明星. 职业教育：基本理论纲要[M]. 北京：人民教育出版社，2010：79.

② 黄尧. 职业教育学——原理与应用[M]. 北京：高等教育出版社，2009：50.

人们为影响自身职业能力发展及其运用所进行的一种不间断的活动。这种活动成为不同年龄阶段，不同职业背景和不同文化层次人们参与的教育活动，所以它将不再是单纯的学校模式，而是混合模式；不再是终结教育，而是贯穿人的一生的终身教育；不再仅仅是为了谋生，而将是不同个性、兴趣、爱好者以充实自我、愉悦人生的一种多姿多彩的职业生活教育”①。

尽管上述对“职业教育”的概念界定存在较大的差异，但从整体上来分析，已有的对“职业教育”的概念界定大多是从如下四个角度来进行的。一是认识论，把职业教育看作是一种具有特殊知识的领域，是需要特殊的认知与学习方式的教育，即通过实践的方式来获得实践知识及相关理论知识的教育；二是目的论，把职业教育看作是为工作做准备的教育；三是等级论，把职业教育看作是在职业等级、教育程度和认知水平上处于相对较低等级的教育；四是实用主义，把职业教育看作是以工作所需要的实用知识与技能为内容的教育。②

我们认为，职业教育作为一种有别于普通教育的、独特的“教育类型”，其本质在于其“职业性”“技术性”“社会性”表征。

“职业性”意即职业教育的人才培养目标、专业设置、课程内容组织及实施、考核评价等应契合“职业”的规范、逻辑和要求，并且应以“职业活动”的形式进行。具体而言，从职业教育人才培养目标来看，职业教育应培养能实际“做事”的“职业人”，这些“职业人”从事的工作有较高程度的重复，并且其工作过程所依赖的手段主要是“工具”；职业教育的专业设置应契合市场动态需求、产业结构调整及社会职业的需求；职业教育的课程内容组织及实施应契合职业工作过程的“任务逻辑”；考核评价应遵循是否将学生培养成为完整的“职业人”为考核标准。

“技术性”是职业教育的根本特性。“技术性”一方面意味着职业教育的内容要以技术学相关的内容为主要课程内容，包括技术哲学、

① 周明星. 职业教育：基本理论纲要[M]. 北京：人民教育出版社，2010：77.

② 徐国庆. 职业教育原理[M]. 上海：上海教育出版社，2007：26.

技术社会学及技术史等。课程在实施时也要充分体现技术的属性，要体现技术传授的规律和要求，诸如技术的学习需要反复训练，训练的过程要兼具教育性等。另一方面，"技术性"还意味着技术的演变会直接影响职业教育的结构、层次、规模、课程及方法。例如技术结构及产业结构的变化会直接影响职业教育结构的演变；技术进步与技术创新会直接推动职业教育人才培养模式和办学模式的改革。

"社会性"意即职业教育与整个社会的联系非常密切，直接服务整个社会，又高度依赖整个社会环境。其中，最关键的核心点是职业教育的教学、课程、评价、管理、人才培养必须实现与行业和企业的密切合作，这既是职业教育生存之本，又是职业教育质量提高的关键。

2."职业教育政策"的内涵

显然，职业教育政策是教育政策的下位概念，同样也属于公共政策范畴。依据前文对"教育政策"和"职业教育"的界定，我们认为，"职业教育政策"从本质上来讲，应符合如下要件。

首先，职业教育政策的制定主体是国家权威机构、政党及其他政治集团、团体，主要是指国家立法机构、各级政府、教育行政部门等负有教育法律或行政责任的组织和团体。因此，职业教育政策的制定主体是多元的。从目前我职业教育政策颁布的主体来看，主要是指全国人大、国务院、教育部、人力资源社会保障部、财政部、地方各级政府及其职业教育管理机构等发布的一系列涉及职业教育发展的法律法规、规章、意见、通知等。

其次，职业教育政策的目的在于确定和调整职业教育领域的各种利益关系，从而达成特定历史阶段的职业教育目的，解决特定时期的公共职业教育问题。职业教育涉及的利益主体是多元化的，不仅包括各级政府、各行业企业、各社会组织和团体、职业院校，还包括接受职业教育的个体及其家庭等，职业教育政策就是涉及调整上述多元主体之间的利益关系的。例如：应该由谁来承担职业教育经费的投入？在职业教育办学及人才培养过程中，各方利益主体应各自享有什么样的权益及承担什么样的责任？再如，目前我国高层次技术技能型人才短缺问题比较严重，这是我国在经济快速发展、产业转型及技术变革日新月异的背景下，我国要实现由“制造业大国”向“制造业强国”迈进的过程中，必须予以解决的公共教育问题，这就需要职业教育政策制定者及时出台相关政策来协调各方利益，并解决这一公共职业教育问题。

再次，职业教育政策不仅体现为静态的“行为规范/准则”、解决公共职业教育问题的谋略和措施，而且还体现为主体服务于特定目标而采取的一系列活动、政治行为及其过程，因此，职业教育政策是静态文本与动态的实践过程的统一。从这个意义上讲，职业教育政策是一个广义用语，既包括静态意义的政策文本，还包括各方主体对职业教育政策执行过程及结果。需说明的是，为了凸显本书的研究问题，笔者在后文中还是使用了“职业教育政策执行”这一用语，在于凸显其与广义职业教育政策内涵的差异。

最后，职业教育政策具有权威性和强制性。职业教育政策是一种“行为准则”或“行为规范”，规定着政策对象应该做什么和不应该做什么，规定着哪些行为受鼓励，哪些行为被禁止。因此，职业教育政策具有权威性和强制性，职业教育政策必须为政策对象所遵守和执行。例如，《中华人民共和国职业教育法》中的若干规定和条款对政策目标群体及政策指向对象皆具有强制性。

概括而言，职业教育政策是指由国家权威机构、政党及其他政治集团、团体制定的，旨在调整职业教育领域各主体的利益关系从而达成特定历史阶段的职业教育目的、解决特定时期的公共职业教育问题的，具有强制性和权威性的政策文本及其动态实践活动和过程。因此，本书中的“职业教育政策”主要指全国人大、各级政府、教育行政部门等负有教育法律或行政责任的组织和团体制定的，以各种法令、条例、决定、条例、意见、通知等形态呈现的政策文本及其动态实践活动和过程。

本书涉及的职业教育政策范围较广，既包括关于职业教育的相关法律法规，例如《中华人民共和国职业教育法》《中华人民共和国高等教育法》《中华人民共和国教育法》《教师资格条例》等，也包括综合性教育政策中有关职业教育发展的行动纲领，例如《教育部面向 21

世纪教育振兴行动计划》《国家中长期教育改革和发展规划纲要（2010—2020 年）》等，还包括专门为职业教育改革和发展所制定的各方面的具体政策，例如《国务院关于大力推进职业教育改革与发展的决定》《教育部关于进一步推进高职高专院校人才培养工作水平评估的若干意见》《关于全面提高高等职业教育教学质量的若干意见》，《面向二十一世纪深化职业教育教学改革的原则意见》《关于印发〈关于“十五”期间加强中等职业学校教师队伍建设的意见〉的通知》《关于实施国家示范性高等职业院校建设计划 加快高等职业教育改革与发展的意见》《国家职业教育改革实施方案》《关于开展中国特色高水平高职学校和专业建设计划项目申报的通知》《关于做好 2019 年中等职业学校招生工作的通知》等。

二、政策执行的内涵

关于何为政策执行，学界有着诸多不同的观点。从整体上来看，主要有如下几种不同的观点。

一种观点认为，政策执行是对某一项公共政策所要采取的各种各样的行动或活动。因此，政策执行者的一系列的行动或活动是政策执行的关键，政策执行的本质就是一个系统的行动的过程。根据这种观点，这些行动具有如下表征：权威性的行动，也就是说政策执行行为是经过合法授权的；目的性行动，也就是说评判这些行为的价值标准是以这些行动是否最大限度实现政策目标为最高评判标准；组织性行动，即这些行动并非是官员的个人行为，而是合法组织采取的行动，它通过组建机构，召集人员并获取必要的授权的方式形成组织特有的力量，进而依靠组织的力量实现政策目标；公益性行动，即这些行动是面向、动员、组织公众，为公共利益而为之的行动；持续性行动，也就是说这些行动是一系列相互关联的、持续性的行动，因为政策目标需要在政策执行的过程中通过有步骤、分阶段的行动来实现；创造性行动，即这些行动体现出政策执行者的创造性，执行者要根据其经验、资源以及环境变化，创造性地将政策目标变为现实。

在政策学领域，有许多政策学者持上述观点，他们把政策执行界定为一系列的行动或活动。美国政策学者卡尔·E. 范·霍恩（Carl E. Van Horn）和唐纳德·范·米特（Donald S. Van Meter）合著的《政府间的政策执行》(The Implementation of Intergovernmental Policy）与《政策执行过程：一个概念性的框架》（The Policy Implementation Process: A Conceptual Framework）、乔治·爱德华三世（George C. Edward Ⅲ）所著的《政策困境：制定与执行公共政策》（The Policy Predicament: Making and Implementing Public Policy）以及查尔斯·琼斯（Charles O. Jones）的《公共政策研究导论》（An Introduction to the Study of Public Policy）等著作均是上述观点的支持者。例如：美国政策学者查尔斯·琼斯在其著作《公共政策研究导论》（第二版）中提出，"政策执行乃是将一项政策付诸实施的各种活动。在诸多活动中，又以解释、组织和实施最为重要。所谓解释（interpretation）活动，是把政策内容转化为民众能理解且接受的东西；所谓组织（organization）活动，乃是设立政策执行机构，用以拟定执行的办法和落实政策；所谓实施（application）活动，是由政策执行机构提供例行性的服务与设备，支付各种费用，进而完成政策目标"[①]。在其《公共政策研究导论》（第三版）中，琼斯又进一步提出，"执行是一系列指向使一个项目生效的行动，其中尤以组织（资源、机构和使项目生效的方法的建立或重新安排）、解释（将项目语言转变成可接受和可行的计划和指示）和应用（服务、款项、工具等的日常供应）三种活动为要"[②]。再如：美国政策学者卡尔·E. 范·霍恩和唐纳德·范·米特认为，"政策执行指公私个体和团体为了实现政策目标所采取的各项行动。这些行动一方面包括政策方案要求的具体化，另一方面包括连续地努力去实现政策方案要求的目标"[③]。另外，爱德华三世也提出：政策执行的基本条件

① Charles. O. Jones. An Introduction to the Study of Public Policy (2nd ed.)[M]. North Scituate, Mass: Duxbury Press, 1977: 139.

② Charles O. Jones. An Introduction to the Study of Public Policy (3rd ed.). Monterey, California: Brooks/Coles Publishing Company, 1984: 166.

③ C. E. Van Horn, D. S. Meter. The Implementation of Intergovernmental. In C. O. Jones (ed.). Public Policy Making in Federal System. Beverly Hills, Sage Publications, 1976: 45.

有四项——沟通、资源、人员特点和官僚体系；执行过程的主要环节包括“发布命令、执行指令、拨付款项、办理贷款、给予补助、订立契约、收集资料、信息沟通、委派人事、雇佣人员、创设机构”等活动。①奥图尔把“政策执行”界定为“在确定政府机构去做什么或停止做什么的主观意图与最终在现实社会中产生的效果之间所发生的活动”②。

另外一种观点可以称之为“组织”论，该观点重视“组织”在政策执行中的特点与作用，认为“组织”是政策执行的关键，任何政策都必须经由一定的组织得以执行，没有一定的组织为依托，没有一定的组织化的努力，任何政策目标只能停留在政策构想阶段。持这种观点的论者认为，“组织”是政策执行的主体，任何政策都是通过一定的“组织”得以执行的，“组织”内部的分工与整合、“组织”的规范程序与变通、“组织”的人力资源与文化、“组织”的运作方式与环境等因素直接决定着政策的执行效果与成败，而且，只有“组织”才能从根本上揭示政策执行过程的本质就是一种“政治”的过程。艾尔莫尔（Richard F. Elmore）的《社会规划执行的组织模式》、弗兰西斯·罗尔克（Francis E. Rourke）的《官僚、政治和公共政策》、蒙太和欧托尔合著的《政策执行的有关理论：组织观念》等，均提出了政策执行的“组织”论观点。艾尔莫尔提出，“任何一项观念转变为行动，都要涉及重要的具体工作，组织是从事具体工作的主体。其处理问题的方法，是将问题分成具体的管理项目，再将这些项目分配给专业化机构负责执行。因此，只有了解组织的运作，才能认清原初政策设计是否在执行中被修正或附加新意”③。罗尔克也提出，“负责执行的组织，其正式与非正式的属性，往往影响到该组织执行政策达到目标的能力”④。

① G. C. Edwards III, I. Wildavsky. The Policy Predicament. Making and Implementing Public Policy. San Francisco: W. H. Freeman. 1978: 293.

② O'Toole, L. J., Jr. Research on Policy Implementation: Assessment and Prospects[J]. Journal of Public Administration Research and Theory.2000, 10.

③ Richard F. Elmore. Organizational Models of Social Program Implementation. Public Policy, Vol.26, No.2, Spring 1978: 185-187.

④ F. E. Rourke. Bureaucracy, Politics and Public Policy. Boston, Little Brown and Co., 1967.

斯诺（C. P. Snow）和特里林（L. Trilling）也认为：任何一项化观念为行动的行为都涉及某种简化工作，而组织机构正是这种简化工作的主体；它们把问题解剖成具体可以管理的工作项目，再将这些项目分配给专业化的机构去执行。于是，只有了解组织是怎样工作的，才能理解所要执行的政策，也才能知道它在执行中是如何被调整和塑造的。[①]

如果上述两种观点是从“静态”的视角对“政策执行”做了界定，那么，强调政策执行是一个“动态的过程”，则是基于“动态”视角对“政策执行”的界定和解读。持这种观点的论者大都认为，“政策执行”从本质上来讲是一个“过程”。例如，美国政策学者保罗·A. 萨巴蒂尔（Paul A. Sabatier）和丹尼尔·A. 马兹曼尼安（Daniel A. Mazmanian）认为，可以将政策执行视为这样一种过程，即用法律、上诉法院决定、行政命令，或用议会决定、内阁政令的形式，实施一种基本政策决定的过程。[②]这两位政策学者关于“政策执行”的界定也是政策学界最有影响的界定之一。正如他们对政策执行的解释：“执行是贯彻基本的政策决定。一般说来，这样的政策决定体现在法规、条例或法令中，也可采取行政命令或法院决定的形式。从理论上来说，这样的决定界定所提出的问题，确立要实现的目标，并以多种方式建构执行的过程。这一过程通常经由一系列阶段——始于基本的法令或法规的通过；然后是执行机构的政策（决定）输出；目标群体对政策的依从；这些政策输出产生包括预期的和未曾预料的实际影响；政策执行机构认知感知政策的效果；以及最后，对基本的法令或法规的重要修正（或试图修正）”[③]。除此之外，普雷斯曼（Jeffrey L. Pressman）和怀尔德夫斯基（Aaron Wildavsky）也认为，政策执行是目标的确立和适应与取得这些目标的行动之间的一种相互作用过程。[④]尽管持有“过程”观的

① R. F. Elmore. Organizational Models of Social Program Implementation. Public Policy. Vol.26, No.2. Spring, 1978: 185, 187.

② [美]斯图亚特·S. 那格尔. 政策研究百科全书[M]. 北京：科学技术文献出版社，1990：112.

③ Mazmanian, D. A., Sabatier, P. A. Implementation and Public Policy. Glenview, Ⅲ.: Scott, Foresman.1983: 20-21.

④ Jeffrey L. Pressman, Aaron Wildavsky. Implementation (2nd ed). Berkeley: University of California Press, 1979: XX-XXI.

诸多政策学者都强调政策执行是一个“过程”，但不同的论者也提出了略有差异的“过程”观。其中，有论者强调这一“过程”的“动态性”。政策学者林水波、张世贤认为，政策执行可谓一种动态的过程，在整个过程中，负责执行的机关与人员组合各种必要的要素，采取各项行动，扮演管理的角色，进行适当的裁量，建立合理可行的规则，培塑目标共识与激励士气，应用协商化解冲突，期以成就某特殊的政策目标。[①]政策学者陈振明也认为，可以把政策执行界定为一个动态的过程，它是政策执行者通过建立组织机构，运用各种政策资源，采取解释、宣传、实验、实施、协调与监控等各种活动，将政策观念形态的内容转化为实际效果，从而实现既定政策目标的活动过程。[②]除此之外，另外一些论者则强调这一“过程”的“互动性”，并提出政策执行是一个“博弈的过程”这一观点。例如：美国公共政策学者尤金·巴尔达奇（Eugene Bardach）提出，可以将政策执行过程视为一种赛局，包括竞赛者（政策执行人员和相关人员）、利害关系（竞赛可能的原因）、竞赛的资源（包括策略与技术等软资源和财经、权威等硬资源）、竞赛的规则（就是竞赛获胜的标准或条件）、竞赛者之间信息沟通性质、所得结果的不稳定程度等。政策执行的成功与否，取决于参加者的竞争策略。[③]可以看出，该观点把政策执行看作一个政治上讨价还价的博弈（或交易）过程。也就是说，政策执行者与政策对象之间通过不同方式的博弈（或交易），在各种力量的互动过程中，达成某种妥协、退让或默契。总之，从“动态”的视角审视、解读和界定“政策执行”这一复杂的现象，为我们更全面、更客观地理解“政策执行”提供了依据。

---

① 林水波，张世贤. 公共政策[M]. 台湾：五南图书出版公司，2001：264.

② 陈振明. 政策科学——公共政策分析导论（第 2 版）[M]. 北京：中国人民大学出版社，2003：260.

③ Eugene Bardach. The Implementation Game: What Happens After a Bill Becomes a Law. Cambridge: The MIT Press, 1977: 298.

三、职业教育政策执行：基于两维视角的概念界定

“教育政策执行”作为公共政策执行的一个下位概念，其内涵必然要契合上述关于“公共政策执行”的内涵；但同时，它还要体现教育政策执行的特殊性。因此，分析“教育政策执行”内涵是构建“职业教育政策执行”内涵的前提之一。

关于“教育政策执行”的内涵，目前学界的观点还存在一定的差异，但总体上来说，大多数研究者将“教育政策执行”界定为一个“动态的活动/行动过程”。例如，有研究者将其界定为“动态的实践过程”，“教育政策执行是指政策的执行者依据政策的指示和要求，为实现政策目标、取得预期效果，不断采取积极措施的动态行动过程”①。也有研究者将其界定为“教育实践过程”，“教育政策执行应是广义的，是指教育政策在教育实践活动中得以贯彻、落实和推行、实施的全过程，教育政策执行是一种实践性、综合性、具体性和灵活性比较强的教育实践过程”②。还有研究者将其界定为“将教育政策内容转变为教育现实的过程”，“所谓教育政策执行，就是政策的执行者依据政策的指示和要求，为实现教育政策目标，取得预期效果，将教育政策内容转变为教育现实的过程”③。当然，也有研究者将其界定为“动态复杂的过程”，“教育政策执行是教育政策执行主体在教育政策颁布和付诸实施以后，借助积极的、具体的、灵活的策略实现教育政策内容，达成教育政策目标的动态复杂的过程”④。

笔者认为，尽管上述诸多“教育政策执行”的内涵界定确实在动态视角上揭示了政策执行的“过程性”特征，但由于教育政策执行过程涉及的因素繁杂多样，教育政策执行实践也千差万别，因此，单纯从动态视角来界定教育政策执行，尚不能全面、客观地揭示教育政策执行的本质。基于此，笔者尝试从两维视角相结合的角度来界定教育

① 吴志宏，陈韶峰，汤林春. 教育政策与教育法规[M]. 上海：华东师范大学出版社，2003：57.

② 孙绵涛. 教育政策学[M]. 武汉：武汉工业大学出版社，1997：145.

③ 袁振国. 教育政策学[M]. 南京：江苏教育出版社，1998：179.

④ 范国睿，等. 教育政策的理论与实践[M]. 上海：上海教育出版社，2011：8.

政策执行的内涵。

（一）"自上而下"视角下的"教育政策执行"

该视角主要针对那些由中央政府及教育行政机构颁布的、具有管制性的或再分配性的教育政策，"管制性政策是指政府设定一致性的管制规划和规范，以指导政府机关和目标团体从事某种活动和处理不同利益的政策类型，这种政策是通过制约、禁止政策对象行为来实现的"①。西奥多·洛威（Theodore Lowi）、金斯伯格（Benjamin Ginsberg）将这类政策称为"规范性政策"，"是指运用一般通用的术语表达的正式规则，它适用于许多人群，这些规则依靠政府强制性地实施，包括对违反规则的人员的罚则、减少或者增加那些受到规范的人群可以利用的选择机会等。绝大多数的规范性政策的形式是法律和政府行政机关的规则，其主要内容是要求或禁止某种行为。一种独特的规范行政测试规范性特许证书，这种类型的规范性政策规定，除非具备政府规定的具体条件，否则，从事某种职业就是违法。教师资格证书和教育管理证书就是规范性政策"②。教师资格证书、义务教育规定、联邦和各州经费使用细则等均属此类政策。而"再分配性政策是指那些使资源或权力从一种社会团体转移至另一社会团体的政策，在转移资源和权力的过程中，政府努力控制人们的行为，这种控制是通过改变行为的条件或操纵环境实现的，因而具有间接性。这一类政策的目标可能是经济性的，诸如将收入转向中产阶级，以增加中产阶级的收入，从而刺激消费；也可能是政治性或社会性的，诸如向无业人士提供最低收入，以保证社会相对稳定，避免酿成社会危机"③。再分配性政策大量存在于教育领域，例如弗朗西斯·C. 福勒提到的，各种资助性规划项目、美国的教育券计划、废除种族隔离教育政策、美国初等和

① 管制性政策[EB/OL]. [2015-10-08]. https://baike.baidu.com/item/管制性政策/8541217?fr=aladdin.

② [美]弗朗西斯·C. 福勒. 教育政策学导论（第二版）[M]. 许庆豫，译. 南京：江苏教育出版社，2007：223.

③ [美]弗朗西斯·C. 福勒. 教育政策学导论（第二版）[M]. 许庆豫，译. 南京：江苏教育出版社，2007：224.

中等教育法案等。也就是说，再分配性政策使资源和权力从居社会主导地位的团体移向那些实际上的或感觉上的社会弱势团体。目前，再分配性的教育政策主要在教育制度内部实行权力转移，如教育券政策主要是分配各州政府进行教育拨款的权力，使其从学校管理者手中转为由学生家长掌握。

概括而言，具有管制性的或再分配性的教育政策所涉及的公共教育事务具有全国一致性的特质，地方政府不宜各自为政，只有充分贯彻中央政府及教育行政部门的公权力与公信力，才能发挥教育政策的管制与再分配效果。在该视角下，教育政策执行是指对于某种权威性的，特别是由中央政府或教育行政机构颁布的决议、决定、计划、方案、意见等，经由官僚体系的组织与分工、教育政策执行主体的贯彻与落实，来实现教育政策目标的一系列行动及其动态过程。这一视角充分肯定教育政策制定者设定明确教育政策目标的权威与能力，目的在于形成完美的教育政策执行行为及过程。

“自上而下”视角下“教育政策执行”的这一内涵界定，其适用条件有三个。首先，行政组织的结构是集权的、层级制的官僚体系，它强调不同层级之间的指挥命令关系，在教育政策执行过程中，往往注重上级政府对于下级政府的政策指挥、监督与控制的角色与责任，并且，某些由中央及教育行政组织控制的因素对于地方教育政策执行的影响优于其他因素。其次，由上述行政组织结构决定的，在该政治组织体系中，政治家（或教育行政组织的领导）负责制定教育政策，行政人员及其他人员负责执行教育政策，即制定教育政策与执行教育政策的这两个群体是相分离的。进一步说，中央政府及其官员确定教育政策目标，形成教育政策偏好，基层政府及其官员以及其他政策执行主体执行教育政策内容，落实相关教育措施，达成教育政策目标。最后，强调教育政策的效果与效率，即追求教育政策执行的效率是该视角下教育政策执行的一个基本价值取向，换句话说，它以最大限度地实现政策目标为最高的价值判断标准，同时，追求教育政策执行效率也是自上而下视角的一个重要特征。

公共政策学者纳卡穆拉和斯莫尔伍德曾对“自上而下”视角的政

策执行做过如下阐释:“(1)政策制定与政策执行是有界限的、分离的、连续的。(2)政策制定与政策执行之所以存在界限，乃是因为：第一，政策制定者设定目标，政策执行者执行目标，二者分工明确；第二，政策制定者能够陈述政策，因为他们能够同意许多不同目标间的优先顺序；第三，政策执行者拥有技术能力，服从并愿意执行公共政策制定者设定的政策。(3)既然政策制定者与执行者接受两者之间的任务界限，则执行过程必然是在政策制定之后的连续过程上。(4)涉及政策执行的决定，本质上是非政治性与技术性的；执行者的责任是中立的、客观的、理性的与科学的。”①

当然，“自上而下”的视角来界定教育政策执行既然存在一定的适用条件，这本身就说明了这种视角下的教育政策执行界定存在无法克服的弊端。首先，这一内涵界定过多地关注中央或高层教育决策者的目标与策略，认为教育政策制定者是教育政策执行的关键人物，而基层官员、地方政府、社会团体等其他行动者在教育政策执行过程中的角色被忽视，特别是教育政策执行主体的创造性作用被忽视。其次，当“完美执行”的假设遭遇现实条件的局限时，达成教育政策目标面临巨大挑战。具体而言，“自上而下”视角下的教育政策执行存在一个前提假设，即只要教育政策制定者具备设定明确政策目标的权威和能力，教育政策就能被完美地执行，就能达成教育政策目标。但实际上，教育政策“完美执行”的下述条件在现实中似乎很难具备：明确一贯的教育政策目标、教育政策执行机构的合法性不受干扰、具备丰富执行技术的教育政策执行者、依法建立的教育政策执行程序、充足的教育政策执行资源，以及教育政策目标的完全理解和认可、教育政策过程中的良好沟通和协调、教育政策执行者的良好权威和执行对象的绝对服从、利益团体的支持等。假如上述条件中的任何一个或几个条件不具备时，那么，“自上而下”这一教育政策执行链条就会因其中某一链条的“卡壳”而导致整个政策执行的低效甚至是失败。对此，两位

---

① Robert T. Nakamura, Frank Smallwood. The Politics of Policy Implementation. New York: St. Martin’s Press, 1980: 10-12.

英国学者布莱恩·霍格伍德（Brian Hogwood）与刘易斯·冈恩（Lewis Gunn）曾提出，政策的“完美执行”需要如下必要条件：“（1）执行机构的外部环境不对其施加过强的限制；（2）（政策）项目的实施应当获得足够的时间与资源；（3）不仅在总体资源方面没有约束，而且在执行过程中每一阶段所需资源配置也能真正获得；（4）需要执行的政策是基于正确的因果关系原理；（5）原因与结果之间的关系是直接的，其间很少有干预性环节；（6）执行机构不需要依赖其他机构就能获得成功，即使其他机构的介入是必须的，执行机构对后者的依赖在量和重要性上也只能是最小限度；（7）对需要实现的政策目标有全面的理解与一致的同意，而且这种共识在整个执行过程都能持续；（8）在朝着目标努力的进程中，有可能把每一位参与者需要执行的任务在全部细节和恰当的排序方面予以详细说明；（9）卷入（政策执行）项目的各个要素之间有理想的沟通与协调；（10）权力机构的政令畅通并得到正确的遵从。”[①]综上所述，如果“自上而下”视角下的教育政策执行能达成最终的政策目标的话，那么，就需要一个近乎“完美”的条件配备，但从实践来看，要达到“完美”条件太难了，因为没有任何一个单一的组织可以垄断所需要的全部资源。因此，从这个意义上来说，“完美的政策执行不是一种乌托邦，就是一种梦魇”[②]。再次，“自上而下”视角下的教育政策执行只存在于理论研究之中，无法完全契合教育政策执行的实践。“自上而下”视角下的教育政策执行将教育政策制定与教育政策执行做了界限分明的区分，认为二者有明确的分工和任务，并且假定教育政策是由上层规划或制定的，然后被具体化为各种指示，再由下层行政官员依照指示来执行。但从教育政策执行的实践来反观上述观点和假设时，不难发现，它只存在于理论研究或应然状态之中，根本无法完全契合教育政策实践现实状态，在教育政策执行的实践中，往往是教育政策制定中有执行，教育政策执行中有制定。

① Hogwood, B. W., Gunn, L. Policy Analysis for the Real World. Oxford: Oxford University Press.1984: 199-206.

② 李允杰，丘昌泰. 政策执行与评估[M]. 北京：北京大学出版社，2008：131.

“政策在执行中建构，也在建构中执行。”[①]从这个角度上讲，将教育政策制定与教育政策执行之间进行区分是不必要的，也是无意义的。最后，“自上而下”的视角容易低估基层政府及其教育行政管理部门，以及政策目标团体等在政策执行过程中的各种对抗行为、对抗能力，也就是说容易忽视政策执行者基于自身利益考量而对教育政策产生的负面效果。

尽管前文列举了“自上而下”视角下教育政策执行的诸多弊端，但我们不得不面对这样一个事实：受我国政治管理体制影响，在我国教育政策执行领域，该取向的教育政策执行实践还大有市场，还存在大量的教育政策执行实践遵循或沿袭了“自上而下”执行的范式，因此，从该视角认识和理解我国“教育政策执行”依然不可或缺。

（二）“自下而上”视角下的“教育政策执行”

“自下而上”视角主要针对那些自我管制性（self-regulatory）或分配政策（distributive policy），“自我管制性政策是指政府并未设定严格的、一致性的管制规划和规范，而仅仅设定原则性的游戏规则，由各政府机关和目标团体自行决定采取何种行动，而政府不加干预的政策类型”[②]。“分配性政策是指通过给予政策对象某些权利使其获取社会利益的政策。该类政策是一种进行公共服务和公共利益分配的政策，其分配对象往往是部分特定群体，这一群体可能是多数人，也可能是少数人。”[③]按照西奥多·洛威（Theodore Lowi）、金斯伯格（Benjamin Ginsberg）的观点，分配性政策给予公民各种“赠品”，这些“赠品”包括物品、服务或权利。当代政府机构并不赠予公民金银财宝，却用其他方式分配财富和特权，这些方式包括津贴、合同和非限制性特许。其中，津贴可能由“现金、物品、服务和土地组成”；合同是又一种分配性政策形式，通过合同，私人公司向政府提供某种产品或服务，以交换一定数额的货币；非限制性特许是政府批准的允许特定的人士或

① Anderson, J. E. Public Policy-Making. New York: Praeger.1975: 79.

② 张成福. 公共管理学笔记和考研真题详解（修订版）[M]. 北京：中国石化出版社，2011：1.

③ 周晓红. 公共管理学概论（第 2 版）[M]. 北京：中央广播电视大学出版社，2009：7.

组织从事一定活动的特权，没有政府的批准，从事这些活动就是违法。[①]正如弗朗西斯·C. 福勒所言，教育领域中的分配性政策很多，例如：以“津贴”形式存在的众多专业发展项目、各州的学校交通补贴、学校午餐和牛奶项目、学校部分项目经费、各州划拨经费的其他方式等；以“合同”方式存在的各州政府或学区与教材出版公司签订的合同、各州政府或学区与考试机构签订的合同、设计和建设学校设施的合同等；以“非限制性特许”方式存在的教职工停车许可、学校图书馆面向社区居民发放借书证等。

概括而言，自我管制性教育政策与分配性教育政策的本质在于强调地方特色。因此，中央政府希望能授予基层政府及其官员充分的自主权，赋予政策目标团体更多自由活动的空间，中央政府过度地介入这类教育政策，反而会失去该类教育政策的本质。基于此，在该视角下，教育政策执行是指对于某些自我管制性教育政策或分配教育政策，即那些涉及地方政府及教育行政机构更多自由裁量权、更多自主空间的教育政策，以及那些涉及特定群体可以通过以特定方式获得公共利益的教育政策，由参与教育政策实施的所有行动者，包括地方政府或教育行政机构及其官员、社会团体、私人组织、利益团体等，通过扩大并行使他们在政策实施过程中的自由裁量权，以及多元行动者之间通过形成具有自组织性质的执行政策结构体，最终达成对某些教育公共利益的讨价还价、博弈和妥协的一系列行动及其动态过程。

对于“自下而上”视角下的教育政策执行而言，其核心要点主要有两个。一是要充分赋予地方政府及教育行政部门在教育政策执行过程中的“自由裁量权”。“自由裁量权，是指税务机关或其他行政机关及其工作人员在法律事实要件确定的情况下，在法律授权范围内，依据立法目的和公正、合理原则，自行判断行为条件、自行选择行为方式和自由做出行政决定的权力，其实质是行政机关依据一定的制度标

① [美]弗朗西斯·C. 福勒. 教育政策学导论（第二版）[M]. 许庆豫，译. 南京：江苏教育出版社，2007：221.

准和价值取向进行行为选择的一个过程。”[①]也就是说，“自下而上”视角的教育政策执行强调的是赋予所有参与政策执行的行动者一定的权力，以使多元化的参与者之间更好地讨价还价，特别是要赋予基层的地方政府及教育行政部门充分的“自由裁量权”，使其能更好地应对复杂的教育政策环境，发挥其政策执行过程中的自主性和创造性，提高政策执行效率。对此，著名的政策学家埃尔莫尔（Richard F. Elmore）提出，“有效的政策执行取决于执行机构间的过程与产出，而非政策制定者的意图与雄心；有效的政策执行是多元行动者复杂的互动结果，而非单一机构贯彻政策目标的行动结果；有效的政策执行基于基层官员或地方政府的自由裁量权，而非层级结构的指挥命令、监督控制系统；有效的政策执行必然涉及妥协、交易或联盟等活动，因此互惠性远比监督性功能重要”[②]。二是教育政策执行过程中的“多元行动者”以及他们之间形成的复杂的“执行结构”是“自下而上”视角下教育政策执行的一个核心所在。之所以提出“多元行动者”，主要针对之前政策执行只关注单一的行政组织结构。当然，“多元行动者”提出的背景之一还在于社会结构的迅速变化，特别是第二次世界大战之后，社会结构发生巨大变化，其中一种变化即是社会组织的数目日益增长。与此同时，公共组织与私人组织之间的关系也日益密切，“组织社会”日益形成，这一现象对政策执行产生了重要影响。一方面，许多私人组织和社会组织都掌握着大量的社会资源，它们极有意愿，又有能力和政府组织一起从事公共物品、公共服务的提供，因此，可以结为良好的公私合作伙伴关系；另一方面，如前所述，没有任何一个单一的政府组织或官员能够掌握政策执行所需要的全部资源，政策执行需要诸多组织和行动者的共同合作。由此，多元行动者参与政策执行过程便成为可能和必需。而所谓“执行结构”，约恩和波特认为，“执行结构并不完全是一种组织，它固然包含许多组织群，但它所包含的组织

① 自由裁量权[EB/OL].[2018-08-08]. https://baike.baidu.com/item/自由裁量权.

② Richard F. Elmore. Backward Mapping: Implementation Research and Policy Decisions. New Jersey: Walter Williams Chatham House Publishers, Inc Chatham.1982: 601-616.

是由许多计划所组成的；它也不是行政实体，因为它的组成不必然与政府机构的命令发生直接关系，而是基于执行计划的需要而自动集结的结构体。因此，执行结构是指潜在地或实际地介入计划或政策的官方或非官方结构”[①]。值得关注的是，这种“执行结构”并不是基于行政命令而形成的，而是基于要完成的政策目标由多元行动者按照“自组织”系统的原则自发形成的，是多元行动者自我选择的一个结果。因此，在这种具有“自组织”特征的“执行结构”中，多元行动者之间的权威关系是以行动者的专业地位、协调能力、潜在或实际的权力，以及资源控制情况为核心形成的。当然，在这种由多元行动者自主参与形成的或带有稳定性的“网络关系”或带有暂时性的“临时组织关系”中，不同参与者的参与动机与利益诉求是不同的，这也就形成了多样化的政策目标与动机。因此，政策执行的过程从本质上更像是一个多元行动者之间“利益博弈”的过程。

可以看出，“自下而上”视角下的教育政策执行不仅将关注的切入点放在政策执行的基层实际问题，而且还将关注重点放在具体政策执行过程中执行者的“自由裁量权”以及执行者之间的多元互动上。客观地说，这些都与教育政策执行的现实情况相吻合。因此，与“自上而下”的视角相比，这一视角促使我们重新审视和正视政策执行过程中多元执行主体之间的互动以及基层执行机构的权力问题，可以说，这一视角是对“自上而下”视角的有益补充，可以使我们更为全面地认识政策执行这一复杂的过程。

但正如同任何单一视角必然存在片面性和盲区一样，“自下而上”视角的教育政策执行也存在无法解释或无法克服的弊端。首先，关于“自由裁量权”的问题。一方面，至目前为止，尚未有明确的理论或研究能说明“自由裁量权”与政策执行效率之间的复杂关系，“自由裁量权的大小与政策执行效率的高低是否具有必然的内在联系，绝不是一个自明的问题”[②]；另一方面，“自由裁量权”本身也存在一个“边界”

① 陈庆云. 公共政策分析[M]. 北京：中国经济出版社，1996：162.

② 张金马. 公共政策分析：概念、过程、方法[M]. 北京：人民出版社，2004：402.

的问题，即基层政策执行者既要受法律、法规、组织制度等的约束，又要受民主政治系统中的政策领导与政治责任归属等问题的制约，因此，基层政策执行者的“自由裁量权”的“边界”问题就显得特别重要。其次，正如同“自上而下”视角过分重视“中心”一样，“自下而上”视角则过分重视“边缘”，在一定程度上忽略了“中心”。对此，研究者李允杰、丘昌泰提出，“正如由上而下模式过分重视中心而忽略边缘一样，由下而上模式的缺点则是过分重视边缘而忽略中心”①。最后，“自下而上”视角的教育政策执行只适用于“分权”的政策环境，也就意味着该视角的政策执行分析不适用于中央集权制度的政策环境。当然，需要说明的是，绝对的中央集权制度或绝对的分权制度是不可能存在的。

（三）教育政策执行“自上而下”与“自下而上”视角的比较

分析“自上而下”与“自下而上”两个视角的教育政策执行，可以发现，两个视角存在如下不同。

首先，两者的切入点不同。“自上而下”视角的切入点是中央政府的政策，通常以中央政府政策或法律法规的出台为切入点；而“自下而上”视角的切入点则是政策执行过程中基层行动者及其活动，也就是政策执行链条中较低及最低层次的执行者被当作政策执行的基础。

其次，两者对政策执行过程中主要行动者的认定路径不同。“自上而下”视角强调从中央到地方，从公共部门到私营部门；“自下而上”视角则强调从地方到中央，从私营部门到公共部门。

再次，两者关注焦点不同。从整体上而言，“自上而下”视角强调官僚机构内部的层级控制、信息管理、资金配置、人员素质等，这一视角关注的焦点是政策控制系统如何达成政策制定者所预期的政策结果；而“自下而上”视角则强调政策执行过程中多元主体之间复杂的利益互动及其互动关系，以及“政策网络”中多元行动者之间的互动策略，这种互动远远超越了行政组织的范畴。

最后，两者对政策成功与否的评价标准不同。“自上而下”视角

---

① 李允杰，丘昌泰. 政策执行与评估[M]. 北京：北京大学出版社，2008：66.

强调政策目标的实现和完成程度，并以此来判断政策成功与否；而“自下而上”视角则将政策执行过程视为复杂的网络关系，很难用统一的标准来衡量政策成功与否，只提出政策成功与否是相对谁而言的，也就是说，其评价标准比较模糊，只能笼统地以“是否实现了计划”为评价标准。

需说明的是，尽管前文我们从“自上而下”和“自下而上”两维视角对教育政策执行内涵做了尝试性的建构和分析，但众所周知，教育政策执行是一个非常复杂的过程，关涉多种变量，存在多种适用情境。所以，在教育政策实践领域，纯粹的“自上而下”或“自下而上”的教育政策执行并不多见，而更多的是以两种模式的混合或整合状态呈现。因此，在本书中，我们尝试以复杂的、动态的、情景化的思维去审视这种复杂的实践活动。当然，由于“职业教育政策执行”属于“教育政策执行”的下位概念，因此，“职业教育政策执行”的内涵应符合“教育政策执行”的内涵。只不过，“职业教育政策执行”仅分析、审视、反思、建构职业教育政策，仅以“职业教育政策”为研究对象，所以，本书采用较宽泛意义上的“职业教育政策执行”内涵，泛指某项职业教育政策自颁布之后所发生的一系列为了达成政策目标所采取的各种活动、行为及其结果。

第二节　职业教育政策执行的监测与评估体系：内涵界定

一、职业教育政策执行监测与评估的内涵

（一）职业教育政策执行监测的内涵

“政策结果永远无法完全预知。因此，在政策执行之后对政策进行监测至关重要。”[①]

① [美]威廉·N. 邓恩. 公共政策分析导论（第四版）[M]. 谢明，伏燕，朱雪宁，译. 北京：中国人民大学出版社，2011：189.

1. 监测的内涵

现代汉语中，“监测”一词被解释为“监视，检测”，监视意即从旁严密注视，检测意即检查测试，检验测定。[①]英文中，监测通常用“monitoring”一词来表示，在《柯林斯英语词典》（第 10 版）中，“monitoring”一词为动词，意为“to observe, record, or detect (an operation or condition) with instruments that have no effect upon the operation or condition.”“to oversee, supervise, or regulate”“to watch closely for purposes of control, surveillance, etc.; keep track of; check continually”。[②]从上述“monitoring”的释义可以看出，“监测”的基本内涵为“使用对操作或状况没有影响的仪器进行观察、记录或检测（一种操作或状况）”“监督或监管”“为了控制、监视等目的而进行密切观察；保持跟踪；持续检查”等。

2. 职业教育政策执行监测的内涵

目前关于政策监测的说法比较多，与此有关的概念涉及“政策监控”“项目监测”“政策监测”“政策分析中的监测”“政策执行中的监测”等诸多表达。

诸多表达既有共性又有差异，有研究者将“政策监测”作为一种广义的政策执行活动来看，视其为整个政策周期中必不可少的一个环节。例如，彼得·罗西在其著作《项目评估方法与技术》中提出，“项目监测（政策监测）就是系统地记录项目绩效的主要方面，包括项目是否按预期的或按照恰当的标准运行。项目监测通常包括服务利用领域内的项目绩效、项目组织和/或项目结果。监测服务利用涉及对预期的目标人群接受预期服务程度的检查；监测项目组织需要比较项目应该做的内容，尤其是与提供服务有关的计划和实际已完成的事；监测项目结果需要项目参与状况的调查，并调查项目参与者接受服务之后

① 现代汉语词典[M]. 北京：商务印书馆，1997：500-501.

② Collins English Dictionary-Complete & Unabridged 2012 Digital Edition © William Collins Sons & Co. Ltd.1979, 1986 © Publishers 1998, 2000, 2003, 2005, 2006, 2007, 2009, 2012[EB/OL]. http://www.dictionary.com/browse/monitoring?s=ts.

的状况，以确定结果是否与预期要达到的目标一致”[①]。也有研究者认为“政策监测”是政策分析的程序之一。例如，美国著名政策学者邓恩提出，“监测（monitoring）是用来提供公共政策的原因和结果信息的政策分析程序。由于监测使分析者能够描述政策实施情况与结果之间的关系，它就成了获取政策执行情况信息的首要来源。从某种意义上讲，监测是努力说明和解释政策的另外一种说法，也就是说，监测乃是形成关于政策运行历史与现状报告的一种途径”[②]。当然，也有研究者更强调“政策监测”是针对政策执行之后，专门针对政策执行情况进行的说明和解释，以保证政策的有效执行，促进既定的政策目标能如期实现。例如，国内政策学者陈振明提出了“政策执行中的监测”这一概念，认为“政策监测是用来提供公共政策的原因和结果信息的一种分析程序，或者说是测量和记录政策运作信息一类分析方法，其目的在于是说明和解释政策执行情况以及评估其执行效果，以保证政策的有效执行，促进既定政策目标的实现”[③]。

从目前来看，关于“政策监测”基本达成的共识是“政策监测既是政策分析的一种程序，也是政策过程的一个环节”[④]。但不管是将“政策监测”作为一种政策分析的方法论，还是将其视为政策执行过程中的一个环节，政策监测的作用都不可或缺。结合前述分析，本书“职业教育政策执行监测”的内涵主要采用教育政策学者范国睿等人的观点：“教育政策监测，是对教育政策实施过程的‘监视’，是监测主体借助系统反馈的控制过程，依照法定的权限和程序，通过科学的方法对教育政策实施过程进行量（或质）的记述，把握教育政策实施后出现的变化，从而纠正教育政策实施过程中的偏差，保障教育政策实

① [美]彼得·罗西. 项目评估方法与技术（第六版）[M]. 北京：华夏出版社，2002：13-144.

② [美]威廉·N. 邓恩. 公共政策分析导论（第四版）[M]. 谢明，伏燕，朱雪宁，译. 北京：中国人民大学出版社，2011：189.

③ 陈振明. 公共政策学——政策分析的理论、方法和技术[M]. 北京：中国人民大学出版社，2004：270.

④ 陈振明. 公共政策学——政策分析的理论、方法和技术[M]. 北京：中国人民大学出版社，2004：270.

施效果和政策目标的达成。”[①]当然，我们侧重职业教育政策执行的监测是“对事实的记叙和描述”这一内涵。

（二）职业教育政策执行评估的内涵

1. 评估的内涵

现代汉语词典中，“评估”一词被解释为“评议估计和评价”[②]。英文中，“评估”通常用“evaluate”一词来表示，在《柯林斯英语词典》（第 10 版）中“evaluate”一词为动词，意为“to ascertain or set the amount or value of”“to judge or assess the worth of; appraise”“maths, logic to determine the unique member of the range of a function corresponding to a given member of its domain”。[③]显然，从上述“evaluate”的释义可以看出，“评估”的基本内涵为“确定或设定事物的数量或价值”“判断或评估事物的价值”等。也就是说，中英文词典中最常见的“评估”的定义可以概括为“判断或决定价值，进行检验和判断”。

目前，学界对于“评估”的内涵尚未形成完全统一的看法，不同的研究者基于不同的研究视角和研究立场，赋予了“评估”多样化的内涵。有的研究者把“评估”看作一种科学活动，认为评估无疑是“科学的一个子民”，是区分科学和伪科学的一种手段[④]。由此，评估被看作是一个科学探究的活动，强调客观性和实证检验的态度是其核心。另外一些研究者则认为，“评估”应首先是一种在某个社会系统中行使的政治活动，其次才是一种技术或科学的活动。维斯（Weiss, C. H.）甚至把“评估”描述成一种发生在某一政治情境中的理性活动，并指出政治力量会影响评估的三种方式：评估会涉及项目和政策，而它们都是政治决策的产物；因为评估会帮助决策，所以评估报告也就变成

① 范国睿，等. 教育政策的理论与实践[M]. 上海：上海教育出版社，2011：164.

② 现代汉语词典[M]. 北京：商务印书馆，1997：980.

③ Collins English Dictionary-Complete & Unabridged 10th Edition.2009 © William Collins Sons & Co. Ltd.1979, 1986 © HarperCollins. Publishers 1998, 2000, 2003, 2005, 2006, 2007, 2009 .[EB/OL]. http://dictionary. reference.com/browse/evaluate?s=t.

④ Scriven, M. Evaluation Thesaurus (4th edition). Newbury Park, California: Sage.1991: 69.

政治档案；评估暗含了许多政治宣言。[①]除此之外，还有许多研究者将"评估"作为"测量"的同义词来使用，抑或把"评估"看作职业判断的同义词。当然，还有研究者认为"评估"是决策者收集和提供相关信息的行为，抑或把"评估"定义为对目标实现程度的评估。例如，泰勒认为，"评估就是确定教育目标实际实现程度的过程"[②]。

尽管上述关于"评估"的多样化界定蕴含着巨大的分歧，但从根本上讲，评估最本质的内涵——"对某一事物价值、优劣以及意义的判断"不可或缺。具体到教育领域，评估同样被赋予了丰富的内涵。事实上，在教育评估的各种界定中，美国学者诺曼・E. 格隆隆德（Norman E. Gronlund）等人的简洁表达抓住了教育评估活动的本质，他们提出"教育评估＝测量（量的记述）或非测量（质的记述）＋价值判断"。也就是说，教育评估是指对事物进行量或质的记述，包括"事实判断"和"价值判断"。"事实判断"是对事物的现状、属性与规律的客观描述，要求真实反映事物本来面目。"价值判断"是在事实描述的基础上，根据评估者的需要和愿望（即"应该怎样"的认识）对客观事物做出评判。[③]可以看出，教育评估包含两个层面：一是"事实"层面，即评估的目的是向人们描述或说明一些事实，但与价值无涉，如教育的现状是怎样的、师资素质如何、课程设置和实施是怎样的、学生就业率如何等；二是"价值"层面，即以特定的价值标准来判断教育实践的状况和效果，如教育机会是否公平公正、教育过程和结果是否体现了公平、教育实践的效率和效果如何等。

基于上述分析，我们认为，"评估"主要是指在对事物进行量或质的记述的基础上，通过运用一定的价值标准和价值取向，对事物是否满足社会和个体需要所进行的事实判断和价值判断。作为一种对教育实践进行事实判断和价值判断的实践活动，"评估"既体现为一种评

---

① Weiss, C. H. (1975). Evaluation research in the political context. In Struening, E. L., Guttentag, M. (eds). (1977). Handbook of Evaluation Research, Vol.1. Sage, Beverly Hills, California.

② 瞿葆奎，陈玉琨. 教育学文集・教育评价学[M]. 北京：人民教育出版社，1999：15.

③ Norman E. Gronlund, Linn, R. L. Measurement and evaluation in teaching (6th ed.). New York: Macmillan.1990.

估的过程，同时还体现为一种评估的结果。

2. 职业教育政策执行评估的内涵

从现有“政策评估”的内涵界定来看，主要涉及两种不同的观点。一种观点认为政策评估是针对整个政策周期各个环节的评估，包括对政策问题的确认、政策方案的确定及政策执行的情况等方面进行评估。例如，台湾学者林水波、张世贤认为政策评价是“有系统地应用各种社会研究程序，搜集有关资讯，用以论断政策概念与设计是否周全完整，知悉政策实际执行情形、遭遇的困难，有无偏离既定的政策方向；指明社会干预政策的效用”①。美国政策学者安德森也持此观点，“如果把政策过程看作某种有序的活动的话，那么，它的最后一个阶段便是政策评估。总的来说，政策评估与政策（包括它的内容、实施及后果）的估计、评价和鉴定相关。作为某种功能活动，政策评估能够而且确定发生在整个政策过程中，而不能简单地将其作为最后的阶段”②。与上述观点略有不同，另外一种观点则将“政策评估”看作政策周期的某一个环节或程序，指出这一环节或程序或是对政策方案进行的评估，或是在政策执行之后，对政策执行情况、达成政策目标情况进行的评估。其中，认为政策评估主要是对政策方案评估的研究者认为，政策评估是政策方案选择阶段的一个环节，认为评估就是对解决问题的各种备选方案进行比较，权衡利弊得失，并将可选方案提供给决策者由其择优决定的过程。美国政策学者那格尔持此观点，那格尔将政策评估看作一种系统的分析活动，评估者通过收集信息、运用定性与定量分析的方法和技术，对各政策方案进行分析，确认各种方案的现实可行性及优缺点，供决策者参考。他进一步提出，政策评估包含四个要素，即：目标，包括规范性约束和各目标的相对权重；政策、项目、计划、决议、可选权、手段或其他用以达到目标的方案；政策与目标之间的关系，包括运用直觉、权威性典籍、统计数字、观测、推理、猜测和其他手段建立的关系；根据目标、政策及其相互关系，得

---

① 林水波，张世贤. 公共政策[M]. 台北：五南图书出版公司，1982：499.

② [美]詹姆斯·E. 安德森. 公共决策[M]. 唐亮，译. 北京：华夏出版社，1990：183.

出应当选择哪一个政策或政策组合的结论。①除此之外，较多的政策学者认为政策评估是对政策执行效果等的评估。例如，新加坡政策研究者吴逊等人认为，“政策评估泛指不同的国家及社会行动者为判定政策实施后的进展和预测将来的绩效而进行的一切活动，评估检视政策实施后所采用的方法和达到的目标。这些评估得出的结果和建议可反映在之后的政策制定过程及调整政策的设计及实行中，或罕有地改革或终止政策”②。再如，美国政策学者托马斯·R. 戴伊也认为，“政策评估就是了解公共政策所产生的效果的过程，就是试图判断这些效果是否是所预期的效果的过程，就是判断这些效果与政策的成本是否符合的过程”③。我国政策研究者陈振明也持此观点，“政策评估是依据一定的标准和程序，对政策的效益、效率及价值进行判断的一种政治行为，目的在于取得有关这些方面的信息，作为决定政策变化、政策改进和制定新政策的依据”④。政策研究者陈庆云提出，“公共政策评价就是对公共政策实施效果所进行的研究”⑤。张金马也认为，“政策评估就是对政策效果进行的研究。政策评估所要回答的基本问题包括政策执行之后，是否达到了政策制定者的预期目标”⑥。从总体上来看，上述两种不同观点的分歧点在于对政策“评估对象”的看法不同，也就是说，政策评估到底是以“政策结果”还是以“政策方案”作为评估对象，对评估对象的看法不同，导致对政策评估内涵理解的差异。

除了上述两种有代表的观点之外，还有一种观点也值得关注，该观点强调政策评估首先是一种“价值评估”。例如，“评估是根据一定

① [美]斯图亚特·S. 那格尔. 政策研究：整合与评估[M]. 刘守恒，译. 长春：吉林人民出版社，1994：3.

② 吴逊，[澳]饶墨仕，[加]迈克尔·豪利特，[美]斯科特·A. 弗里曾. 公共政策过程：制定、实施与管理[M]. 叶林，译. 上海：格致出版社，上海人民出版社，2015：139.

③ [美]托马斯·R. 戴伊. 自上而下的政策制定[M]. 鞠方安，译. 北京：中国人民大学出版社，2002：203.

④ 陈振明. 政策科学——公共政策分析导论（第二版）[M]. 北京：中国人民大学出版社，2003：309.

⑤ 陈庆云. 公共政策分析（第二版）[M]. 北京：北京大学出版社，2011：23.

⑥ 张金马. 政策科学导论[M]. 北京：中国人民大学出版社，1992：240.

的标准去判断某一系统的状态或者质量。判断的核心问题在于确定该（政策）系统的好坏、优劣等价值。政策评估就是根据某些公认的标准去判断某一项公共政策是否有价值或有什么价值”[①]。显然，此观点没有过多关注政策过程的环节或程序，而是更侧重评估所具有的“价值”内涵。其实，从本质上看，政策评估确实是一种价值评估，而价值评估的本质又在于其“政治本质”。正如豪斯（E. R. House）曾明确提出的，“政策评估的本质，基本上是一种政治活动，除了为决策者提供服务之外，还有产生资源的再分配及其由谁合理地得到什么……评估不应当只是真实的，它更应当是正义的，目前的评估不论其真实价值如何，都应当在不同的程度上回应正义，更何况正义本身就是政策评估应当考虑的一项重要的标准”[②]。

严格意义上来说，教育政策评估是公共政策评估的一个分支，其内涵与本质应与公共政策评估的内涵与本质相一致。目前学界对“教育政策评估”也存在不同的观点。有研究者认为教育政策评估是对整个教育政策周期每一环节或程序的评估，“教育政策评估是指根据教育政策所要达到的目标，按照一定的标准，通过一定的程序和方法，对教育政策问题确认、政策制定、政策执行与变更过程及政策实施成效进行的事实判断和价值判断。教育政策评估是一个贯穿教育政策周期的动态发展的活动过程”[③]。类似的还有很多，如“教育政策评估作为教育评估的一个重要组成部分，是按照一定的标准和程序，对教育政策问题的确认、政策制定、执行、评估与变更的过程和效果及其影响因素进行的事实判断和价值判断，是一个贯穿教育政策周期的动态发展的活动过程”[④]，“教育政策评估是依据一定的评价标准，对教育政策运行的全过程进行系统的综合的分析和判断，总结政策运行的成绩和经验，揭示存在的问题与不足，从而为修订和完善教育政策，

① 张国庆. 现代公共政策导论[M]. 北京：北京大学出版社，1997：186.

② E. R. House. Evaluating with Validity [M]. Beverly Hills, CA: Sage.1980: 121.

③ 范国睿，等. 教育政策的理论与实践[M]. 上海：上海教育出版社，2011：179.

④ 胡伶. 教育政策评估标准体系的架构研究[J]. 教育理论与实践，2008（12）.

并为实现教育政策的更良性运行服务”[①]。除上述观点外，也有政策学者采用了“教育政策产出评估”这一概念，认为“教育政策产出评估”可以定义为，“依据一定的标准对基于特定模型的某项具体教育政策产出进行分类，并作出事实描述与价值判断，反馈于政策循环过程，从而推动整个教育政策过程向良性发展的活动”[②]。

职业教育政策评估属于教育政策评估的一个重要内容，因此，职业教育政策评估在内涵上应与教育政策评估相一致。基于此，笔者认为，职业教育政策评估主要是指评估者在一定的价值取向的指导下，根据评估目的，按照一定的标准，通过一定的程序和方法，对职业教育政策进行事实判断和价值判断的过程及结果。也就是说，职业教育政策评估的对象是职业教育政策的质量和结果，从其评估的范围上涵盖职业教育政策周期的全过程，如职业教育政策问题的确认、政策方案的确定、政策执行的过程、政策效果等每一环节。职业教育政策评估的主要目的是提高职业教育政策的质量，为后续职业教育政策的调整和终结提供依据和参考，尤其要对职业教育政策产出和效果做出事实判断与价值判断。由于本书以“职业教育政策执行的监测与评估”为研究对象，因此，我们侧重职业教育政策执行这一政策环节的评估，主要是分析职业教育政策在实际执行过程中的情况，政策是否作用于特定的对象，政策是否按原定政策计划和方案得到执行，执行过程中的人、财、物等政策资源是否充足、到位，职业教育政策执行的环境是否发生了重要变化，职业教育政策在执行过程中执行机构和人员的配备及效率、主动性、原则性和灵活性等情况如何等诸多情况，从这个意义上来说，职业教育政策执行评估与职业教育政策执行几乎是同步的。

需说明的是，本书所研究的“职业教育政策执行监测与评估”，虽既涉及“政策执行监测”又涉及“政策执行评估”，但二者在很多时候具有较多的“交叉性”，特别是在政策监测与评估主体、政策监测

① 张乐天. 教育政策法规的理论与实践[M]. 上海：华东师范大学出版社，2002：82-83.

② 陈学飞. 教育政策研究基础[M]. 北京：人民教育出版社，2011：371.

与评估内容、政策监测与评估指标体系等方面，并且职业教育政策执行监测是职业教育政策执行评估的基础，因此，本书将“职业教育政策监测与评估”合二为一，只是在不同情境中的分析和使用，或有所侧重。

二、职业教育政策执行监测与评估体系的基本内涵

（一）职业教育政策执行的监测与评估体系

职业教育政策执行的监测与评估体系是由职业教育政策执行的监测与评估主体，依照一定的监测与评估标准与指标，采用一定的监测与评估技术与方法，对职业教育政策执行的过程及结果进行监测与评估。从静态上讲，职业教育政策执行的监测与评估体系是一个包含多种要素，并关涉多种要素之间相互作用的“系统”；从动态上讲，职业教育政策执行的监测与评估体系则是一个不断变化的、复杂的动态“过程”。

因为职业教育政策执行的监测与评估主体是多元的，监测与评估的对象是多层次、多类型的，监测与评估的标准与指标体系又是因政策而异的，监测与评估主体与政策执行者之间相互作用的模式和方法也是多类型的，因此，多个要素之间的相互作用形成了一种复杂、动态、立体的职业教育政策执行的监测与评估体系（见图 1-1）。

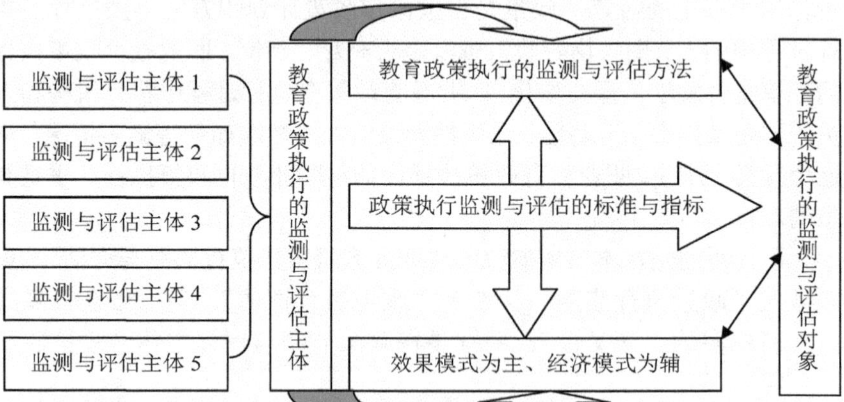

图 1-1 复杂、动态、立体的职业教育政策执行的监测与评估体系

（二）“专业导向”的职业教育政策执行监测与评估体系的特点

应然状态上，一种专业的、专门针对职业教育政策执行的监测与评估体系理应具有如下几个特点。

1.“专业导向”的职业教育政策执行监测与评估体系的构成要素

第一，专业的监测与评估体系的主体是以职业教育政策专业机构（包括职业教育政策的专业组织和专业研究机构）和职业教育政策的执行者两类主体合作为主，以社会监测与评估（包括公众和大众媒体）为辅的“复合型”监测与评估主体。这种“复合型”监测与评估主体的来源可由专门的机构人员构成（这种机构的性质类似一种专业性的社会组织，例如专门成立的第三方机构性质的“国家职业教育政策监测与评估中心”），也可由其他相关机构的兼职人员构成。第二，监测与评估的对象是由各级政府制定和出台的职业教育政策及其执行过程，例如当前已启动的《国家职业教育改革实施方案》中提及的“产教融合型企业试点”等。第三，监测与评估的内容主要涉及上述政策执行过程中的成本监测与评估、影响监测与评估及满意度监测与评估。第四，监测与评估的方法以成本效益分析法和统计抽样分析法为主，对这些职业教育政策的执行过程进行量化统计和质性描述。第五，监测与评估的模式以效果模式为主，经济模式为辅。显然，从这种专业的监测与评估体系的主体等构成要素来看，这种体系倡导的理念是：尽力保障职业教育政策执行监测与评估的专业性和第三方性质，力争实现监测与评估过程中的公正性、独立性、权威性和客观性。

总之，由上述职业教育政策执行的监测与评估的“复合型”主体，运用成本效益分析法和统计抽样分析法，对职业教育政策的执行过程进行效果分析、经济分析、满意度分析，在此基础上形成的复杂、动态的监测与评估体系，将可以极大地完善这些职业教育政策的执行过程，最终达成政策目标（见图 1–2）。

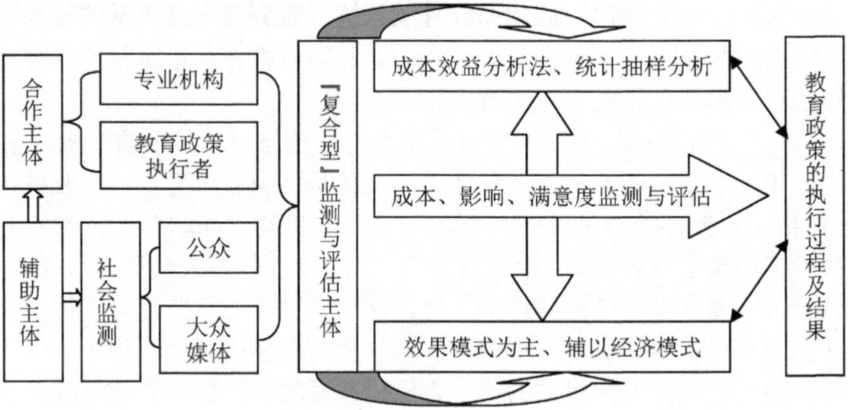

图 1-2　专业的职业教育政策执行监测与评估体系

2.“专业导向”的职业教育政策执行监测与评估体系的运行程序

从运行程序上来看，职业教育政策执行的监测与评估体系将经历准备阶段、实施阶段和总结阶段三个不同的阶段。在监测与评估的不同阶段，主体需考虑不同的问题。首先，在准备阶段，复合型主体需要考虑为什么要进行监测与评估？对职业教育政策的哪个层级、哪个内容的政策执行过程进行监测与评估？监测与评估采取什么样的途径和方案？监测与评估需要具备什么样的条件？其次，在监测与评估实施阶段，主体则需要按照已设定的目标，广泛收集政策执行过程的各种信息，并对信息进行分析，得出监测与评估结论。在实施过程中，主体要根据实际情况不断调整预设的监测与评估方法，根据具体情境和评估内容采用适切的监测与评估模式。最后，在监测与评估总结阶段，则需对前两个阶段工作进行全面总结，积极听取相关当事人的意见，并据此不断调整监测与评估的信息和过程，最后将监测与评估报告报送有关政府部门或公之于众。需注意的是，上述监测与评估过程的几个阶段并不是单向的、不可逆的过程，而是一个动态的循环过程（见图 1-3）。

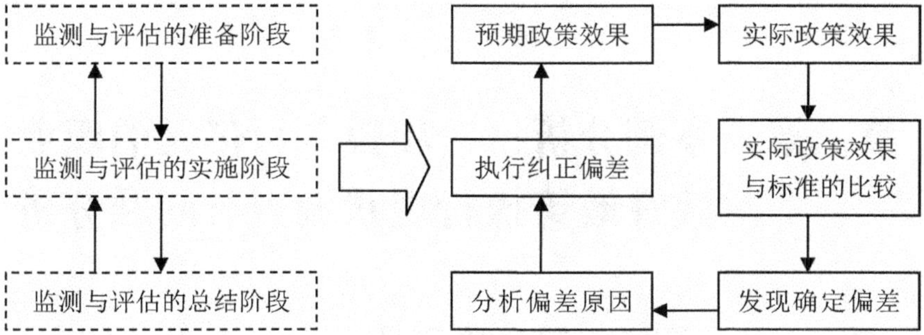

图 1-3　职业教育政策执行的监测与评估的动态过程

上述“专业导向”政策执行监测与评估体系的良好运行，离不开良好的制度保障体系，因此，建立相应的法律法规和制度保障体系就成为必需。监测与评估体系的制度保障体系包括诸多方面，如确立监测与评估的原则、明确主体的责任和义务、明晰监测中信息的使用原则以及建立相应的责任追究制度等，只有通过创设良好的制度保障体系，才能从根本上保证监测与评估体系的良好运行。

总之，职业教育政策执行监测与评估体系的建构是一个涉及多种因素、多种变量的复杂过程，在某种意义上说，上述观点只是基于政策理论的一种推演和演绎，其现实可能性尚需政策实践的进一步检验。我们期待，专业导向的职业教育政策执行的监测与评估体系尽快建立起来，以进一步完善我国的职业教育政策监测和评估体系，更好地服务于我国的职业教育政策实践。

第二章　案例分析：一项投入百亿元的职业教育政策执行现状调查与问题分析

第一节　“国家示范性中等职业学校建设计划”政策过程

“十一五”期间，对于中等职业学校发展来说，“国家级重点中等职业学校”政策是指导我国中等职业学校改革与发展的主要政策。教育部2003年启动了“国家级重点中等职业学校”的调整和认定工作，并先后于2004年和2005年公布了调整认定的首批（1076所）和第二批（428所）“国家级重点中等职业学校”名单，这些重新认定的“国家级重点中等职业学校”对于推动我国中等职业学校布局结构调整、提高和增强中等职业教育整体培养能力起到了重要作用。2005年，教育部对“国家级重点中等职业学校”调整认定工作进行了总体安排，又一次开展了“国家级重点中等职业学校”调整认定工作，并且新调整认定129所中职学校为2005年国家级重点中等职业学校，之后每年都重新认定一批。这其中包括2006年认定112所、2007年认定115所、2008年认定110所、2009年认定101所、2010年认定175所，6年内共认定742所中等职业学校为“国家级重点中等职业学校”。这些被认定的“国家级重点中等职业学校”在办学和改革等各个方面起到了骨干和示范作用。与“十一五”期间中等职业教育发展政策不同，“十二五”期间，“国家示范性中等职业学校建设计划”政策（后文简称中职示范校政策）成为指导这一时期中等职业学校发展的主要政策。

一、中职示范校政策酝酿出台阶段

从现有可查到的资料来看，关于“国家中等职业教育改革发展示范学校建设计划”政策的表述最早出现在教育部的 2009 年工作要点中。2009 年 1 月 7 日，教育部下发的《关于印发〈教育部 2009 年工作要点〉和周济部长在教育部 2009 年度工作会议上的讲话的通知》提出，“全面加强中等职业教育基础能力建设，加快建设县级职教中心、示范性中等职业学校和职业教育实训基地。启动国家中等职业教育改革发展示范学校建设计划，深入推进国家示范性高等职业院校建设，引领职业教育持续健康发展”①。

2010 年 5 月 22 日，教育部、人力资源社会保障部和财政部联合颁布了《关于实施国家中等职业教育改革发展示范学校建设计划的意见》（以下简称《意见》），《意见》不仅提出了国家中等职业教育改革发展示范学校建设计划的总体目标——“从 2010 年到 2013 年，中央财政重点支持 1000 所中等职业学校改革创新，形成一批代表国家职业教育办学水平的中等职业学校，大幅度提高这些学校办学的规范化、信息化和现代化水平，使其成为全国中等职业教育改革创新的示范、提高质量的示范和办出特色的示范，在中等职业教育改革发展中发挥引领、骨干和辐射作用”②，还提出了建设计划的重点任务，包括“改革培养模式”“改革教学模式”“改革办学模式”“创新教育内容”“加强队伍建设”“完善内部管理”“改革评价模式”七个方面的重点任务。除此之外，《意见》还就该计划的具体实施步骤做了安排，“国家中等职业教育改革发展示范学校建设计划从 2010 年起实施，项目计划期为 4 年。2010 年，支持第一批 300 个左右示范学校项目建设。2011 年，支持第二批 400 个左右示范学校项目建设；同时，研究制定示范

---

① 教育部. 教育部关于印发《教育部 2009 年工作要点》和周济部长在教育部 2009 年度工作会议上的讲话的通知[EB/OL].［2019-11-20］. http://old.moe.gov.cn//publicfiles/business/htmlfiles/moe/moe_2643/201412/180453.html.

② 教育部职业教育与成人教育司. 职业教育与成人教育文件汇编（2001—2010 年）[M]. 北京：高等教育出版社，2011：85-87.

学校验收办法。2012 年，支持第三批 300 个左右示范学校项目建设；开展示范学校项目建设成果验收。2013 年，评估总结建设计划实施工作”①。

二、中职示范校政策执行阶段

（一）启动第一批示范校申报工作

2010 年 9 月 15 日，教育部办公厅、人力资源社会保障部办公厅、财政部办公厅联合发布《关于申报 2010 年度国家中等职业教育改革发展示范学校建设计划项目的通知》（以下简称《通知》），《通知》启动了国家中等职业教育改革发展示范学校建设计划 2010 年度的申报工作，提出示范校建设的重点：“以提高人才培养质量为目标，以深化办学模式、培养模式、教学模式和评价模式改革为重点，以推进工学结合、校企合作、顶岗实习为核心，适应经济发展方式转变、产业调整升级、企业岗位用人和技术进步的需求，在全国范围内重点建设一批中等职业教育改革发展示范学校，使其在中等职业教育改革发展中发挥引领、骨干和辐射作用，进一步提高中等职业教育服务经济社会发展的能力。在资金安排上，向国家重点发展的产业、战略性新兴产业、先进制造业特别是装备制造业、现代服务业、现代农业等领域的学校和项目倾斜。在建设内容上，重在强化内涵，创新体制机制，提升教育质量，原则上不支持基础设施建设。”②《通知》规定了示范校遴选的四个基本程序：地方预审推荐、中央组织复核、社会公示、正式公布。同时，《通知》还对项目遴选学校的基本条件做了规定，从学校管理、基础条件、校企合作、教育教学、办学效益五个方面做了具体要求。例如，基础条件之一的“教师队伍结构”，要求“生师比为 16∶1～20∶1；从行业企业聘任的教师占专任教师 10%～25%，‘双师型’教

---

① 教育部职业教育与成人教育司．职业教育与成人教育文件汇编（2001—2010 年）[M]．北京：高等教育出版社，2011：85-87.

② 教育部办公厅，人力资源社会保障部办公厅，财政部办公厅．关于申报 2010 年度国家中等职业教育改革发展示范学校建设计划项目的通知[EB/OL]．[2015-07-09]．http://www.gov.cn/zwgk/2010-09/16/content_1704106.html.

师占专任专业课教师的80%以上；专任教师（除生产实习指导教师）中本科以上学历的占90%以上，具有硕士研究生学历或学位的占5%以上，正式聘任高级职称的占25%以上”[①]。再如，在办学效益方面，要求申报学校要达到如下条件，“近三年来，年均学历教育在校生规模原则上达5000人以上（新疆、西藏除外）；建立了学生就业服务体系，近三年毕业生就业率达95%以上，就业质量较高”[②]。

2011年1月7日，教育部办公厅、人力资源社会保障部办公厅、财政部办公厅联合发布《关于公布“国家中等职业教育改革发展示范学校建设计划”第一批立项建设学校名单的通知》，确定北京市昌平职业学校等285所中等职业学校作为“国家中等职业教育改革发展示范学校建设计划”第一批立项建设学校。这些项目建设学校从2011年开始建设，建设期2年。对照之前在启动项目申报时教育部办公厅等三部门联合下发的《2010年度国家中等职业教育改革发展示范学校建设计划项目学校控制数名额分配表》拟定的300所项目学校名额，最终下发的该通知附件名单中，只有285所中等职业学校入围第一批示范校建设项目。对照之后发现，没有按照分配名额获批的省份，多为中西部省份，例如内蒙古自治区、安徽省、贵州省、云南省、青海省、新疆维吾尔自治区等。该通知还提出了示范校建设的具体要求：首先，在管理机制上，“各省（区、市）教育、人力资源社会保障和财政部门要统筹制定本地区的建设计划和工作方案”[③]；其次，在校企合作运行机制方面，提出“项目学校要建立校企合作长效运行机制”，“制定相关规章制度，解决企业参与办学、兼职教师聘任、实习实训基地共

① 教育部办公厅，人力资源社会保障部办公厅，财政部办公厅.2010年度国家中等职业教育改革发展示范学校建设计划项目学校遴选基本条件[EB/OL]．[2015-07-09]．http://old.moe.gov.cn//publicfiles/business/htmlfiles/moe/s3059/201009/108818.html.

② 教育部办公厅，人力资源社会保障部办公厅，财政部办公厅.2010年度国家中等职业教育改革发展示范学校建设计划项目学校遴选基本条件[EB/OL]．[2015-07-09]．http://old.moe.gov.cn//publicfiles/business/htmlfiles/moe/s3059/201009/108818.html.

③ 教育部办公厅，人力资源社会保障部办公厅，财政部办公厅. 关于公布“国家中等职业教育改革发展示范学校建设计划”第一批立项建设学校名单的通知[EB/OL]．[2015-07-11]．http://old.moe.gov.cn/publicfiles/business/htmlfiles/moe/s3059/201101/114638.html.

享等问题。要与企业共同设计、共同实施、共同评价重点建设专业人才培养方案、制定规章制度，实现校企协同管理。按照弹性和灵活原则组织实施教学，支撑工学交替的开展。有效实施‘双证书’制度。充分利用信息技术改革教学模式，创新教学方式，提高管理效率”[①]；最后，在师资队伍建设方面，“项目学校要制定师资队伍建设规划及具体实施方案。要将企业经历和实践锻炼作为专任教师评聘和任用的基本要求，新进教师一般应具有 2 年以上企业工作经历，在职教师要定期到企业参加实践或接受职业技术培训”[②]。在中央专项资金使用方面，“中央专项资金主要用于支持教育教学内容改革、校企合作人才培养模式创新、师资队伍建设及学校规范化管理等方面，严禁用于基本建设及大型设备采购等”[③]。另外，该通知还下发了“国家中等职业教育改革发展示范学校建设计划”项目建设任务书，任务书要求“依据批准立项的国家中等职业教育改革发展示范学校建设项目、项目建设方案和可行性研究报告，如实填写”。任务书的内容主要涉及如下几个方面：建设总目标及项目分年度建设目标、项目进度情况表（办学体制机制、办学经费、实习实训、双证书、专业教师、校企合作、就业情况）、中央财政重点支持专业建设进度表（人才培养模式与课程体系改革、师资队伍建设、校企合作、工学结合运行机制建设）及资金投入预算表等，可以看出，上述内容是示范校建设的重点内容。

（二）《管理暂行办法》出台

2011 年 7 月 6 日，教育部、人力资源社会保障部和财政部联合颁布《关于印发〈国家中等职业教育改革发展示范学校建设计划项目管

① 教育部办公厅，人力资源社会保障部办公厅，财政部办公厅. 关于公布“国家中等职业教育改革发展示范学校建设计划”第一批立项建设学校名单的通知[EB/OL]. [2015-07-10]. http://old.moe.gov.cn/publicfiles/business/htmlfiles/moe/s3059/201101/114638.html.

② 教育部办公厅，人力资源社会保障部办公厅，财政部办公厅. 关于公布“国家中等职业教育改革发展示范学校建设计划”第一批立项建设学校名单的通知[EB/OL]. [2015-07-12]. http://old.moe.gov.cn/publicfiles/business/htmlfiles/moe/s3059/201101/114638.html.

③ 教育部办公厅，人力资源社会保障部办公厅，财政部办公厅. 关于公布“国家中等职业教育改革发展示范学校建设计划”第一批立项建设学校名单的通知[EB/OL]. [2015-07-13]. http://old.moe.gov.cn/publicfiles/business/htmlfiles/moe/s3059/201101/114638.html.

理暂行办法〉的通知》（简称《管理暂行办法》），再一次明确了示范校项目的目标，“建设计划以提高中等职业教育改革发展水平为目标，支持1000所办学定位准确、产教结合紧密、改革成绩突出的中等职业学校（以下简称项目学校），以推进工学结合、校企合作、顶岗实习为重点，以加强队伍建设、完善内部管理、创新教育内容、改进教育手段为保障，进一步深化办学模式、培养模式、教学模式和评价模式改革，切实加强内涵建设，着力提高人才培养质量。通过建设，使项目学校成为全国中等职业教育改革创新的示范、提高质量的示范和办出特色的示范，在中等职业教育改革发展中发挥骨干、引领和辐射作用”①。项目建设原则坚持“中央引导、地方为主、行业参与、校企合作、学校实施”。《管理暂行办法》还涉及各级教育管理部门的管理职责、项目的申报评审与组织实施、资金管理、监督与验收等主要内容，尤其是对资金管理，《管理暂行办法》特别做了规定和要求，提出“中央专项资金主要用于支持项目学校改善教学、实习和实训条件，开展工学结合、校企合作和实习实训，培养专业带头人和骨干教师，建设专业、课程和教材体系等”②。中央财政专项资金支出主要包括：基础能力建设费、校企合作机制建设费、专业课程建设费、师资队伍建设费。另外，《管理暂行办法》还对项目的检查和验收做了明确的规定，提出“建立部际联合监督检查、地方监管和项目学校自我监测的三级监控考核体系，对项目学校建设计划的实施实行事前科学论证、事中监控指导、事后效益评价的全过程审核、监控和考核”。除此之外，《管理暂行办法》对各级主管部门提出了各自的职责，其中，“教育部、人力资源社会保障部和财政部依据项目学校的项目建设方案和任务书，分阶段采集绩效考核信息，组织对项目学校进行年度检查，检查结果作为

① 教育部，人力资源社会保障部，财政部. 关于印发《国家中等职业教育改革发展示范学校建设计划项目管理暂行办法》的通知[EB/OL].［2015-07-12］. http://www.moe.gov.cn/srcsite/A07/zcs_zhgg/201107/t20110706_122441.html.

② 教育部，人力资源社会保障部，财政部. 关于印发《国家中等职业教育改革发展示范学校建设计划项目管理暂行办法》的通知[EB/OL].［2015-07-12］. http://www.moe.gov.cn/srcsite/A07/zcs_zhgg/201107/t20110706_122441.html.

调整年度项目预算安排的重要依据。对年度绩效考核不合格的项目学校，终止经费支持。省级教育、人力资源社会保障和财政部门负责指导项目的实施，检查和监督项目学校的建设进展情况，及时解决建设过程中的问题。项目学校举办者负责领导项目的实施，切实履行各项资金及政策支持承诺，确保项目实施质量与进度。项目学校负责项目建设日常工作和过程管理，设立专门机构，建立管理责任制和绩效考评机制”①。

（三）启动第二批示范校申报及第一批示范校正式建设工作

2011年7月11日，教育部办公厅、人力资源社会保障部办公厅、财政部办公厅联合发布《关于申报2011年度国家中等职业教育改革发展示范学校建设计划项目的通知》，该通知还附带了项目学校遴选的基本条件、申报书、名额分配表。从示范校遴选基本条件来看，与2010年相比，除了在个别条件有所调整外，例如遴选条件第18条，由原来的“近三年来，年均学历教育在校生规模原则上达5000人以上（新疆、西藏除外）”，调整为“近三年来，年均学历教育在校生规模原则上达4000人以上（新疆、西藏除外）”②，其他遴选条件基本一样。从示范校各省市学校控制数分配名额来看，2011年按照之前的计划分配了400所学校名额，比第一批示范校控制数分配名额多了100所。其涉及的项目建设重点、工作程序、申报要求等基本与第一批申报要求相同。根据教育部和人力资源社会保障部有关司局联合印发的《关于做好2011年度国家中等职业教育改革发展示范学校建设计划项目申报和项目管理工作的通知》精神，2011年度项目申报将实行抽查“现场答辩制度”。

2011年7月25日，教育部办公厅、人力资源社会保障部办公厅、

① 教育部，人力资源社会保障部，财政部. 关于印发《国家中等职业教育改革发展示范学校建设计划项目管理暂行办法》的通知[EB/OL]. [2015-07-19]. http://www.moe.gov.cn/srcsite/A07/zcs_zhgg/201107/t20110706_122441.html.

② 教育部办公厅，人力资源社会保障部办公厅，财政部办公厅. 关于申报2011年度国家中等职业教育改革发展示范学校建设计划项目的通知[EB/OL]. [2015-07-19]. http://www.moe.gov.cn/srcsite/A07/zcs_zhgg/201107/t20110711_122774.html.

财政部办公厅联合发布《关于下达“国家中等职业教育改革发展示范学校建设计划”第一批项目学校建设方案及任务书的通知》，该通知中提及共有 276 所项目学校的建设方案及任务书通过评审复核，9 所项目学校的建设方案及任务书未通过评审复核；要求各地、各项目学校要按照下达的项目建设方案及任务书，正式启动“国家中等职业教育改革发展示范学校建设计划”第一批立项建设学校项目建设工作，并且，“项目建设方案及任务书未经教育部、人力资源社会保障部和财政部同意不得变更”[①]。

2011 年 10 月 20 日，教育部办公厅、人力资源社会保障部办公厅、财政部办公厅联合发布《关于公布“国家中等职业教育改革发展示范学校建设计划”第二批立项建设学校名单的通知》，北京信息管理学校等 377 所中等职业学校为“国家中等职业教育改革发展示范学校建设计划”第二批立项建设学校，自建设方案及任务书批复下达之日起开始建设，建设期 2 年。[②]对照之前在启动项目申报时教育部办公厅等三部门联合下发的《2011 年度国家中等职业教育改革发展示范学校建设计划项目学校控制数名额分配表》拟定的 400 所项目学校名额，最终下发的此通知附件名单中，只有 377 所中等职业学校入围第二批示范校建设项目。对照两份名单之后发现，没有按照分配名额获批的地区，主要包括河北、黑龙江、上海、福建、江西、山东、广西、海南、四川、西藏、新疆兵团、大连、深圳等。对上述 377 所立项学校的其他要求，与第一批立项学校相同。

（四）出台加强项目管理工作及质量监测工作的政策

2011 年 11 月 30 日，教育部职业教育与成人教育司下发的《关于加强国家中等职业教育改革发展示范学校建设计划相关项目管理工作

① 教育部办公厅，人力资源社会保障部办公厅，财政部办公厅. 关于下达“国家中等职业教育改革发展示范学校建设计划”第一批项目学校建设方案及任务书的通知[EB/OL]. [2015-07-19]. http://www.moe.gov.cn/srcsite/A07/zcs_zhgg/201107/t20110725_123070.html.

② 教育部办公厅，人力资源社会保障部办公厅，财政部办公厅. 关于公布“国家中等职业教育改革发展示范学校建设计划”第二批立项建设学校名单的通知[EB/OL]. [2015-07-19]. http://www.moe.gov.cn/srcsite/A07/zcs_zhgg/201110/t20111020_126537.html.

的通知》提出，要加强机制建设，扎实推进第一批项目学校按要求落实项目建设任务："各级教育部门会同同级有关部门建立项目质量监测工作机制。各地要从项目任务书批复之日起，组织项目学校原则上每半年上报一次项目建设基本情况、任务落实进展情况以及相关工作数据信息；同时，各地有关部门按要求上报推进本地区项目建设工作的情况。"[①]该通知还提出了强化规划指导，加快推进第二批项目学校编制科学可行的项目建设方案，以及加强申报管理，认真筹备第三批项目学校的遴选、申报和支持建设工作，也就是从申报、规划到建设任务书的落实等不同的阶段和环节都加强了对该项目的管理。

2012年4月1日，教育部职业教育与成人教育司下发《关于开展第一批国家中等职业教育改革发展示范学校建设过程质量监测工作的通知》，开展第一批项目学校建设过程质量监测工作。各地由省级教育行政部门牵头，会同有关部门组织第一批项目学校填报项目建设进展情况有关数据、材料和信息。该通知要求各地要根据教育部、人力资源社会保障部和财政部文件精神、项目管理办法和技术规范，按照质量监测体系各项指标要求，指导本地区第一批项目学校完成填报工作，并且每半年左右填报一次质量监测指标体系。[②]从项目学校提交的材料来看，质量监控指标包括八个方面共60个监测数据指标：基本办学条件（办学占地面积、总建筑面积、地方生均预算内拨款标准、地方财政专项拨款、教学仪器设备总值），专业与课程建设（省部级以上示范或重点、骨干、特色专业数、"双证书"专业数、实践教学学时占总学时50%以上的专业数、学校组织职业技能大赛的专业数、企业参与开发的专业课程数、实现项目教学的专业课程数、理实一体化课程数、本校教师主编并公开出版的教材数），教师队伍建设（专任教师数、双师型教师数、本科及以上学历的专任教师数、校级以上专业带头人人数、专业教师企业实践累计人天数、校外教师兼职教师数、行

① 教育部职业教育与成人教育司. 关于加强国家中等职业教育改革发展示范学校建设计划相关项目管理工作的通知[EB/OL]. [2015-07-19]. http://www.gxwx.com/gsx/article/12.html.

② 教育部职业教育与成人教育司. 关于开展第一批国家中等职业教育改革发展示范学校建设过程质量监测工作的通知[EB/OL]. [2015-07-19]. http://www.gxwx.com/gsx/article/13.html.

业企业兼职教师数），实习实训（校内实训基地仪器设备数、校内实训基地仪器设备总值、校内实训工位数、校内职业技能鉴定机构数、鉴定工种数），信息化建设（每百学生计算机台数、数字化专业课程数、多媒体数字教学资源总量、网络课程门数、运用信息化教学手段的课程比例），国际合作（国际合作的课程数、引进国际证书数、聘外教数量），校企合作（本校牵头组织的职业教育集团数、本校参与的职业教育集团数、签订合作协议的企业数、签订校企合作协议的专业数、合作企业投入资金总额、合作企业参与教学的专业数、与企业共建研发中心数、合作企业接收的顶岗实习学生数），办学效益（学历教育在校生总数、订单班数量、订单培养学生数、毕业生“双证”获取率、“双证书”专业中平均“双证书”获取率、毕业生初次就业率、毕业生专业对口率、学生实习满意率、获得国家级综合表彰数、获得省部级综合表彰数）。[①]

（五）启动第二批示范校正式建设工作及第三批示范校申报、建设工作

2012 年 6 月 4 日，教育部办公厅、人力资源社会保障部办公厅、财政部办公厅联合发布《关于下达“国家中等职业教育改革发展示范学校建设计划”第二批项目学校建设方案及任务书的通知》[②]。该通知提及共有 371 所项目学校的建设方案及任务书通过评审复核，6 所项目学校的建设方案及任务书未通过评审复核；同时，正式启动“国家中等职业教育改革发展示范学校建设计划”第二批立项建设学校项目建设工作。

2012 年 6 月 8 日，教育部办公厅、人力资源社会保障部办公厅、财政部办公厅联合发布《关于申报 2012 年度国家中等职业教育改革发展示范学校建设计划项目的通知》。从示范校遴选基本条件来看，与

① 国家中等职业教育改革发展示范学校建设监测数据[EB/OL]. [2015-07-19]. http://www.dljsxy.cn/sfxxjs/list?category=jcsj.

② 教育部办公厅，人力资源社会保障部办公厅，财政部办公厅. 关于下达“国家中等职业教育改革发展示范学校建设计划”第二批项目学校建设方案及任务书的通知[EB/OL]. [2015-07-19]. http://www.moe.gov.cn/srcsite/A07/zcs_zhgg/201206/t20120604_138131.html.

2011 年相比，除了在个别条件上有所调整外，例如遴选条件第 18 条，由原来的“近三年来，年均学历教育在校生规模原则上达 4000 人以上（新疆、西藏除外）”，调整为“近三年来，年均学历教育在校生规模原则上达 3000 人以上（新疆、西藏除外）”[①]，其他遴选条件基本一样。从示范校各省市学校控制数分配名额来看，2012 年按照之前的计划分配了 353 所学校名额，把第一批和第二批没有达到计划数的 53 所学校数加入到了第三批总数中。其中涉及的项目建设重点、工作程序、申报要求等基本与第一批、第二批申报要求相同。

2012 年 9 月 21 日，教育部办公厅、人力资源社会保障部办公厅、财政部办公厅联合发布《关于公布“国家中等职业教育改革发展示范学校建设计划”第三批立项建设学校名单的通知》，确定首钢高级技工学校等 342 所中等职业学校，作为“国家中等职业教育改革发展示范学校建设计划”第三批立项建设学校。其他要求与第一批和第二批要求相同。

2013 年 4 月 11 日，教育部办公厅、人力资源社会保障部办公厅、财政部办公厅联合发布《关于下达“国家中等职业教育改革发展示范学校建设计划”第三批项目学校建设方案及任务书的通知》，共有 341 所项目学校的建设方案及任务书通过评审复核，1 所项目学校的建设方案及任务书未通过评审复核。其他要求与第一批和第二批相同。

（六）启动示范校建设的验收工作

2013 年 2 月 25 日，教育部办公厅、人力资源社会保障部办公厅、财政部办公厅联合发布《关于做好“国家中等职业教育改革发展示范学校建设计划”检查验收工作的通知》，该通知提出验收工作的目标是，“健全部际联合监督检查、地方监管和项目学校自我监测相结合的三级监控考核体系，对建设计划的实施进行跟踪指导和监控考核，确保建设计划的有序推进和建设目标的如期实现”，主要检查验收评

① 教育部办公厅，人力资源社会保障部办公厅，财政部办公厅. 关于申报 2012 年度国家中等职业教育改革发展示范学校建设计划项目的通知[EB/OL]. [2015-07-19]. http://www.moe.gov.cn/srcsite/A07/zcs_zhgg/201206/t20120608_138832.html.

估“建设计划是否按要求推进、预期目标是否实现、资金使用是否合规合理等，通过评审书面报告、组织实地检查和实施综合评议等方式进行”。[①]三级监控验收主体都各自有主要任务。其中，对于项目学校来说，其主要任务是填报建设过程质量监测数据、撰写项目学校总结报告、系统总结建设成果；省级部门的主要任务是组织全面检查、撰写省级报告、推荐典型案例；中央部门的主要任务则是综合评议、组织抽查、公布结果。对三级监控验收主体的任务分析可以发现，项目学校是自我监控主体，但省级部门的监控验收在一定程度上起着重要作用，其负责全面检查任务："省级教育行政部门会同人力资源社会保障、财政部门组成专家组，通过听取汇报、查阅材料、访谈座谈、现场考察等方式，全面检查项目学校建设情况，对学校建设过程质量监测数据、经费使用情况进行审核，逐校给出评价意见，填写省级评价表，并对项目学校进行排序。"[②]这一环节对项目学校能否通过验收起着关键作用。

2013 年 7 月 18 日，教育部办公厅、人力资源社会保障部办公厅、财政部办公厅联合发布《关于开展国家中等职业教育改革发展示范学校建设计划第一批项目学校验收工作的通知》，启动对第一批 276 所项目学校的验收工作。从时间安排上来看，第一批项目学校的验收时间正好满两年建设期，“第一批项目学校验收工作自 7 月 26 日开始，9 月 15 日之前完成项目学校及其举办者自查、省级检查，9 月 15 日—10 月 30 日开展中央部委抽查、综合评议和公示挂牌”[③]。项目验收按照“学校总结、省级验收、部委复核”的程序进行，验收工作以检查

① 教育部办公厅，人力资源社会保障部办公厅，财政部办公厅. 关于做好“国家中等职业教育改革发展示范学校建设计划”检查验收工作的通知[EB/OL].［2015-07-19］. http://www.sdgmzz.com/sfx/show.asp?id=20.

② 教育部办公厅，人力资源社会保障部办公厅，财政部办公厅. 关于做好“国家中等职业教育改革发展示范学校建设计划”检查验收工作的通知[EB/OL].［2015-07-19］. http://www.sdgmzz.com/sfx/show. asp?id=20.

③ 教育部办公厅，人力资源社会保障部办公厅，财政部办公厅. 关于开展国家中等职业教育改革发展示范学校建设计划第一批项目学校验收工作的通知[EB/OL].［2015-07-19］. http://www.moe.gov.cn/srcsite/A07/zcs_zhgg/201307/t20130724_154692.html.

任务书完成情况为基础，注重建设成果与创新经验的总结，突出项目学校的贡献与示范作用，充分反映项目建设对贯彻落实党的十八大精神、深入实施教育规划纲要的重要推动作用。2013 年 7 月 26 日，国家中等职业教育改革发展示范学校建设计划项目实施工作办公室发布了《国家中等职业教育改革发展示范学校建设计划检查验收指南（试行）》①，对项目验收总结报告的内容及格式、项目学校典型案例撰写要求、项目学校验收视频材料的内容要求、项目学校佐证材料要求、省级检查验收总结报告内容等做了说明。

2013 年 7 月 26 日，国家中等职业教育改革发展示范学校建设计划项目实施工作办公室发布了《国家中等职业教育改革发展示范学校建设计划检查验收指南（试行）》，提出"项目验收按照'学校总结、省级验收、部委复核'的程序进行。验收工作以检查任务书完成情况为基础，注重建设成果与创新经验的总结，突出项目学校的贡献与示范作用，充分反映项目建设对贯彻落实党的十八大精神、深入实施教育规划纲要的重要推动作用"，并附带了项目学校检查验收总结报告参考格式、项目学校典型案例撰写参考要求、项目学校验收视频材料参考要求、项目学校佐证材料基本要求、省级检查验收总结报告参考格式、国家中等职业教育改革发展示范学校建设计划检查验收评价表等。

2013 年 8 月 27 日，教育部办公厅、人力资源社会保障部办公厅、财政部办公厅联合发布《关于下达"国家中等职业教育改革发展示范学校建设计划"第三批补充项目学校建设方案及任务书的通知》②，基本要求与第一批和第二批相同。

2014 年 6 月 4 日，教育部办公厅、人力资源社会保障部办公厅、财政部办公厅联合发布《关于公布"国家中等职业教育改革发展示范

① 国家中等职业教育改革发展示范学校建设计划项目实施工作办公室. 国家中等职业教育改革发展示范学校建设计划检查验收指南（试行）[EB/OL]. [2015-07-22]. http://www.gxwx.com/gsx/article/341.html.

② 教育部办公厅，人力资源社会保障部办公厅，财政部办公厅. 关于下达"国家中等职业教育改革发展示范学校建设计划"第三批补充项目学校建设方案及任务书的通知[EB/OL]. [2015-07-22]. http://www.moe.gov.cn/srcsite/A07/zcs_zhgg/201309/t20130910_158908.html.

学校建设计划”第一批项目学校验收结果的通知》，251所项目学校通过验收，被正式确定为“国家中等职业教育改革发展示范学校”，另外18所项目学校暂缓通过验收，7所学校未通过验收。该通知要求“各地教育、人力资源社会保障、财政部门和学校举办者要充分发挥‘国家中等职业教育改革发展示范学校建设计划’的示范引领作用，加强工作统筹规划，积极挖掘和推广项目建设取得的成果，指导和支持项目学校进一步深化改革、加强‘后示范’建设”①。

（七）进一步加强验收工作的管理

2014年8月8日，教育部职业教育与成人教育司下发《关于进一步加强国家中等职业教育改革发展示范学校建设计划第二批项目验收管理工作的通知》，要求加强学校验收管理工作，并特别提出三点要求。一是要加强验收工作指导，“各地要指导项目学校认真开展项目自查总结，严格进行省级检查验收，全面深入检查项目建设情况。要按要求开展经费审计，特别是要加强对项目外包等情况的审计，并将审计情况写入审计报告。要督促项目学校按照要求在项目管理信息系统提交所有外包协议和合同等相关佐证资料。坚决杜绝项目学校将任务整体外包等做法，一经查实，将暂停项目学校本次验收”②。二是强化了验收工作的“全员参与”，提出“项目验收重在成果导向，是进一步推进项目建设和提升教职工业务水平的重要契机，必须要重视调动广大教职工深度参与”③，通过“建设过程大事记制度”来全方位体现全员参与项目验收与验收总结情况。三是开展监督检查，教育部职业教育与成人教育司将开展抽查工作。

---

① 教育部办公厅，人力资源社会保障部办公厅，财政部办公厅. 关于公布“国家中等职业教育改革发展示范学校建设计划”第一批项目学校验收结果的通知[EB/OL]. [2015-07-22]. http://www.moe.gov.cn/srcsite/A07/zcs_zhgg/201407/t20140714_172101.html.

② 教育部职业教育与成人教育司. 关于进一步加强国家中等职业教育改革发展示范学校建设计划第二批项目验收管理工作的通知[EB/OL]. [2015-07-22]. http://www.moe.gov.cn/s78/A07/A07_gggs/A07_sjhj/201408/t20140811_173684.html.

③ 教育部职业教育与成人教育司. 关于进一步加强国家中等职业教育改革发展示范学校建设计划第二批项目验收管理工作的通知[EB/OL]. [2015-07-22]. http://www.moe.gov.cn/s78/A07/A07_gggs/A07_sjhj/201408/t20140811_173684.html.

2015 年 10 月 28 日，教育部办公厅、人力资源社会保障部办公厅、财政部办公厅联合发布《关于公布“国家中等职业教育改革发展示范学校建设计划”第二批项目学校验收结果的通知》，341 所项目学校通过验收，被正式确定为“国家中等职业教育改革发展示范学校”，另外 41 所项目学校暂缓通过验收，3 所学校未通过验收。

2015 年 11 月 16 日，教育部办公厅、人力资源社会保障部办公厅、财政部办公厅联合发布《关于开展国家中等职业教育改革发展示范学校建设计划第三批项目学校验收工作的通知》，启动对 2013 年 4 月三部委批复启动建设的 341 所项目学校、2013 年 8 月批复启动建设的 12 所补充立项的项目学校，以及 2011 年 7 月和 2012 年 6 月批复启动建设的验收结论为“暂缓通过”的，且尚未接受再次验收或申请延期验收的 45 所项目学校的验收工作。

时隔近三年，2018 年 9 月 27 日，教育部发布《国家中等职业教育改革发展示范学校建设计划”第三批项目学校验收结果公示》，通过对 398 所项目学校进行综合评议，同意 389 所项目学校通过验收，这 389 所中职学校被正式确定为“国家中等职业教育改革发展示范学校”，大同财会学校等 9 所中职学校未通过验收。2018 年 12 月 24 日，教育部办公厅、人力资源社会保障部办公厅、财政部办公厅联合发布《关于公布“国家中等职业教育改革发展示范学校建设计划”第三批项目学校验收结果的通知》，在学校总结自查、省级验收检查的基础上，教育部、人力资源社会保障部、财政部组织专家对第三批立项的 353 所项目学校及第一批、第二批验收结论为“暂缓通过”和申请延期验收的 45 所项目学校进行综合评议和全面复核，决定 387 所项目学校通过验收。这 387 所项目学校被确定为“国家中等职业教育改革发展示范学校”，11 所项目学校未通过验收。与公示时的结果相比，又有 2 所中职学校（河南省医药学校、武汉市第一商业学校）被确定为没有通过验收。该通知还规定，这 11 所未通过验收的中职学校所在地方的教育、人力资源社会保障、财政部门要督促相关学校在一定期限内完成整改，整改期间，这些学校不得申请中央财政支持的其他项目。

至此，“国家中等职业教育改革发展示范学校建设计划”政策划上句号。但是，前文中我们在梳理“国家中等职业教育改革发展示范学校建设计划”系列政策过程中，并未提到该系列政策涉及的资金投入。按照政策的基本精神，“国家中等职业教育改革发展示范学校建设计划”的经费投入主要由中央财政专项安排，每所被批准立项的中等职业学校可获得中央专项建设资金1000万元，另外地方政府还要相应配套。也就是说，“国家中等职业教育改革发展示范学校建设计划”至少中央财政专项安排100亿元。那么，这项投入100亿元的“国家中等职业教育改革发展示范学校建设计划”，其执行效果如何？是否达到了政策目标？该系列政策是否存在问题？来自一线的政策执行者有什么样的感受和看法？他们在执行该项政策时是否理解政策目标？政策执行过程是否存在问题？基于上述系列问题，笔者做了关于“国家中等职业教育改革发展示范学校建设计划”的调查。

第二节 来自一线的声音：中职示范校政策执行现状调查

一、调查对象

问卷调查以中职示范校的骨干教师为调查对象，样本主要来自天津、河南、辽宁、山东、浙江等5个省市，共发放问卷186份，剔除无效问卷，共获得有效问卷165份。

调查样本从性别上来看，男性占53.3%，女性占46.7%，性别比例基本平衡；从年龄上来看，样本以40岁及以下教师为主，其中30岁以下教师占38.2%，31～40岁教师占57%；从教龄上来看，以6～10年教龄教师为主（占比47.9%），5年以下教龄教师占29.7%，11～20年教龄教师占20.6%；从职称结构上来看，以助讲/中学二级/二级实习指导师（49.1%）和讲师/中学一级/一级实习指导师（44.2%）为主，高级讲师/中学高级/高级实习指导师占比6.7%；从职务上来看，以专业课教师为主，占比63%，系、部、教研室主任等占12.1%；从学历上来看，以本科和研究生为主，其中本科学历教师占 58.2%，研究生学历教师占 39.4%；样本教师所在学校大多数位于地级市（42.4%）和直辖市/省会城市（34.5%）；从学校办学主体性质上来看，以公办中等职业学校教师为主（91.5%），行业或企业办的中等职业学校教师占比较低（8.5%）。有效样本的基本构成情况如下（见表 2-1）。

表 2-1 有效调查样本的基本构成

人口变量	类别	人数（人）	百分比（%）	累积百分比（%）
性别	男	88	53.3	53.3
	女	77	46.7	100
年龄	20～30 岁	63	38.2	38.2
	31～40 岁	94	57.0	95.2
	41～50 岁	8	4.8	100.0
教龄	5 年以下	49	29.7	29.7
	6～10 年	79	47.9	77.6
	11～20 年	34	20.6	98.2
	21～30 年	3	1.8	100.0
职称	助讲/中二	81	49.1	49.1
	讲师/中一	73	44.2	93.3
	高讲/中高	11	6.7	100.0
	正高	0	0	100.0
职务	校长	1	0.6	0.6
	教导主任	1	0.6	1.2
	系/部/教研室主任	20	12.1	13.3
	实训室主任	3	1.8	15.1
	专业课教师	104	63.0	78.1
	实训课教师	17	10.3	88.4
	普通文化课教师	19	11.5	100.0
学历	中专（高中）	3	1.8	1.8
	专科	1	0.6	2.4

续表

人口变量	类别	人数（人）	百分比(%)	累积百分比(%)
学历	本科	96	58.2	60.6
	研究生	65	39.4	100.0
学校所在地	直辖市/省会城市	57	34.5	34.5
	地级市	70	42.4	76.9
	县城	28	17.0	93.9
	乡镇/农村	1	0.6	94.5
	城郊	9	5.5	100.0
学校性质	公办中职	151	91.5	91.5
	行业/企业办中职	14	8.5	100.0

二、调查工具

本次调查主要采用自编调查问卷《中职示范校政策执行情况调查问卷》。该问卷编制前，我们首先在11个省（市）的骨干教师中进行开放式问题征集，在充分征询教师意见的基础上编制《中职示范校政策执行情况调查问卷》初稿，并在2所学校试测，在试测基础上对问卷进行修订（删除了4个问题），最后形成《中职示范校政策执行情况调查问卷》正式问卷。

《中职示范校政策执行情况调查问卷》主要包括五大部分。第一部分，调查对象的人口统计学变量调查，包括性别、年龄、教龄、职务、受教育层次、学校地理位置、来源地、学校性质等基本信息。第二部分，调查示范校政策的目标达成情况。本部分基于教育部、人力资源社会保障部和财政部三部委颁发的《关于实施国家中等职业教育改革发展示范学校建设计划的意见》《国家中等职业教育改革发展示范学校建设计划项目管理暂行办法》《2012年度国家中等职业教育改革发展示范学校建设计划项目学校遴选条件》及《验收指南》等相关政策，从五个方面设计了政策目标达成情况的调查内容，分别是“提升项目学校改革创新能力”“特色专业建设”“特色项目”“示范校对企业的‘示范’作用”“示范校‘合作与共享机制’建设”等。第三部分，调查示范校政策影响，根据前述政策，从十一个方面设计了示范校政策的影响调查，分别是“改革创新案例”“人才培养方案”“课程标准”“教材或校本教材”“改革培养模式”“改革教学模式”“改革办学模式”“创新教育内容”“加强师资队伍建设”“完善内部管理”“改革评价模式”。第四部分，示范校政策的执行力度调查，同样根据前述相关政策，从三个方面设计了政策执行力度方面的调查，分别是政策执行者对政策的了解程度、政策执行者对政策内容和措施的贯彻执行情况、政策执行者的素质及执行所需资源等。第五部分，示范校政策负效应调查。该部分主要涉及示范校政策的政策假设、示范校政策的标准化与差异化问题、示范校政策的周期问题、示范校政策的申报和评审条件四个方面。整个问卷共有 40 个问题，每一部分包括的问题数量基本平衡。

三、调查结果分析

（一）政策目标达成情况调查结果

为了了解示范校相关政策的目标达成情况，我们设计了如下问题。

1.“提升项目学校改革创新能力”目标达成情况

示范校建设的目标之一，即通过示范校建设，使中职学校能成为“全国中等职业教育改革创新的示范”。基于此，我们设计了问题：“示范校项目中央投入 100 亿元，带动地方和学校投入 100 亿元，你认为这些资金在提升项目学校改革创新能力方面哪种情况更相符？”

调查发现，高达 58.18%的教师选择示范校建设项目对学校的改革创新能力有“较大”提升，另外 15.75%的教师认为示范校建设“极大地”提升了学校的改革创新能力，即有 73.94%的教师认为示范校建设对学校的改革创新能力发展有效果。不可忽视的是，仍有五分之一的教师认为示范校建设项目对学校发展没有什么影响（21.82%），甚至还有教师认为示范校建设项目是“劳民伤财”（4.24%）（见表 2-2）。

表 2-2 政策执行者对“提升项目学校改革创新能力”的评价

整体效果评价	人数（人）	百分比（%）
极大地提升了学校改革创新能力	26	15.75
对学校改革创新能力有较大提升	96	58.18
没什么影响，学校还是老样子	36	21.82
劳民伤财	7	4.24
总数	165	100.00

2.“特色专业建设”的目标达成情况

（1）建设的“特色专业”与学校历史和文化的相符程度

特色专业建设是示范校建设的目标之一，示范校建设政策要求示范校建设学校最终要形成与学校历史和文化、区域经济发展相适应的特色专业。为了了解这些特色专业与学校历史文化的相关性，我们设计了问题：“示范校项目要求建设院校都要形成3～5个特色专业，你认为你所在学校建设的这些特色专业与学校的历史和文化的相符情况是哪一种？”选项为五级评分，A 非常符合，B 比较符合，C 符合，D 比较不符合，E 完全不符合。

调查发现，四分之三的教师认为自己学校特色专业与学校的历史和文化“非常符合”或“比较符合”或“符合”。其中，认为自己学校特色专业与学校历史和文化“非常符合”的教师占 13.94%；认为自己学校特色专业与学校历史和文化“比较符合”的教师占 43.03%。另外，有近四分之一的教师认为自己学校建设的特色专业与学校的历史和文化不符合。其中，20%的教师认为“比较不符合”，这种现状值得我们关注。（见表 2-3）

表 2-3 示范校特色专业与学校历史和文化的相符程度

符合程度	人数（人）	百分比（%）	累计百分比（%）
非常符合	23	13.94	13.94
比较符合	71	43.03	56.97
符合	34	20.61	77.58

续表

符合程度	人数（人）	百分比（%）	累计百分比（%）
比较不符合	33	20.00	97.58
完全不符合	4	2.42	100.00
总数	165	100.00	100.00

（2）建设的“特色专业”与区域经济发展的相符程度

特色专业建设是示范校建设的目标之一，示范校建设政策要求示范校建设学校最终要形成与学校历史和文化、区域经济发展相适应的特色专业。为了了解这些特色专业与区域经济发展的相关性，我们设计了问题：“示范校项目要求建设院校都要形成3～5个特色专业，你认为你所在学校建设的这些特色专业与学校所在区域的经济发展的相符情况是哪一种？”选项为五级评分，A 非常符合，B 比较符合，C 符合，D 比较不符合，E 完全不符合。

调查发现，80.6%的教师认为自己学校特色专业与区域经济发展“非常符合”或“比较符合”或“符合”。其中，认为自己学校特色专业与区域经济发展“完全符合”的教师占13.33%；认为自己学校特色专业与区域经济发展“比较符合”的教师占41.82%。另外，有19.4%的教师认为自己学校建设的特色专业与区域经济发展不相符。其中，15.76%的教师认为“比较不符合”。（见表2-4）

表2-4　示范校特色专业与区域经济发展相符程度

符合程度	人数（人）	百分比（%）	累计百分比（%）
非常符合	22	13.33	13.33
比较符合	69	41.82	55.15
符合	42	25.45	80.60
比较不符合	26	15.76	96.36
完全不符合	6	3.64	100.00
总数	165	100.00	100.00

3. “特色项目”建设目标达成情况

特色项目建设是示范校建设的目标之一，示范校建设政策要求示范校建设学校最终要形成自己学校的特色项目。为了了解这些特色项目与学校特色的相关性，我们设计了问题：“示范校项目要求建设院校都要形成1～2个特色项目，你认为你所在学校建设的这些特色项目在多大程度上体现了学校的特色？”

调查发现，16.36％的教师认为特色项目是自己学校所独有的，完全契合了自己学校的传统和文化，完全能体现自己学校的特色；58.79％的教师认为特色项目能在一定程度上凸显自己学校的特色，比较契合自己学校的传统和文化。还有四分之一的教师认为，特色项目没有凸显自己学校的特色，完全不契合自己学校的传统和文化（7.27％），甚至是完全从别的示范校“移植”过来的，是为了特色而特色（17.58％）。（见表2-5）

表2-5　特色项目与学校特色之间的关联

特色项目与学校特色之间的关联	人数（人）	百分比（％）	累计百分比（％）
特色项目是学校所独有的	27	16.36	16.36
特色项目一定程度上凸显学校特色	97	58.79	75.15
特色项目没有凸显学校特色	12	7.27	82.42
特色项目从别的示范校“移植”的	29	17.58	100.00
总数	165	100.00	100.00

4. “示范校对企业的‘示范’作用”的目标达成情况

（1）示范校对企业的“示范”作用

示范校建设这一政策的目标之一，即示范校能成为服务企业的品牌，为产业升级、企业创新提供紧缺人才，发挥示范校的先锋队、先遣军作用。为了了解示范校这一政策目标的达成情况，我们设计了问题：“你认为自己学校在‘示范校成为服务企业的品牌，为产业升级、企业创新提供紧缺人才，发挥了先锋队、先遣军的作用’方面与实际情况的相符程度是怎样的？”选项为五级评分，A非常符合，B比较符合，C符合，D比较不符合，E完全不符合。

调查结果显示，72.12%的教师认为示范校对企业的“示范”作用与实际情况“非常符合”或“比较符合”或“符合”。值得注意的是，仍有四分之一以上的教师认为示范校对企业的“示范”作用与实际情况“比较不符合”或“完全不符合”（见表 2-6）。

表 2-6 示范校对企业“示范”作用与实际情况相符程度

符合程度	人数（人）	百分比（%）	累计百分比（%）
非常符合	10	6.06	6.06
比较符合	56	33.94	40.00
符合	53	32.12	72.12
比较不符合	33	20.00	92.12
完全不符合	13	7.88	100.00
总数	165	100.00	100.00

（2）示范校对企业的“品牌”效应和影响力

示范校建设这一政策的目标之一是：示范校成为凝聚企业的品牌，吸引一批企业特别是有行业影响力的企业加入职业教育中来，形成一批校企联动、深度融合、优势互补、共同发展的职业教育联合体、联盟或集团，在产业界和教育界扩大职业教育影响力。为了了解示范校这一政策目标的达成情况，我们设计了问题：“示范校成为凝聚企业的品牌，吸引了一批企业特别是有行业影响力的企业加入职业教育中来，形成一批校企联动、深度融合、优势互补、共同发展的职业教育联合体、联盟或集团，在产业界和教育界扩大了职业教育影响力，你认为实际情况的相符程度是怎样的？”我们同样采用五级评分，A 非常符合，B 比较符合，C 符合，D 比较不符合，E 完全不符合。

调查结果显示，61.21%的教师认为“示范校对企业有‘品牌’效应，在产业界和教育界扩大了职业教育影响力”与实际情况“非常符合”或“比较符合”或“符合”。值得注意的是，仍有近四成的教师认为“示范校对企业有‘品牌’效应，在产业界和教育界扩大了职业教育影响力”与实际情况“比较不符合”（29.7%）或“完全不符合”（9.09%）。（见表 2-7）

表 2-7 示范校对企业“品牌”效应及影响力与实际情况相符程度

符合程度	人数（人）	百分比（%）	累计百分比（%）
非常符合	8	4.85	4.85
比较符合	51	30.91	35.76
符合	42	25.45	61.21
比较不符合	49	29.70	90.91
完全不符合	15	9.09	100.00
总数	165	100.00	100.00

（3）示范校“示范”效应的表现

示范校建设政策的另外一个目标是：示范校在某些方面要起到先行先试的试验田作用。为了了解示范校这一政策目标的达成情况，我们设计了问题：“你认为示范校项目学校在以下哪些方面起到了先行先试的试验田作用？”根据示范校政策的具体内容，我们提供的选择项包括：A 中高职衔接、B 推进集团化办学、C 深化校企合作。为了更全面，我们还设计了“以上几项均未起到先行先试的试验田作用”选择项，要求被试可单选也可多选，统计结果只计算选项的选择频次。

调查结果显示（见表 2-8），“中高职衔接”被选择的频次为 46 人次，意即 46 人次的教师认为示范校在“中高职衔接”方面起到了先行先试的试验田作用。其中，21 人只选择了该选项，意味着 12.72%的被试认为示范校仅在“中高职衔接”方面起到了先行先试的试验田作用；2 人选择了“中高职衔接”和“推进集团化办学”，占总人数的 1.21%；7 人选择了“中高职衔接”“推进集团化办学”和“深化校企合作”，即 4.24%的被试认为在上述三个方面示范校均起到了先行先试的试验田作用；还有 16 人选择了“中高职衔接”和“深化校企合作”，即 9.7%的被试认为示范校在“中高职衔接”和“深化校企合作”方面起到了先行先试的试验田作用。

表 2-8 示范校“示范”效应的表现

示范内容	频次（人次）	占比（%）	只选择该选项人数（人）
中高职衔接	46	22.33	21
推进集团化办学	27	13.11	9
深化校企合作	94	45.63	62
均未起到作用	39	18.93	39
总数	206	100.00	131

“推进集团化办学”被选择的频次为 27 人次，意即 27 人次的教师认为示范校在“推进集团化办学”方面起到了先行先试的试验田作用。其中，9 人只选择了该选项，意味着 5.45%的被试认为示范校仅在“推进集团化办学”方面起到了先行先试的试验田作用。

“深化校企合作”被选择的频次为 94 人次，意即 94 人次的教师认为示范校在“深化校企合作”方面起到了先行先试的试验田作用。其中，62 人只选择了该选项，意味着 37.57%的被试认为示范校仅在“深化校企合作”方面起到了先行先试的试验田作用。

“以上几项均未起到先行先试的试验田作用”被选择的频次为 39 人次，且 39 人只选择了该选项，意即 39 位教师认为示范校在“中高职衔接”“推进集团化办学”和“深化校企合作”方面均未起到应有的先行先试的试验田作用，占到总被试的 23.63%。五分之一以上的教师持此看法，这一现象需引起关注。

5. 示范校“合作与共享机制”建设目标达成情况

形成合作建设、优势互补、信息共享和协同创新的新机制，是示范校建设的目标之一。为了调查示范校在合作与共享机制方面的建设情况，我们设计了问题：“示范校项目旨在推动立项学校形成合作建设、优势互补、信息共享和协同创新的新机制，根据你对示范校建设实际情况的了解，你认为实际情况与该宗旨的相符情况是哪种？”

调查结果显示，有近三分之二的教师认为学校基本建立了“合作与共享”机制。其中，5.45%的教师认为“学校形成合作建设、优势互补、信息共享和协同创新的新机制”这一点与学校实际情况完全符合；30.91%的教师认为“比较符合”；29.09%的教师认为“符合”。另外，还有多于三分之一的教师认为与学校实际情况并不相符合，也就是说，在合作与共享机制方面，学校的实际情况并不完全乐观。（见表2-9）

表 2-9 示范校“合作与共享机制”建设与实际情况相符程度

符合程度	人数（人）	百分比（%）	累计百分比（%）
完全符合	9	5.45	5.45
比较符合	51	30.91	36.36
符合	48	29.09	65.45
比较不符合	53	32.12	97.57
完全不符合	4	2.42	100.00
总数	165	100.00	100.00

（二）政策执行过程调查分析

1. 政策执行者对政策的了解程度

（1）政策执行者对政策目标的了解程度

根据教育部、人力资源社会保障部、财政部三部委颁布的《关于实施国家中等职业教育改革发展示范学校建设计划的意见》，示范校建设最终要达成的目标是，“从 2010 年到 2013 年，中央财政重点支持1000 所中等职业学校改革创新，形成一批代表国家职业教育办学水平的中等职业学校，大幅度提高这些学校办学的规范化、信息化和现代化水平，使其成为全国中等职业教育改革创新的示范、提高质量的示范和办出特色的示范，在中等职业教育改革发展中发挥引领、骨干和辐射作用”①。为了了解示范校建设政策的执行者对政策目标是否了解，我们设计了问题“你对示范校项目要达到的目标的了解程度是”，选项为五级评分，A 非常了解，B 比较了解，C 了解，D 不太了解，E

① 教育部，人力资源社会保障部，财政部. 关于实施国家中等职业教育改革发展示范学校建设计划的意见[EB/OL]. http://www.chinadmd.com/file/it3exz36er3zw6eca33e6izr_1.html.

完全不了解。

调查发现，一半（50.3%）的教师认为对示范校建设要达到的目标“非常了解”或“比较了解”或“了解”。其中，认为对示范校建设要达到的目标“非常了解”的教师占 3.64%；认为对示范校建设要达到的目标“比较了解”的教师占 21.21%；对示范校建设要达到的目标“了解”的教师占 25.45%。另外，高达 38.79%的教师对示范校建设要达到的目标“不太了解”，还有 10.91%的教师对示范校建设要达到的目标“完全不了解”，这种现状非常值得我们关注。（见表 2-10）

表 2-10　政策执行者对政策目标的了解程度

了解程度	人数（人）	百分比（%）	累计百分比（%）
非常了解	6	3.64	3.64
比较了解	35	21.21	24.85
了解	42	25.45	50.30
不太了解	64	38.79	89.09
完全不了解	18	10.91	100.00
总数	165	100.00	100.00

（2）政策执行者对政策执行过程中管理规则和办法的了解程度

为规范和加强国家中等职业教育改革发展示范学校建设计划项目管理，提高建设计划实施和项目管理效益，教育部、人力资源社会保障部和财政部三部委于 2011 年 7 月印发了《国家中等职业教育改革发展示范学校建设计划项目管理暂行办法》（以下简称《管理暂行办法》），对示范校建设政策执行的各级机构及其管理职责做了相应的规定。例如，对于示范校的项目学校，《管理暂行办法》规定，“项目学校应设立专门机构具体负责本校项目建设的规划、实施、管理和检查等工作，主要履行以下职责：按照教育部、人力资源社会保障部和财政部有关规定及本办法的要求，编制、报送学校立项申报书、项目建设方案和项目建设任务书，并对有关申报材料的真实性负责；按照批复的项目建设方案和任务书确定的建设内容，组织实施项目建设，确保项目建设进度和预期目标；统筹安排各渠道建设资金，按照有关财务制度及本办法规定，科学、规范和合理使用建设资金，确保资金使用效益；将上年度项目建设进展、年度资金使用等情况形成年度报告，上报省级教育、人力资源社会保障和财政部门；接受教育、人力资源社会保障、财政、审计、监察等部门对项目实施过程和结果进行监控、检查和审计”①。为了了解示范校建设政策执行者对政策执行过程中的管理规则和办法是否了解，我们设计了问题：“你对示范校项目的‘项目管理办法（包括资金管理）’的了解程度是？”选项为五级评分，A 非常了解，B 比较了解，C 了解，D 不太了解，E 完全不了解。

调查发现，仅有三成的教师对示范校“项目管理办法（包括资金管理）”表示“非常了解”或“比较了解”或“了解”。其中，认为对示范校项目管理办法（包括资金管理）“非常了解”的教师占 2.42%；认为对示范校项目管理办法（包括资金管理）“比较了解”的教师占 12.12%；对示范校项目管理办法（包括资金管理）“了解”的教师占 16.36%。另外，一半以上的教师（54.55%）对项目管理办法（包括资金管理）“不太了解”，还有 14.55%的教师对示范校项目管理办法（包括资金管理）“完全不了解”，这种现状非常值得我们关注。（见表 2-11）

表 2-11　政策执行者对“项目管理办法（包括资金管理）”的了解程度

了解程度	人数（人）	百分比（%）	累计百分比（%）
非常了解	4	2.42	2.42
比较了解	20	12.12	14.54
了解	27	16.36	30.90
不太了解	90	54.55	85.45
完全不了解	24	14.55	100.00
总数	165	100.00	100.00

① 教育部，人力资源社会保障部，财政部. 国家中等职业教育改革发展示范学校建设计划项目管理暂行办法[EB/OL]. http://www.moe.edu.cn/publicfiles/business/htmlfiles/moe/s3059/201107/xxgk_122441.html.

（3）政策执行者对示范校“项目验收办法（包括验收指南）”的了解程度

示范校项目验收办法（包括验收指南）在一定程度上体现了政策的目标，政策执行者对该目标是否了解、了解程度如何，这些问题将直接影响着政策执行过程中的行为。为了了解示范校建设政策执行者对示范校“项目验收办法（包括验收指南）”是否了解，我们设计了问题：“你对示范校项目的‘项目验收办法（包括验收指南）’的了解程度是？”选项为五级评分，A 非常了解，B 比较了解，C 了解，D 不太了解，E 完全不了解。

调查发现，仅有四成的教师对示范校“项目验收办法（包括验收指南）”表示“非常了解”或“比较了解”或“了解”。其中，认为对项目验收办法（包括验收指南）“非常了解”的教师占 2.42%；认为对项目验收办法（包括验收指南）“比较了解”的教师占 15.15%；对项目验收办法（包括验收指南）“了解”的教师占 22.42%。另外，近一半的教师（45.45%）对项目验收办法（包括验收指南）表示“不太了解”，还有 14.55% 的教师对项目验收办法（包括验收指南）“完全不了解”，这种现状非常值得我们关注。（见表 2-12）

表 2-12　政策执行者对“项目验收办法（包括验收指南）”的了解程度

了解程度	人数（人）	百分比（%）	累计百分比（%）
非常了解	4	2.42	2.42
比较了解	25	15.15	17.57
了解	37	22.42	39.99
不太了解	75	45.45	85.44
完全不了解	24	14.55	100.0
总数	165	100.00	100.00

2. 政策执行者对政策内容和措施的贯彻执行情况

在政策执行过程中，政策执行者是否坚决有力地贯彻政策的内容和措施，这是政策执行力度的重要表征之一。为了了解政策内容的贯彻执行情况，我们设计了如下几个问题进行调查。

（1）政策执行过程中是否存在“造假”情况及其程度

根据示范校申报条件及要求，申报学校需要填报各种任务书及建设方案。再者，根据示范校检查验收的要求，项目学校需要提交总结报告、典型案例、直接成果、佐证材料、检查验收评价表等大量材料。在上述申报材料及验收材料填报过程中，政策执行者是否能按照学校实际情况和政策需要，如实地填报材料呢？另外，根据《国家中等职业教育改革发展示范学校建设计划项目管理暂行办法》规定，“在计划实施过程中有下列行为之一的，可视其情节轻重给予警告、中止或取消项目等处理”，其中一条就是“编报虚假申报信息，骗取项目学校建设权”。因此，为了了解在政策执行过程中是否存在“造假”情况，如果存在，“造假”情况的严重程度是怎样的，我们设计了问题：“示范校建设和验收过程中，存在大量‘造假’行为：编造各种电子文档、数据、师生人数、租借设备等。你认为上述情况在示范校中存在情况是怎样的？”选项为五级评分，A 非常普遍，B 比较普遍，C 普遍，D 不太普遍，E 不存在。

调查发现，高达 79.39%的教师认为，示范校建设和验收过程中，存在大量“造假”行为：编造各种电子文档、数据、师生人数，租借设备等现象“非常普遍”或“比较普遍”或“普遍”。其中，认为“造假”行为“非常普遍”的教师占 23.63%；33.94%的教师认为“造假”行为“比较普遍”；21.82%的教师认为“造假”行为“普遍”。这一结果亟须引起政策制定者及执行者关注。相对而言，只有 20.61%的教师认为示范校建设和验收过程中各种“造假”行为“不太普遍”或“不存在”，其中仅有 1.82%的教师认为示范校建设和验收过程中不存在各种“造假”行为。这意味着绝大多数教师认为示范校建设和验收过程中存在各种“造假”行为。（见表 2-13）

表 2-13　对“示范校验收材料造假”及造假程度的评价

造假及造假程度	人数（人）	百分比（%）	累计百分比（%）
非常普遍	39	23.63	23.63
比较普遍	56	33.94	57.57

续表

造假及造假程度	人数（人）	百分比（%）	累计百分比（%）
普遍	36	21.82	79.39
不太普遍	31	18.79	98.18
不存在	3	1.82	100.00
总数	165	100.00	100.00

（2）示范校建设重“硬件建设”还是重“软件建设”情况

按照《国家中等职业教育改革发展示范学校建设计划项目管理暂行办法》规定，中央财政专项资金支出主要包括：基础能力建设费（不得超过中央财政专项资金总额的 20%）、校企合作机制建设费、专业课程建设费、师资队伍建设费（不得超过中央财政专项资金总额的 10%）。那么，学校在示范校建设过程中是否按照上述规定来进行建设的呢？为了了解示范校建设过程是否按照政策规定来进行，我们设计了问题：“示范校建设过程中，学校只注重硬件建设，大量购置仪器设备，而对学校的软件建设并不太重视，你认为上述说法与你所在学校的实际情况相吻合的情况是哪种？”选项为五级评分，A 非常吻合，B 比较吻合，C 吻合，D 不太吻合，E 完全不吻合。

调查显示，近三分之二的被调查者认为，在示范校建设过程中，学校只注重硬件建设，大量购置仪器设备，而对学校的软件建设并不太重视。其中，认为这一情况与实际情况“非常吻合”的教师为 21 人，占比 12.73%；认为这一情况与实际情况“比较吻合”的教师达 55 人，占比 33.33%；19.39%的教师认为这一情况与实际情况相“吻合”。相比较而言，仅有三分之一的教师认为，在实际建设过程中，学校并不是只重硬件建设。（见表 2-14）

表 2-14 示范校建设“重硬件轻软件建设”与实际情况相吻合程度

吻合程度	人数（人）	百分比（%）	累计百分比（%）
非常吻合	21	12.73	12.73
比较吻合	55	33.33	46.06
吻合	32	19.39	65.45

续表

吻合程度	人数（人）	百分比（%）	累计百分比（%）
不太吻合	42	25.45	90.90
完全不吻合	15	9.09	100.00
总数	165	100.00	100.00

（3）示范校购买仪器和设备与政策要求相吻合情况

按照《国家中等职业教育改革发展示范学校建设计划项目管理暂行办法》规定，中央财政专项资金在基础能力建设费用支出方面，费用应“主要用于购置中央财政重点支持专业所需的实验实训设备”。实际情况是否如此呢？示范校购置的实验实训设备是否是专业建设所必需的、适用的实验实训设备呢？为了了解示范校在购买设备和仪器方面的情况，我们设计了问题：“在示范校建设过程中，花大价钱购置了大量没有太多实际使用价值的仪器和设备，这些仪器和设备的使用率较低，只是为了应付验收，你认为上述说法与你所在学校相吻合的程度是？”选项为五级评分，A 非常吻合，B 比较吻合，C 吻合，D 不太吻合，E 完全不吻合。

调查发现，只有近一半的教师认为“在示范校建设过程中，花大价钱购置了大量没有太多实际使用价值的仪器和设备，这些仪器和设备的使用率较低，只是为了应付验收”这一说法与实际情况“不太吻合”（36.36%）或“完全不吻合”（10.91%）。有 52.73%的教师认为在示范校建设过程中，花大价钱购置了大量没有太多实际使用价值的仪器和设备，这些仪器和设备的使用率较低，只是为了应付验收。其中，12.73%的教师认为实际情况与上述现象“非常吻合”；认为“比较吻合”的教师占 21.82%；认为“吻合”的教师占 18.18%。（见表 2-15）

表 2-15 “示范校购买仪器和设备使用率低”与学校实际情况相吻合程度

吻合程度	人数（人）	百分比（%）	累计百分比（%）
非常吻合	21	12.73	12.73
比较吻合	36	21.82	34.55
吻合	30	18.18	52.73

续表

吻合程度	人数（人）	百分比（%）	累计百分比（%）
不太吻合	60	36.36	89.09
完全不吻合	18	10.91	100.00
总数	165	100.00	100.00

（4）示范校建设过程中是否出现盲目招生与引进教师现象

根据《关于实施国家中等职业教育改革发展示范学校建设计划的意见》，学校在师资队伍建设方面，要“创新人事分配制度，形成吸引人才、稳定队伍的激励机制。改善教师队伍结构，聘用有实践经验的行业专家、企业工程技术人员和社会能工巧匠等担任兼职教师”。显然，改善教师队伍结构，特别是聘用来自企业和行业的技术技能人才到校是一个重要举措。另外，示范校建设在验收评估时，对于学生人数等都有一定的评估标准。因此，为了调查示范校在建设过程中是否存在突击引进教师、盲目扩招等现象，我们设计了问题：“示范校申请和建设过程中，出现盲目扩大招生人数、盲目引进教师等现象，造成学校教育质量下降，你对这一说法怎么看？”选项为五级评分，A 非常赞同，B 比较赞同，C 赞同，D 不太赞同，E 完全不赞同。

调查发现，有近一半（47.27%）的教师认为示范校在建设过程中存在突击引进教师、盲目扩招等现象。其中，9.09%的教师“非常赞同”上述说法；持“比较赞同”看法的教师占 15.15%；持“赞同”看法的教师占 23.03%。52.73%的教师不赞同上述说法。（见表 2-16）

表 2-16　对“盲目扩招与引进教师造成教育质量下降”这一说法的态度

评价	人数（人）	百分比（%）	累计百分比（%）
非常赞同	15	9.09	9.09
比较赞同	25	15.15	24.24
赞同	38	23.03	47.27
不太赞同	68	41.21	88.48
完全不赞同	19	11.52	100.00
总数	165	100.00	100.00

（5）示范校建设经费支出与有关规定相吻合程度

示范校建设计划的资金主要用于哪些方面？这些资金怎么用？诸如此类问题，在《国家中等职业教育改革发展示范学校建设计划项目管理暂行办法》中都有相应的规定，但示范校在建设过程中，是否存在不符合要求的资金使用与管理情况呢？为了调查实际情况，我们设计了问题："示范校建设和验收过程中，存在资金不到位、突击花钱、资金使用缺乏灵活性等问题，你对这一说法持什么态度？"选项为五级评分，A 非常赞同，B 比较赞同，C 赞同，D 不太赞同，E 完全不赞同。

调查发现，近三分之二（64.24%）的教师认为在示范校建设和验收过程中，存在资金不到位、突击花钱、资金使用缺乏灵活性等问题。其中，对此持"非常赞同"看法的教师占 15.15%；持"比较赞同"看法的教师占 29.09%；持"赞同"看法的教师占 20%。相比较而言，对"在示范校建设和验收过程中，存在资金不到位、突击花钱、资金使用缺乏灵活性等问题"持不同看法的教师占三分之一以上（35.75%），其中，持"不太赞同"观点的教师占 30.3%。（见表 2-17）

表 2-17 对"资金使用存在突击花钱等现象"的态度

评价	人数（人）	百分比（%）	累计百分比（%）
非常赞同	25	15.15	15.15
比较赞同	48	29.09	44.24
赞同	33	20.00	64.24
不太赞同	50	30.30	94.54
完全不赞同	9	5.45	100.00
总数	165	100.00	100.00

（6）专门的示范校组织结构及管理机制与有关规定相吻合程度

《国家中等职业教育改革发展示范学校建设计划项目管理暂行办法》规定，项目学校应设立专门机构具体负责本校项目建设的规划、实施、管理和检查等工作，且这些专门机构还要履行多种职责。例如，职责之一即"按照教育部、人力资源社会保障部和财政部有关规定及本办法的要求，编制、报送学校立项申报书、项目建设方案和项目建设任务书，并对有关申报材料的真实性负责”。那么，示范校是否建立或成立了这样的专门的组织机构，这些专门的组织机构是否履行了示范校建设与管理的诸多职责呢？为了了解示范校在组织管理机构方面的实际情况，我们设计了问题：“示范校建设缺乏完善的组织机构和领导管理机制，这一说法与你所在学校的实际情况相吻合的程度是？”选项为五级评分，A 非常吻合，B 比较吻合，C 吻合，D 不太吻合，E 完全不吻合。

调查发现，近一半（47.88%）的人认为“示范校建设缺乏完善的组织机构和领导管理机制”。其中，9.7%的教师认为“示范校建设缺乏完善的组织机构和领导管理机制”这一说法与实际情况“非常吻合”；21.82%的教师认为“示范校建设缺乏完善的组织机构和领导管理机制”这一说法与实际情况“比较吻合”；16.36%的教师认为“示范校建设缺乏完善的组织机构和领导管理机制”这一说法与实际情况“吻合”。相比较而言，认为上述说法与实际情况不相吻合的教师占52.12%，其中多达 41.21%的教师认为上述说法与实际情况“不太吻合”，认为“完全不吻合”的教师占 10.91%。（见表 2-18）

表 2-18　“示范校组织管理机构及管理机制不完善”与实际情况相吻合程度

评价	人数（人）	百分比（%）	累计百分比（%）
非常吻合	16	9.70	9.70
比较吻合	36	21.82	31.52
吻合	27	16.36	47.88
不太吻合	68	41.21	89.09
完全不吻合	18	10.91	100.00
总数	165	100.00	100.00

（7）是否有专家及时有效的指导与有关规定相吻合程度

《国家中等职业教育改革发展示范学校建设计划项目管理暂行办法》规定，“省级教育、人力资源社会保障和财政部门负责指导项目的实施，检查和监督项目学校的建设进展情况，及时解决建设过程中的问题”。那么，这些示范校建设的项目学校在实际建设过程中，是否有专家给予了及时、有效的指导呢？为了了解专家指导情况，我们设计了问题：“示范校建设过程中，缺少专家的及时、有效的指导，或存在专家意见不统一等问题，这一说法与你所在学校情况相吻合的程度是哪种？”选项为五级评分，A 非常吻合，B 比较吻合，C 吻合，D 不太吻合，E 完全不吻合。

调查发现，近六成（59.39%）的教师认为在示范校建设过程中，缺少专家的及时、有效的指导，或存在专家意见不统一等问题。其中，选择“非常吻合”的教师占 9.09%；选择“比较吻合”的教师占 25.45%，即四分之一的教师认为“示范校建设过程中，缺少专家的及时、有效的指导，或存在专家意见不统一等问题”这一说法与所在学校情况“比较吻合”；选择“吻合”的教师占 24.85%。相比较而言，仅有四成的教师认为上述说法与实际情况“不太吻合”（35.76%）或“完全不吻合”（4.85%）。（见表 2-19）

表 2-19　“示范校缺乏专家有效指导”与实际情况相吻合程度

评价	人数（人）	百分比（%）	累计百分比（%）
非常吻合	15	9.09	9.09
比较吻合	42	25.45	34.54
吻合	41	24.85	59.39
不太吻合	59	35.76	95.15
完全不吻合	8	4.85	100.00
总数	165	100.00	100.00

（8）教师培训能否满足教师需求

提高教师队伍素质是示范校建设的重要目标，为了达成该目标，对在职教师进行各个层级及多种内容的培训，是诸多示范校采取的手段之一。那么，这些名目繁多的各级教师培训是否能满足教师的真正需求，是否契合教师的需要呢？为了了解教师培训的现状，我们设计了问题：“示范校建设中的‘教师培训’很难满足教师的真正需求，教师培训效率低，对教师素质提升作用不大，你对这一说法是否赞同？”

选项为五级评分，A 非常赞同，B 比较赞同，C 赞同，D 不太赞同，E 完全不赞同。

调查发现，高达近四分之三（72.11%）的教师认为示范校建设中的“教师培训”很难满足教师的真正需求，教师培训效率低，对教师素质提升作用不大。其中，“非常赞同”这种说法的教师占 15.75%；“比较赞同”这种说法的教师占 29.09%；“赞同”这种说法的教师占 27.27%。这一结果值得政策执行者高度关注。相比较而言，只有四分之一（27.88%）的教师不赞同上述说法，其中，仅有 7.88%的教师“完全不赞同”上述说法。（见表 2-20）

表 2-20　对“教师培训不能满足教师真正需求”的态度

评价	人数（人）	百分比（%）	累计百分比（%）
非常赞同	26	15.75	15.75
比较赞同	48	29.09	44.84
赞同	45	27.27	72.11
不太赞同	33	20.00	92.11
完全不赞同	13	7.88	100.00
总数	165	100.00	100.00

（9）政策执行过程中的监管情况

《国家中等职业教育改革发展示范学校建设计划项目管理暂行办法》规定，“建立部际联合监督检查、地方监管和项目学校自我监测的三级监控考核体系，对项目学校建设计划的实施实行事前科学论证、事中监控指导、事后效益评价的全过程审核、监控和考核”[①]。那么，在示范校建设过程中，各级教育管理部门是否对项目建设进行了监管呢？为了了解示范校建设过程及验收之后的监管情况，我们设计了问题：“示范校建设在整个建设过程和验收之后，都存在监管缺失、监管

① 教育部，人力资源社会保障部，财政部. 国家中等职业教育改革发展示范学校建设计划项目管理暂行办法[EB/OL]. http://www.moe.edu.cn/publicfiles/business/htmlfiles/moe/s3059/201107/xxgk_122441.html.

不到位的现象。你对这一说法的态度是？”选项为五级评分，A 非常赞同，B 比较赞同，C 赞同，D 不太赞同，E 完全不赞同。

调查发现，三分之二（66.05%）的教师认为示范校建设在整个建设过程和验收之后，都存在监管缺失、监管不到位的现象。其中，对此“非常赞同”的教师占 18.18%；“比较赞同”的教师占 22.42%；“赞同”的教师占 25.45%。相比较而言，仅有 33.93%的教师不认为示范校建设在整个建设过程和验收之后，存在监管缺失、监管不到位的现象，其中有 28.48%的教师“不太赞同”该说法。（见表 2-21）

表 2-21　对“示范校建设过程及验收之后缺乏监管”的态度

评价	人数（人）	百分比（%）	累计百分比（%）
非常赞同	30	18.18	18.18
比较赞同	37	22.42	40.60
赞同	42	25.45	66.05
不太赞同	47	28.48	94.53
完全不赞同	9	5.45	100.00
总数	165	100.00	100.00

3. 执行者的素质及执行所需资源

（1）政策执行者对政策目标的理解、执行情况

政策执行者对政策目标的理解程度直接影响甚至决定着政策执行的结果。示范校建设过程中，政策执行者是如何理解该政策要达成的目标的呢？为了了解执行者对政策目标的理解程度，我们设计了问题：“领导及学校教职员工对示范校的理解似乎都聚焦到‘资金’上，而对示范校要达到的目标不太清楚。你对这一说法的态度是？”选项为五级评分，A 非常赞同，B 比较赞同，C 赞同，D 不太赞同，E 完全不赞同。

调查发现，近三分之二（64.85%）的教师对“领导及学校教职员工对示范校的理解似乎都聚焦到‘资金’上，而对示范校要达到的目标不太清楚”持赞同态度。其中，选择“非常赞同”的教师占 15.15%；选择“比较赞同”的教师占 21.82%；选择“赞同”的教师占 27.88%。

相比较而言，只有三分之一的教师对上述看法持“不赞同”的态度，其中选择“不太赞同”的教师占 27.88%，选择“完全不赞同”的教师占 7.27%。（见表 2-22）

表 2-22　对“学校领导等对示范校建设目标不理解、错位”的态度

评价	人数（人）	百分比（%）	累计百分比（%）
非常赞同	25	15.15	15.15
比较赞同	36	21.82	36.97
赞同	46	27.88	64.85
不太赞同	46	27.88	92.73
完全不赞同	12	7.27	100.00
总数	165	100.00	100.00

（2）政策执行者对示范校建设“外包”行为的态度

示范校评估验收指南中，对“外包”情况做了相关规定，“项目学校要把验收工作作为总结成果、锻炼队伍的过程，组织校内相关人员深度参与，坚决杜绝将验收材料转包社会机构完成”[①]。示范校在实际建设过程中，作为政策执行者的教师对“外包”行为的态度一定程度上能体现这些政策执行者的素质，那么，他们如何看待部分学校的“外包”行为？为了了解这一情况，我们设计了问题：“示范校建设过程中，部分院校采用‘外包’的方式把示范校建设的任务完全委托给社会上的一些中介/专业组织来做，你对这种做法的态度是？”选项为五级评分，A 非常赞同，B 比较赞同，C 赞同，D 不太赞同，E 完全不赞同。

调查发现，仅有三成（30.3%）教师对“示范校建设过程中，部分院校采用‘外包’的方式把示范校建设的任务完全委托给社会上的一些中介/专业组织来做”这一做法持“赞同”态度。其中，“非常赞同”的教师占比 8.48%；“比较赞同”的教师占比 10.3%；“赞同”的教师占 11.52%。相比较而言，大部分（69.7%）的教师对示范校建设

---

① 评估验收指南。

“外包”行为持不赞同态度，其中，“完全不赞同”的教师占 32.12%。（见表 2-23）

表 2-23　对“部分学校将示范校建设任务‘外包’行为”的态度

评价	人数（人）	百分比（%）	累计百分比（%）
非常赞同	14	8.48	8.48
比较赞同	17	10.30	18.78
赞同	19	11.52	30.30
不太赞同	62	37.58	67.88
完全不赞同	53	32.12	100.00
总数	165	100.00	100.00

（3）政策执行者的“决策”是否主观、随意

示范校建设过程中，项目的任务推进过程需要不断的“决策”，这些“决策”是否科学、合理？“决策”过程是否随意？政策执行者的决策能力和水平直接影响着政策的效果。为了了解示范校建设过程中“决策”的现状，我们设计了问题：“示范校申请和建设过程中，存在学校领导‘拍脑袋’决策的现象，制定建设目标及制定建设计划缺少科学论证。这一现象与你所在学校的实际情况相吻合的程度是？”选项为五级评分，A 非常吻合，B 比较吻合，C 吻合，D 不太吻合，E 完全不吻合。

调查发现，近一半（47.27%）的教师认为在示范校申请和建设过程中，存在学校领导“拍脑袋”决策的现象，制定建设目标及制定建设计划缺少科学论证。其中，认为自己学校与上述情况“非常吻合”的教师占 13.94%；认为“比较吻合”的教师占 13.94%；认为“吻合”的教师占 19.39%。相比较而言，52.73%的教师认为上述现象与自己学校情况不吻合，其中，40.61%的教师认为“不太吻合”，认为“完全不吻合”的教师占 12.12%。（见表 2-24）

表 2-24 “学校领导‘拍脑袋’决策”现象与学校实际情况相吻合程度

评价	人数（人）	百分比（%）	累计百分比（%）
非常吻合	23	13.94	13.94
比较吻合	23	13.94	27.88
吻合	32	19.39	47.27
不太吻合	67	40.61	87.88
完全不吻合	20	12.12	100.00
总数	165	100.00	100.00

（三）政策影响调查分析

1.“改革创新案例”产生的影响

政策效果往往通过教师对项目建设成果的了解程度来体现，也就是说，教师对项目建设成果的了解程度一定程度上说明该项政策对政策目标群体的影响程度，如果政策目标群体不了解项目建设的成果，则一定程度上说明，该项目建设成果并未对目标群体产生影响。“改革创新案例”是示范校建设的成果之一，政策要求每一示范校建成通过验收的标准之一即建设改革创新案例。因此，我们设计了题目：“目前为止，示范校项目全国共总结提炼了 1200 多个改革创新案例，你对这些改革创新案例的了解程度是——”

调查发现，从整体上来看，教师对示范校建设中“改革创新案例”的了解程度并不高，选择“非常了解”的教师仅占 1.82%，选择“比较了解”的教师占调查样本的 10.91%，选择“了解”的教师占 22.42%。三者的总和仅为 35.15%，也就意味着示范校建设成果之一的“改革创新案例”仅对其中三分之一的教师有一定的影响，高达三分之二的教师并不了解该项内容，其中包括 10.91%的教师“完全不了解”。（见表 2-25）

表 2-25　对示范校“改革创新案例”的了解程度

了解程度	人数（人）	百分比（%）	累计百分比（%）
非常了解	3	1.82	1.82
比较了解	18	10.91	12.73
了解	37	22.42	35.15
不太了解	89	53.94	89.09
完全不了解	18	10.91	100.00
总数	165	100.00	100.00

2.“人才培养方案”产生的影响

“人才培养方案”是示范校建设的成果之一，政策要求每一示范校建成通过验收的标准之一即形成一批“人才培养方案”。那么，这些“人才培养方案”对学校的改革创新实践起到了多大的作用？为了解这一情况，我们设计了题目：“示范校建设项目要求建设院校都要形成一批‘人才培养方案’，你认为这些‘人才培养方案’对学校改革创新实践具有多大作用？”

调查发现，从整体上来看，三分之二的教师认为示范校建设成果之一的“人才培养方案”对学校改革创新实践起到了“非常大”或“较大”的作用：选择“作用非常大，学校的人才培养工作完全按照‘人才培养方案’来进行”的教师占9.7%；选择“作用比较大，能在一定程度上指导学校的人才培养实践”的教师占调查样本的55.76%，即有一半的教师认为示范校建设成果之一的“人才培养方案”对学校的人才培养实践起到了一定作用。值得关注的是，还有三分之一的教师认为，“人才培养方案”对学校的人才培养实践“没有什么作用”或“完全没有作用”。其中，四分之一的教师认为“人才培养方案”没有什么作用，学校的人才培养工作还是老样子；另外还有10.3%的教师认为“人才培养方案”完全没有作用，“人才培养方案”只是应付检查验收的材料而已。（见表2-26）

表 2-26 “人才培养方案”对学校改革创新实践的作用

作用	人数（人）	百分比（%）	累计百分比（%）
作用非常大	16	9.70	9.70
作用比较大	92	55.76	65.46
没有什么作用	40	24.24	89.70
完全没有作用	17	10.30	100.00
总数	165	100.00	100.00

3.“课程标准”产生的影响

“课程标准”是示范校建设的成果之一，政策要求每一示范校建成通过验收的标准之一即形成一大批各专业的“课程标准”。那么，这些“课程标准”对学校的改革创新实践起到了多大的作用？为了了解这一情况，我们设计了题目：“示范校建设项目要求建设院校都要形成一大批各专业的‘课程标准’，你认为这些‘课程标准’对学校改革创新实践具有什么样的作用？”

调查发现，从整体上来看，三分之二的教师认为示范校建设成果之一的“课程标准”对学校改革创新实践起到了“非常大”或“较大”作用：选择“作用非常大，学校的课程设置和实施工作完全按照‘课程标准’来进行”的教师占 6.06%；选择“作用比较大，能在一定程度上指导学校的课程设置和实施工作”的教师占调查样本的 60%，即有六成的教师认为示范校建设成果之一的“课程标准”对学校的人才培养实践起到了一定作用。值得关注的是，还有三分之一的教师认为，“课程标准”对学校的人才培养实践“没有什么作用”或“完全没有作用”。其中，四分之一的教师认为“课程标准”没有什么作用，学校的课程设置和实施还是老样子；另外还有 8.48%的教师认为“课程标准”完全没有作用，“课程标准”只是应付检查验收的材料而已。（见表 2-27）

表 2-27 “课程标准”对学校改革创新实践的作用

影响作用	人数（人）	百分比（%）	累计百分比（%）
作用非常大	10	6.06	6.06
作用比较大	99	60.00	66.06
没有什么作用	42	25.45	91.51
完全没有作用	14	8.48	100.00
总数	165	100.00	100.00

4.“教材或校本教材”产生的影响

“教材或校本教材”是示范校建设的成果之一，政策要求每一示范校建成通过验收的标准之一即形成一大批各专业的“教材或校本教材”。那么，这些“教材或校本教材”对学校的改革创新实践起到了多大的作用？为了了解这一情况，我们设计了题目：“示范校建设项目要求建设院校都要形成一大批各专业的‘教材或校本教材’，你认为这些‘教材或校本教材’对学校改革创新实践具有什么样的作用？”

调查发现，从整体上来看，61.82%的教师认为示范校建设成果之一的“教材或校本教材”对学校改革创新实践起到了“非常大”或“较大”作用：选择“作用非常大，学校的教学工作完全按照‘教材或校本教材’来进行，极大地创新了学校教学工作”的教师占 9.7%；选择“作用比较大，能在一定程度上创新学校的教学工作”的教师占调查样本的 52.12%，即有一半的教师认为示范校建设成果之一的“教材或校本教材”对学校的教学工作起到了一定作用。值得关注的是，还有近 40%的教师认为，“教材或校本教材”对学校的教学工作“没有什么作用”或“完全没有作用”。其中，27.27%的教师认为教材或校本教材没有什么作用，学校的教学工作还是老样子；另外还有 10.91%的教师认为教材或校本教材完全没有作用，“教材或校本教材”只是应付检查验收的材料而已。（见表 2-28）

表 2-28 “教材或校本教材”对学校改革创新实践的作用

影响作用	人数（人）	百分比（%）	累计百分比（%）
作用非常大	16	9.70	9.70
作用比较大	86	52.12	61.82
没有什么作用	45	27.27	89.09
完全没有作用	18	10.91	100.00
总数	165	100.00	100.00

5.“改革培养模式”方面产生的影响

“改革培养模式”是示范校建设的重点任务之一，包括诸多方面：“以培养学生综合素质为目标，重点加强职业道德教育、职业技能训练和学习能力培养。改革以学校和课堂为中心的传统人才培养模式，密切与企业等用人单位的联系，实行工学结合、校企合作、顶岗实习。立足校企资源共享、互利共赢，促进校园文化和企业文化紧密结合，促进知识学习、技能实训、工作实践和职业鉴定等功能的整合，推动教、学、做的统一，实现学生全面发展。”[①]为了了解示范校在改革培养模式方面对教师、学校的影响，我们设计了问题“在改革培养模式方面，你认为你所在学校在哪方面变化很大”，并把上文提及的改革培养模式的诸多内容作为选项内容，被试可单选可多选。

调查结果显示（见表 2-29），“改革以学校和课堂为中心的传统人才培养模式”被选择的频次为 57 人次，意即 57 人次的教师认为示范校建设在改革培养模式方面，“改革以学校和课堂为中心的传统人才培养模式”方面的变化很大。其中，23 人只选择了该选项，意味着 13.94%的教师认为示范校仅在“改革以学校和课堂为中心的传统人才培养模式”方面的变化很大；有 13 位教师认为学校在“改革以学校和课堂为中心的传统人才培养模式”和“推动教、学、做的统一”这两方面变化很大；有 7 位教师认为学校在“改革以学校和课堂为中心的

① 教育部，人力资源社会保障部，财政部. 关于实施国家中等职业教育改革发展示范学校建设计划的意见[EB/OL]. http://www.chinadmd.com/file/it3exz36er3zw6eca33e6izr_1.html.

传统人才培养模式”和“深化工学结合、校企合作”方面变化很大，占总人数的4.24%；有7位教师选择了“改革以学校和课堂为中心的传统人才培养模式”“深化工学结合、校企合作”和“推动教学做的统一”，即4.24%的教师认为在上述三个方面示范校均变化较大；有5人认为学校在“改革以学校和课堂为中心的传统人才培养模式”“深化工学结合、校企合作”“推动教学做的统一”和“促进校园文化和企业文化的紧密结合”四个方面变化很大；有1人认为学校在“改革以学校和课堂为中心的传统人才培养模式”“深化工学结合、校企合作”和“促进校园文化和企业文化的紧密结合”三方面变化很大；还有1人认为学校在“改革以学校和课堂为中心的传统人才培养模式”“推动教学做的统一”和“促进校园文化和企业文化的紧密结合”三个方面变化很大。

表2-29　学校在“改革培养模式”上变化很大的方面

变化很大的方面	频次（人次）	占比（%）	只选择该选项人数（人）
改革以学校和课堂为中心的传统人才培养模式	57	25.68	23
深化工学结合、校企合作	75	33.78	37
推动教学做的统一	62	27.93	18
促进校园文化和企业文化的紧密结合	28	12.61	10
总数	222	100.00	88

“深化工学结合、校企合作”被选择的频次为75人次，意即75人次的教师认为示范校建设在“深化工学结合、校企合作”方面的变化很大。其中，37人只选择了该选项，意味着22.42%的教师认为示范校仅在“深化工学结合、校企合作”方面的变化很大；有7位教师认为学校在“改革以学校和课堂为中心的传统人才培养模式”和“深化工学结合、校企合作”方面变化很大，占总人数的4.2%；有10位教师认为学校在“深化工学结合、校企合作”和“推动教学做的统一”这两方面变化很大；5人认为学校在“深化工学结合、校企合作”“推

动教学做的统一”和“促进校园文化和企业文化的紧密结合”三个方面变化很大；3 人认为在“深化工学结合、校企合作”和“促进校园文化和企业文化的紧密结合”两个方面变化很大。

“推动教学做的统一”被选择的频次为 62 人次，意即 62 人次的教师认为示范校建设在“推动教学做的统一”方面的变化很大。其中，18 人只选择了该选项，意味着 10.91％的教师认为示范校仅在“推动教学做的统一”方面的变化很大；还有 3 人选择了“推动教学做的统一”和“促进校园文化和企业文化的紧密结合”，仅占 1.82％。其他多选的结果分析与上文相同。

“促进校园文化和企业文化的紧密结合”被选择的频次为 28 人次，意即 28 人次的教师认为示范校建设在“促进校园文化和企业文化的紧密结合”方面的变化很大。其中，10 人只选择了该选项，意味着 6.06％的教师认为示范校仅在“促进校园文化和企业文化的紧密结合”方面的变化很大。其他多选的结果分析与上文相同。

另外，还有 22 人没有做任何选择，即有 22 位教师认为在“改革以学校和课堂为中心的传统人才培养模式”“深化工学结合、校企合作”“推动教学做的统一”和“促进校园文化和企业文化的紧密结合”四个方面，学校均未表现出很大变化。

综合上述结果，仅从选择频次上来看，在改革培养模式方面，认为学校产生较大变化的依次为：“深化工学结合、校企合作”（33.78％）＞“推动教学做的统一”（27.93％）＞“改革以学校和课堂为中心的传统人才培养模式”（25.68％）＞“促进校园文化和企业文化的紧密结合”（12.61％）。显然，示范校建设对校企合作的影响最大，而对校园与企业文化融合方面的影响最小。

为了更好了解教师的政策期待，我们设计了问题，“在改革培养模式方面，你认为你所在学校仍亟须改进的是哪方面”，调查提供了上述四个方面的选项，同样可单选可多选。

调查发现：首先，选择频次最多的是学校亟须改进“促进校园文化和企业文化的紧密结合”（32.59％），这一结果与前一问题的结果相一致；其次，学校亟须改进的是“深化工学结合、校企合作”（24.11％）

或“推动教学做的统一”（23.66%）；最后，学校亟须改进的是“改革以学校和课堂为中心的传统人才培养模式”（19.64%）。（见表 2–30）

表 2–30　对“改革培养模式”方面的政策期待

亟须改进的方面	频次（人次）	占比（%）	只选择该选项人数（人）
改革以学校和课堂为中心的传统人才培养模式	44	19.64	11
深化工学结合、校企合作	54	24.11	19
推动教学做的统一	53	23.66	25
促进校园文化和企业文化的紧密结合	73	32.59	27
总数	224	100.00	82

6.“改革教学模式”方面产生的影响

根据示范校建设的相关政策，改革教学模式是重点任务之一，“以适应职业岗位需求为导向，加强实践教学，着力促进知识传授与生产实践的紧密衔接。创新教学环境，构建具有鲜明职业教育特色的实践教学环境。创新教学方式，深入开展项目教学、案例教学、场景教学、模拟教学和岗位教学，通过数字仿真、虚拟现实等信息化方式，在教学中普遍应用现代信息技术，多渠道系统优化教学过程，增强教学的实践性、针对性和实效性，提高教学质量”[①]。为了了解示范校在“改革教学模式”方面对教师、学校的影响，我们设计了问题“在改革教学模式方面，你认为你所在学校在哪方面变化很大”，并将改革教学模式的诸多内容分为四个选项，被试可单选可多选。

调查结果显示（见表 2–31），“创新教学环境和教学方式”被选择的频次为 63 人次，意即 63 人次的教师认为示范校建设在改革教学模式方面，“创新教学环境和教学方式”方面的变化很大。其中，31 人只选择了该选项，意味着 18.79% 的教师认为示范校仅在“创新教学环境

① 教育部，人力资源社会保障部，财政部. 关于实施国家中等职业教育改革发展示范学校建设计划的意见[EB/OL]. http://www.chinadmd.com/file/it3exz36er3zw6eca33e6izr_1.html.

和教学方式”方面的变化很大；有 11 位教师认为学校在“创新教学环境和教学方式”和“深入开展项目教学、模拟教学、案例教学、场景教学、岗位教学等”这两方面变化很大，占比 6.67%；有 2 位教师认为学校在“创新教学环境和教学方式”“深入开展项目教学、模拟教学、案例教学、场景教学、岗位教学等”和“促进教学过程与生产过程紧密对接”三个方面变化很大，占总人数的 1.21%；有 2 位教师认为学校在“创新教学环境和教学方式”“深入开展项目教学、模拟教学、案例教学、场景教学、岗位教学等”“促进教学过程与生产过程紧密对接”和“应用现代信息技术，以信息技术改造传统职业教育方式和技术技能学习方式”四个方面变化很大，占总人数的 1.21%；有 2 位教师认为学校在“创新教学环境和教学方式”“深入开展项目教学、模拟教学、案例教学、场景教学、岗位教学等”和“应用现代信息技术，以信息技术改造传统职业教育方式和技术技能学习方式，促进信息技术与职业教育全面深度融合”三个方面变化很大，占总人数的 1.21%；有 4 位教师认为学校在“创新教学环境和教学方式”“促进教学过程与生产过程紧密对接”两个方面变化很大，占总人数的 2.42%；有 2 位教师认为学校在“创新教学环境和教学方式”“促进教学过程与生产过程紧密对接”和“应用现代信息技术，以信息技术改造传统职业教育方式和技术技能学习方式”三个方面变化很大，占总人数的 1.21%；有 9 位教师认为学校在“创新教学环境和教学方式”和“应用现代信息技术，以信息技术改造传统职业教育方式和技术技能学习方式”两个方面变化很大，占总人数的 5.45%。

“深入开展项目教学、模拟教学、案例教学、场景教学、岗位教学等”被选择的频次为 66 人次，意即 66 人次的教师认为示范校建设在改革教学模式方面，“深入开展项目教学、模拟教学、案例教学、场景教学、岗位教学等”方面的变化很大。其中，34 人只选择了该选项，意味着 20.61%的教师认为示范校仅在“深入开展项目教学、模拟教学、案例教学、场景教学、岗位教学等”方面的变化很大；有 9 位教师认为学校在“深入开展项目教学、模拟教学、案例教学、场景教学、岗位教学等”和“促进教学过程与生产过程紧密对接”两个方面变化很大，占总人数的 5.45%；有 1 位教师认为学校在“深入开展项目教学、模拟教学、案例教学、场景教学、岗位教学等”“促进教学过程与生产过程紧密对接”和“应用现代信息技术，以信息技术改造传统职业教育方式和技术技能学习方式”三个方面变化很大，占总人数的 0.61%；有 5 位教师认为学校在“深入开展项目教学、模拟教学、案例教学、场景教学、岗位教学等”和“应用现代信息技术，以信息技术改造传统职业教育方式和技术技能学习方式”两个方面变化很大，占总人数的 3.03%。其他多选结果分析与上文相同。

表 2-31　学校在“改革教学模式”上变化很大的方面

变化很大的方面	频次（人次）	占比（%）	只选择该选项人数（人）
创新教学环境和教学方式	63	28.90	31
深入开展项目教学、模拟教学、案例教学、场景教学、岗位教学等	66	30.28	34
促进教学过程与生产过程紧密对接	34	15.60	13
应用现代信息技术，以信息技术改造传统职业教育方式和技术技能学习方式	55	25.23	24
总数	218	100.00	102

“促进教学过程与生产过程紧密对接”被选择的频次为 34 人次，意即 34 人次的教师认为示范校建设在改革教学模式方面，“促进教学过程与生产过程紧密对接”方面的变化很大。其中，13 人只选择了该选项，意味着 7.88%的教师认为示范校仅在“促进教学过程与生产过程紧密对接”方面的变化很大；有 1 位教师认为学校在“促进教学过程与生产过程紧密对接”和“应用现代信息技术，以信息技术改造传统职业教育方式和技术技能学习方式”两个方面变化很大，占总人数的 0.61%。其他多选结果分析与上文相同。

“应用现代信息技术，以信息技术改造传统职业教育方式和技术技能学习方式”被选择的频次为 55 人次，意即 55 人次的教师认为示范校建设在改革教学模式方面，“应用现代信息技术，以信息技术改造传统职业教育方式和技术技能学习方式”方面的变化很大。其中，24 人只选择了该选项，意味着 14.55％的教师认为示范校仅在“应用现代信息技术，以信息技术改造传统职业教育方式和技术技能学习方式”方面的变化很大。其他多选结果分析与上文相同。

另外，还有 15 人没有做任何选择，即有 15 位教师认为在“创新教学环境和教学方式”“深入开展项目教学、模拟教学、案例教学、场景教学、岗位教学等”“促进教学过程与生产过程紧密对接”和“应用现代信息技术，以信息技术改造传统职业教育方式和技术技能学习方式”四个方面，学校均未表现出很大变化，占被调查教师群体的 9.09％。

综合上述结果，仅从选择频次上来看，在改革教学模式方面，认为学校产生较大变化的依次为：“深入开展项目教学、模拟教学、案例教学、场景教学、岗位教学等”（30.28％）＞“创新教学环境和教学方式”（28.90％）＞“应用现代信息技术，以信息技术改造传统职业教育方式和技术技能学习方式”（25.23％）＞“促进教学过程与生产过程紧密对接”（15.60％）。显然，示范校建设对案例教学、项目教学等具体教学方式的影响最大，而对促进教学过程与生产过程紧密对接方面的影响最小。

为了更好地了解教师在教学模式改革方面的政策期待，我们设计了问题，“在改革教学模式方面，你认为你所在学校在哪方面亟须改进”，同样提供上述四个方面的选项，同样可单选可多选。

调查发现：首先，选择频次最多的是学校亟须改进“促进教学过程与生产过程紧密对接”（30.17％），这一结果与前一问题的结果相一致；其次，学校亟须改进的是“应用现代信息技术，以信息技术改造传统职业教育方式和技术技能学习方式”（29.74％），显然，尽管通过示范校建设，学校的现代信息技术应用及与教学融合方面已经取得了很大改善，但教师对这方面的政策期待仍较大；再次，学校亟须改进的是“深入开展项目教学、模拟教学、案例教学、场景教学、岗位教学等”（24.57％）；最后，学校亟须改进的是“创新教学环境和教学方

式”（15.52%）。（见表 2-32）

表 2-32　对“改革教学模式”方面的政策期待

亟须改变的方面	频次（人次）	占比（%）	只选择该选项人数（人）
创新教学环境和教学方式	36	15.52	8
深入开展项目教学、模拟教学、案例教学、场景教学、岗位教学等	57	24.57	23
促进教学过程与生产过程紧密对接	70	30.17	26
应用现代信息技术，以信息技术改造传统职业教育方式和技术技能学习方式	69	29.74	30
总数	232	100.00	87

7.“改革办学模式”方面产生的影响

根据示范校建设的相关政策，改革办学模式是重点任务之一，“以服务经济社会发展为宗旨，完善政府主导、依靠企业、充分发挥行业作用、社会力量积极参与，公办与民办共同发展的多元办学模式。通过整合、调整和园区建设等方式，优化办学资源配置，增强学校办学实力。联合相关行业、企业以及其他职业学校共同组建职教集团，促进集团成员之间优势互补”①。为了了解示范校在“改革办学模式”方面对教师、学校的影响，我们设计了问题“在改革办学模式方面，你认为你所在学校在哪方面变化很大”，并将改革办学模式诸多内容分为三个选项，被试可单选可多选。

调查结果显示（见表 2-33），“促进行业、企业和学校的深度合作”被选择的频次为 93 人次，意即 93 人次的教师认为示范校建设在改革办学模式方面，“促进行业、企业和学校的深度合作”的变化很大。其中，75 人只选择了该选项，意味着 45.45%的教师认为示范校仅在“促进行业、企业和学校的深度合作”方面的变化很大；有 6 位教师认为

① 教育部，人力资源社会保障部，财政部. 关于实施国家中等职业教育改革发展示范学校建设计划的意见[EB/OL]. http://www.chinadmd.com/file/it3exz36er3zw6eca33e6izr_1.html.

学校在“促进行业、企业和学校的深度合作”和“积极组建职教集团，优化资源配置，促进优势互补”这两方面变化很大，占比 3.64%；有 3 位教师认为学校在“促进行业、企业和学校的深度合作”“积极组建职教集团，优化资源配置，促进优势互补”和“完善政府主导、依靠企业、充分发挥行业作用、社会力量积极参与办学”三个方面变化很大，占总人数的 1.82%；有 9 位教师认为学校在“促进行业、企业和学校的深度合作”和“完善政府主导、依靠企业、充分发挥行业作用、社会力量积极参与办学”两个方面变化很大，占总人数的 5.45%。

表 2-33　学校在“改革办学模式”上变化很大的方面

变化很大的方面	频次（人次）	占比（%）	只选择该选项人数（人）
促进行业、企业和学校的深度合作	93	53.45	75
积极组建职教集团，优化资源配置，促进优势互补	40	22.99	23
完善政府主导、依靠企业、充分发挥行业作用、社会力量积极参与办学	41	23.56	21
总数	174	100.00	119

“积极组建职教集团，优化资源配置，促进优势互补”被选择的频次为 40 人次，意即 40 人次的教师认为示范校建设在改革办学模式方面，“积极组建职教集团，优化资源配置，促进优势互补”的变化很大。其中，23 人只选择了该选项，意味着 13.94%的教师认为示范校仅在“积极组建职教集团，优化资源配置，促进优势互补”方面的变化很大；还有 8 位教师认为学校在“积极组建职教集团，优化资源配置，促进优势互补”和“完善政府主导、依靠企业、充分发挥行业作用、社会力量积极参与办学”这两方面变化很大，占比 4.85%。其他多选结果分析与上文相同。

“完善政府主导、依靠企业、充分发挥行业作用、社会力量积极参与办学”被选择的频次为 41 人次，意即 41 人次的教师认为示范校建设在改革办学模式方面，“完善政府主导、依靠企业、充分发挥行业作用、社会力量积极参与办学”的变化很大。其中，21 人只选择了该选项，意味着 12.73%的教师认为示范校仅在“完善政府主导、依靠企业、充分发挥行业作用、社会力量积极参与办学”方面的变化很大。其他多选结果分析与上文相同。

另外，还有 20 人没有做任何选择，即有 20 位教师认为在“促进行业、企业和学校的深度合作”“积极组建职教集团，优化资源配置，促进优势互补”和“完善政府主导、依靠企业、充分发挥行业作用、社会力量积极参与办学”三个方面，学校均未表现出很大变化，占被调查教师群体的 12.12%。

综合上述结果，仅从选择频次上来看，在改革办学模式方面，认为学校产生较大变化的依次为：“促进行业、企业和学校的深度合作”（53.45%）＞“完善政府主导、依靠企业、充分发挥行业作用、社会力量积极参与办学”（23.56%）＞“积极组建职教集团，优化资源配置，促进优势互补”（22.99%）。显然，就示范校在改革办学模式方面，“促进行业、企业和学校的深度合作”的变化最大，可能校企仅处于“深度合作”的层面，远未达到校企合作办学的层面；而示范校建设对集团化办学、多元主体办学等方面的影响均不明显。

为了更好地了解教师在办学模式改革方面的政策期待，我们设计了问题，“在改革办学模式方面，你认为你所在学校在哪方面亟须改进”，在上述三个方面的选项基础上，增设选项“不需要改变”，同样可单选可多选。

调查发现：首先，选择频次最多的是“完善政府主导、依靠企业、充分发挥行业作用、社会力量积极参与办学”（37.2%），显然，这一方面学校亟须改进，这一结果与前一问题的结果基本相一致；其次，学校亟须改进的是“积极组建职教集团，优化资源配置，促进优势互补”（29.95%），显然，尽管通过示范校建设，学校的现代信息技术应用及与教学融合方面已经取得了很大改善，但教师对这方面的政策期待仍较大；再次，学校亟须改进的是“促进行业、企业和学校的深度合作”（24.64%），这一结果基本与前文分析相一致；最后，认为学校不需要改变的人数为 17 人，从整体上来看，选择该选项的教师仅占所

有被调查教师的 10.3%，也就是说，高达九成的教师认为示范校仍需在办学模式方面亟须加强改革。（见表 2-34）

表 2-34　对“改革办学模式”方面的政策期待

亟须改变	频次（人次）	占比（%）	只选择该选项人数（人）
促进行业、企业和学校的深度合作	51	24.64	31
积极组建职教集团，优化资源配置，促进优势互补	62	29.95	31
完善政府主导、依靠企业、充分发挥行业作用、社会力量积极参与办学	77	37.20	47
不需要改变	17	8.21	17
总数	207	100.00	126

8.“创新教育内容”方面产生的影响

根据示范校建设的相关政策，创新教育内容是重点任务之一，“以人才培养对接用人需求、专业对接产业、课程对接岗位、教材对接技能为切入点，深化教学内容改革。根据产业发展规划和企业用人需要，建立专业设置的动态机制。建设国内领先的精品专业。建立由行业、企业、学校和有关社会组织等多方参与的教材建设机制，针对岗位技能要求变化，在现有教材基础上开发补充性、更新性和延伸性的教辅资料；依托企业研发适应新兴产业、新职业和新岗位的校本教材。创新教材展示方式，实现教材、教辅、教具、学具、课件和网站等多种介质的立体化融合”①。为了了解示范校在“创新教育内容”方面对教师、学校的影响，我们设计了问题“在创新教育内容方面，你认为你所在学校在哪方面变化很大”，并把创新教育的诸多内容分为八个选项，被试可单选可多选。

① 教育部，人力资源社会保障部，财政部. 关于实施国家中等职业教育改革发展示范学校建设计划的意见[EB/OL]. http://www.chinadmd.com/file/it3exz36er3zw6eca33e6izr_1.html.

表 2-35　学校在“创新教育内容”上变化很大的方面

变化很大的方面	频次（人次）	比例（%）	只选择该选项人数（人）
根据产业发展规划和企业用人需要，加强专业建设	92	31.94	40
根据产业发展规划和企业用人需要，加强课程建设	59	20.49	18
根据产业发展规划和企业用人需要，加强教材建设	36	12.50	7
促进教育与产业、专业课程内容与职业标准的衔接	33	11.46	7
促进专业设置与产业需要相对接	26	9.03	5
促进教学过程与生产过程相对接	18	6.25	3
校企协同创新开发数字化资源，促进教学内容适应产业技术进步动态更新	11	3.82	2
没有变化	13	4.51	13
总数	288	100.00	95

调查结果显示（见表 2-35），在创新教育方面，“根据产业发展规划和企业用人需要，加强专业建设”被选择的频次为 92 人次，意即 92 人次的教师认为示范校建设在创新教育方面，“根据产业发展规划和企业用人需要，加强专业建设”的变化很大。其中，40 人只选择了该选项，意味着 24.24%的教师认为示范校仅在“根据产业发展规划和企业用人需要，加强专业建设”方面的变化很大。有 6 位教师认为学校在“根据产业发展规划和企业用人需要，加强专业建设”和“根据产业发展规划和企业用人需要，加强课程建设”这两方面变化很大，占比 3.64%；有 15 位教师认为学校在“根据产业发展规划和企业用人需要，加强专业建设”“根据产业发展规划和企业用人需要，加强课程建设”和“根据产业发展规划和企业用人需要，加强教材建设”这三方面变化很大，占比 9.09%，意味着近十分之一的教师认为学校在专业

建设、课程建设、教材建设三个方面均有很大变化；有 4 位教师认为学校在“根据产业发展规划和企业用人需要，加强专业建设”“根据产业发展规划和企业用人需要，加强课程建设”和“促进教育与产业、专业课程内容与职业标准的衔接”这三个方面变化很大，占比 2.42%；有 5 位教师认为学校在“根据产业发展规划和企业用人需要，加强专业建设”“促进教育与产业、专业课程内容与职业标准的衔接”这两个方面变化很大，占比 3.03%；有 5 位教师认为学校在“根据产业发展规划和企业用人需要，加强专业建设”和“促进专业设置与产业需要相对接”这两个方面变化很大，占比 3.03%；有 2 位教师认为学校在“根据产业发展规划和企业用人需要，加强专业建设”和“根据产业发展规划和企业用人需要，加强教材建设”这两个方面变化很大，占比 1.21%。本部分还包括 10 余个多项选择，因选择的人数只有 1 人，故分析略。

“根据产业发展规划和企业用人需要，加强课程建设”被选择的频次为 59 人次，意即 59 人次的教师认为示范校建设在创新教育方面，“根据产业发展规划和企业用人需要，加强课程建设”的变化很大。其中，18 人只选择了该选项，意味着 10.91%的教师认为示范校仅在“根据产业发展规划和企业用人需要，加强课程建设”方面的变化很大；有 2 位教师认为学校在“根据产业发展规划和企业用人需要，加强课程建设”和“促进教育与产业、专业课程内容与职业标准的衔接”这两个方面变化很大，占比 1.21%；有 2 位教师认为学校在“根据产业发展规划和企业用人需要，加强课程建设”和“促进专业设置与产业需要相对接”这两个方面变化很大，占比 1.21%；还有 2 位教师认为学校在“根据产业发展规划和企业用人需要，加强课程建设”和“校企协同创新，开发数字化资源，促进教学内容适应产业技术进步动态更新”这两个方面变化很大，占比 1.21%。本部分还包括几个多项选择，因选择的人数只有 1 人，故分析略。

“根据产业发展规划和企业用人需要，加强教材建设”被选择的频次为 36 人次，意即 36 人次的教师认为示范校建设在创新教育方面，“根据产业发展规划和企业用人需要，加强教材建设”的变化很大。其中，7 人只选择了该选项，意味着 4.24%的教师认为示范校仅在“根据产业发展规划和企业用人需要，加强教材建设”方面的变化很大。本部分还包括 2 个多项选择，因选择的人数只有 1 人，故分析略。

“促进教育与产业、专业课程内容与职业标准的衔接”被选择的频次为 33 人次，意即 33 人次的教师认为示范校建设在创新教育方面，“促进教育与产业、专业课程内容与职业标准的衔接”的变化很大。其中，7 人只选择了该选项，意味着 4.24%的教师认为示范校仅在“促进教育与产业、专业课程内容与职业标准的衔接”方面的变化很大；还有 4 位教师认为学校在“促进教育与产业、专业课程内容与职业标准的衔接”“促进专业设置与产业需要相对接”和“促进教学过程与生产过程相对接”这三个方面变化很大，占比 2.42%。本部分还包括 3 个多项选择，因选择的人数只有 1 人，故分析略。

“促进专业设置与产业需要相对接”被选择的频次为 26 人次，意即 26 人次的教师认为示范校建设在创新教育方面，“促进专业设置与产业需要相对接”的变化很大。其中，5 人只选择了该选项，意味着 3.03%的教师认为示范校仅在“促进专业设置与产业需要相对接”方面的变化很大。本部分还包括 2 个多项选择，因选择的人数只有 1 人，故分析略。

“促进教学过程与生产过程相对接”被选择的频次为 18 人次，意即 18 人次的教师认为示范校建设在创新教育方面，“促进教学过程与生产过程相对接”的变化很大。其中，3 人只选择了该选项，意味着 1.82%的教师认为示范校仅在“促进教学过程与生产过程相对接”方面的变化很大。

“校企协同创新，开发数字化资源，促进教学内容适应产业技术进步动态更新”被选择的频次为 11 人次，意即 11 人次的教师认为示范校建设在创新教育方面，“校企协同创新，开发数字化资源，促进教学内容适应产业技术进步动态更新”的变化很大。其中，2 人只选择了该选项，意味着 1.21%的教师认为示范校仅在“校企协同创新，开发数字化资源，促进教学内容适应产业技术进步动态更新”方面的变化很大。

另外，还有 13 人没有做任何选择，即有 13 位教师认为在“根据产业发展规划和企业用人需要，加强专业建设”“根据产业发展规划和企业用人需要，加强课程建设”“根据产业发展规划和企业用人需要，加强教材建设”“促进教育与产业、专业课程内容与职业标准的衔接”“促进专业设置与产业需要相对接”“促进教学过程与生产过程相对接”和“校企协同创新，开发数字化资源，促进教学内容适应产业技术进步动态更新”这七个方面，学校均未表现出很大变化，对范校建设成果没有什么影响，占被调查教师群体的 7.87%。

综合上述结果，仅从选择频次上来看，在创新教育方面，认为学校产生较大变化的依次为：“根据产业发展规划和企业用人需要，加强专业建设”（31.94%）＞“根据产业发展规划和企业用人需要，加强课程建设”（20.49%）＞“根据产业发展规划和企业用人需要，加强教材建设”（12.50%）＞“促进教育与产业、专业课程内容与职业标准的衔接”（11.46%）＞“促进专业设置与产业需要相对接”（9.03%）＞“促进教学过程与生产过程相对接”（6.25%）＞“校企协同创新，开发数字化资源，促进教学内容适应产业技术进步动态更新”（3.82%）。显然，就示范校在创新教育内容方面，“根据产业发展规划和企业用人需要，加强专业建设”的影响最大；而“校企协同创新，开发数字化资源，促进教学内容适应产业技术进步动态更新”的影响较小。

为了更好了解教师在创新教育方面的政策期待，我们设计了问题，“在创新教育方面，你认为你所在学校在哪方面亟须改进”，同样提供上述八个方面的选项，同样可单选可多选。

调查发现：首先，选择频次最多的是“促进教学过程与生产过程相对接”（22.05%），也就是说，学校亟须改进“促进教学过程与生产过程相对接”，这一结果与前一问题的结果基本相一致；其次，学校亟须改进的是“校企协同创新，开发数字化资源，促进教学内容适应产业技术进步动态更新”（16.01%）；再次，学校亟须改进的是“促进专业设置与产业需要相对接”（13.90%）；最后，“促进教育与产业、专业课程内容与职业标准的衔接”（12.08%）、“根据产业发展规划和企业用人需要，加强教材建设”（11.48%）、“根据产业发展规划和企业用人需要，加强专业建设”（9.37%）、“根据产业发展规划和企业用人

需要，加强课程建设”（9.06%），被选择的频次差不多。（见表 2-36）

表 2-36　对“创新教育内容”方面的政策期待

亟须改进的方面	频次（人次）	占比（%）	只选择该选项人数（人）
根据产业发展规划和企业用人需要加强专业建设	31	9.37	7
根据产业发展规划和企业用人需要加强课程建设	30	9.06	6
根据产业发展规划和企业用人需要加强教材建设	38	11.48	11
促进教育与产业、专业课程内容与职业标准的衔接	40	12.08	14
促进专业设置与产业需要相对接	46	13.90	4
促进教学过程与生产过程相对接	73	22.05	16
校企协同创新开发数字化资源，促进教学内容适应产业技术进步动态更新	53	16.01	8
无需改进	20	6.04	20
总数	331	100.00	86

9.“加强师资队伍建设”方面产生的影响

根据示范校建设的相关政策，加强师资队伍建设是重点任务之一，“以改革教师培养、评聘和考核为核心，注重提高教师的德育工作能力、专业教学能力、实训指导能力等综合素质。创新人事分配制度，形成吸引人才、稳定队伍的激励机制。改善教师队伍结构，聘用有实践经验的行业专家、企业工程技术人员和社会能工巧匠等担任兼职教师。落实教师在职进修和企业实践制度，加强专业带头人、骨干教师和中青年校长培养，提高队伍整体水平”①。为了了解示范校在“加

① 教育部，人力资源社会保障部，财政部. 关于实施国家中等职业教育改革发展示范学校建设计划的意见[EB/OL]. http://www.chinadmd.com/file/it3exz36er3zw6eca33e6izr_1.html.

强师资队伍建设”方面对教师、学校的影响，我们设计了问题“在加强师资队伍建设方面，你认为你所在学校在哪方面变化很大”，并将加强师资队伍建设的诸多内容分为九个选项，被试可单选可多选。

表 2-37 学校在“师资队伍建设”上变化很大的方面

变化很大的方面	频次（人次）	占比（%）	只选择该选项人数（人）
增加了教师培训的机会和费用支出	93	24.67	32
更加注重对教师专业素质的培养和提升	75	19.89	9
对教师评聘考核进行改革	40	10.61	11
对教师收入分配制度进行改革	18	4.77	2
提高教师的专业教学能力	50	13.26	2
提高教师的实训指导能力	45	11.94	1
提高教师的德育工作能力	27	7.16	3
聘用行业专家、企业工程技术人员和社会能工巧匠担任兼职教师	19	5.04	2
没有变化	10	2.65	10
总数	377	100.00	72

调查结果显示（见表 2-37），在加强师资队伍建设方面，“增加了教师培训的机会和费用支出”被选择的频次为 93 人次，意即 93 人次的教师认为示范校建设在加强师资队伍建设方面，“增加了教师培训的机会和费用支出”的变化很大。其中，32 人只选择了该选项，意味着 19.39%的教师认为示范校仅在“增加了教师培训的机会和费用支出”方面的变化很大；有 14 位教师认为学校在“增加了教师培训的机会和费用支出”和“更加注重对教师专业素质的培养和提升”两方面的变化很大，占比 8.48%；有 3 位教师认为学校在“增加了教师培训的机会和费用支出”“更加注重对教师专业素质的培养和提升”和“对教师评聘考核进行改革”三方面的变化很大，占比 1.81%；有 2 位教师认为学校在“增加了教师培训的机会和费用支出”“更加注重对教师专业素质的培养和提升”“对教师评聘考核进行改革”和“对教师收入

分配制度进行改革”四个方面变化很大，占比 1.21%；有 2 位教师认为学校在“增加了教师培训的机会和费用支出”“更加注重对教师专业素质的培养和提升”“对教师评聘考核进行改革”“对教师收入分配制度进行改革”和“提高教师的专业教学能力”五个方面变化很大，占比 1.21%；有 3 位教师认为学校在“增加了教师培训的机会和费用支出”“更加注重对教师专业素质的培养和提升”“对教师评聘考核进行改革”和“提高教师的专业教学能力”四个方面变化很大，占比 1.81%；有 2 位教师认为学校在“增加了教师培训的机会和费用支出”“更加注重对教师专业素质的培养和提升”“对教师评聘考核进行改革”“提高教师的专业教学能力”“提高教师的实训指导能力”和“提高教师的德育工作能力”六个方面变化很大；有 2 位教师认为学校在“增加了教师培训的机会和费用支出”“更加注重对教师专业素质的培养和提升”和“对教师收入分配制度进行改革”三个方面变化很大；有 7 位教师认为学校在“增加了教师培训的机会和费用支出”“更加注重对教师专业素质的培养和提升”“提高教师的专业教学能力”和“提高教师的实训指导能力”四个方面变化很大，占比 4.24%；还有 5 位教师认为学校在“增加了教师培训的机会和费用支出”和“对教师评聘考核进行改革”两个方面变化很大，占比 3%。

“更加注重对教师专业素质的培养和提升”被选择的频次是 75 人次，意即 75 人次的教师认为在师资队伍建设方面，“更加注重对教师专业素质的培养和提升”方面的变化很大。其中，9 人只选择了该选项，意味着 5.45%的教师认为示范校仅在“更加注重对教师专业素质的培养和提升”方面的变化很大；有 3 位教师认为学校在“更加注重对教师专业素质的培养和提升”“提高教师的专业教学能力”“提高教师的实训指导能力”和“提高教师的德育工作能力”四个方面变化很大，占比 1.81%；有 4 位教师认为学校在“更加注重对教师专业素质的培养和提升”和“提高教师的实训指导能力”两个方面变化很大，占比 2.42%。本部分还包括多个多项选择，因选择的人数只有 1 人或 2 人，故分析略。其他多选结果分析与上文相同。

“对教师评聘考核进行改革”被选择的频次是 40 人次，意即 40 人次的教师认为在师资队伍建设方面,“对教师评聘考核进行改革”方面的变化很大。其中,11 人只选择了该选项,意味着 6.67%的教师认为示范校仅在“对教师评聘考核进行改革”方面的变化很大。本部分还包括多个多项选择,因选择的人数只有 1 人或 2 人,故分析略。其他多选结果分析与上文相同。

“对教师收入分配制度进行改革”被选择的频次是 18 人次,意即 18 人次的教师认为在师资队伍建设方面,“对教师收入分配制度进行改革”方面的变化很大。其中,2 人只选择了该选项,意味着 1.21%的教师认为示范校仅在“对教师收入分配制度进行改革”方面的变化很大;有 3 位教师认为学校“对教师收入分配制度进行改革”“提高教师的专业教学能力”和“提高教师的实训指导能力”三个方面变化很大,占比 1.81%。本部分还包括多个多项选择,因选择的人数只有 1 人或 2 人,故分析略。其他多选结果分析与上文相同。

“提高教师的专业教学能力”被选择的频次是 50 人次,意即 50 人次的教师认为在师资队伍建设方面,“提高教师的专业教学能力”方面的变化很大。其中,2 人只选择了该选项,意味着 1.21%的教师认为示范校仅在“提高教师的专业教学能力”方面的变化很大。本部分还包括多个多项选择,因选择的人数只有 1 人或 2 人,故分析略。其他多选结果分析与上文相同。

“提高教师的实训指导能力”被选择的频次是 45 人次,意即 45 人次的教师认为在师资队伍建设方面,“提高教师的实训指导能力”方面的变化很大。其中,1 人只选择了该选项,意味着 0.61%的教师认为示范校仅在“提高教师的实训指导能力”方面的变化很大。其他多项选择结果分析与上文相同。

“提高教师的德育工作能力”被选择的频次是 27 人次,意即 27 人次的教师认为在师资队伍建设方面,“提高教师的德育工作能力”方面的变化很大。其中,3 人只选择了该选项,意味着 1.81%的教师认为示范校仅在“提高教师的德育工作能力”方面的变化很大。其他多选结果分析与上文相同。

“聘用行业专家、企业工程技术人员和社会能工巧匠担任兼职教师”被选择的频次是19人次，意即19人次的教师认为在师资队伍建设方面，“聘用行业专家、企业工程技术人员和社会能工巧匠担任兼职教师”方面的变化很大。其中，2人只选择了该选项，意味着1.21%的教师认为示范校仅在“聘用行业专家、企业工程技术人员和社会能工巧匠担任兼职教师”方面的变化很大。其他多选结果分析与上文相同。

另外，还有10人没有做任何选择，即有10位教师认为在“增加了教师培训的机会和费用支出”“更加注重对教师专业素质的培养和提升”“对教师评聘考核进行改革”“对教师收入分配制度进行改革”“提高教师的专业教学能力”“提高教师的实训指导能力”“提高教师的德育工作能力”“聘用行业专家、企业工程技术人员和社会能工巧匠担任兼职教师”这八个方面，学校均未表现出很大变化，即6.06%的教师认为在师资队伍建设方面，示范校建设成果没有什么变化。

综合上述结果，仅从选择频次上来看，在师资队伍建设方面，认为产生较大变化的依次为：“增加了教师培训的机会和费用支出”（24.67%）＞“更加注重对教师专业素质的培养和提升”（19.89）＞“提高教师的专业教学能力”（13.26%）＞“提高教师的实训指导能力”（11.94%）＞“对教师评聘考核进行改革”（10.61%）＞“提高教师的德育工作能力”（7.16%）＞“聘用行业专家、企业工程技术人员和社会能工巧匠担任兼职教师”（5.04%）＞“对教师收入分配制度进行改革”（4.77%）。显然，就示范校在师资队伍建设方面，“增加了教师培训的机会和费用支出”的影响最大；而“对教师收入分配制度进行改革”的影响最小。

为了更好地了解教师在教师队伍建设方面的政策期待，我们设计了问题，“在教师队伍建设方面，你认为你所在学校在哪方面亟须改进”，同样提供上述九个方面的选项，同样可单选可多选。

调查发现：首先，选择频次最多的是“对教师收入分配制度进行改革”（19.29%），也就是说，学校亟须改进“对教师收入分配制度进行改革”，这一结果与前一问题的结果基本相一致；其次，学校亟须改进的是“聘用行业专家、企业工程技术人员和社会能工巧匠担任兼职教师”（16.58%）；再次，学校亟须改进的是“提高教师的实训指导能力”（13.59%），这一结果基本与前文分析相一致；最后，如下几个选项被选择的频次差不多，分别是：“对教师评聘考核进行改革”（10.87%）、“提高教师的专业教学能力”（10.87%）、“更加注重对教师专业素质的培养和提升”（10.33%）、“增加了教师培训的机会和费用支出”（9.78%）。当然，选择频次最少的是“提高教师的德育工作能力”（7.88%）。（见表 2-38）

表 2-38　对“师资队伍建设”方面的政策期待

亟须改进的方面	频次（人次）	占比（%）	只选择该选项人数（人）
增加了教师培训的机会和费用支出	36	9.78	2
更加注重对教师专业素质的培养和提升	38	10.33	6
对教师评聘考核进行改革	40	10.87	3
对教师收入分配制度进行改革	71	19.29	17
提高教师的专业教学能力	40	10.87	7
提高教师的实训指导能力	50	13.59	6
提高教师的德育工作能力	29	7.88	4
聘用行业专家、企业工程技术人员和社会能工巧匠担任兼职教师	61	16.58	8
不需改变	3	0.82	3
总数	368	100.00	56

10.“完善内部管理”方面产生的影响

根据示范校建设的相关政策，完善内部管理是重点任务之一，“以制度建设为基础，全面加强学校内部管理，提高规划、执行、质量监测和服务能力。建立健全各项规章制度，包括建立规范的招生和考试制度、严格的学籍和教育教学管理制度、健全的财务管理和资产管理制度、科学的教师考核评价制度等。同时，建立规范的电子学籍、教务和资产等信息系统，保证学生等信息的全面准确；不断提高学校管理的规范化、现代化和信息化水平”①。为了了解示范校在“完善内部管理”方面对教师、学校的影响，我们设计了问题“在完善内部管理方面，你认为你所在学校在哪方面变化很大”，并将加强师资队伍建设的诸多内容分为七个选项，被试可单选可多选。

表 2-39　学校在“完善内部管理”上变化很大的方面

变化很大的方面	频次（人次）	占比（%）	只选择该选项人数（人）
建立健全各项规章制度	75	24.35	20
建立规范的电子学籍信息	62	20.13	21
建立规范的教务信息	53	17.21	14
建立规范的资产信息	35	11.36	4
全面加强学校内部管理	38	12.34	11
提高学校管理的规范化、现代化和信息化	35	11.36	11
没有变化	10	3.25	10
总数	308	100.00	91

调查结果显示（见表 2-39），在完善内部管理方面，“建立健全各项规章制度”被选择的频次为 75 人次，意即 75 人次的教师认为示范校建设在完善内部管理方面，“建立健全各项规章制度”的变化很大。其中，20 人只选择了该选项，意味着 12.12%的教师认为示范校仅在“建立健全各项规章制度”方面的变化很大；11 位教师认为学校在“建立健全各项规章制度”和“建立规范的电子学籍信息”方面的变化很大，占比 6.67%；4 位教师认为学校在“建立健全各项规章制度”“建立规范的电子学籍信息”和“建立规范的教务信息”方面的变化很大，占比 2.42%；4 位教师认为学校在“建立健全各项规章制度”“建立规范的电子学籍信息”“建立规范的教务信息”和“建立规范的资产信息”

① 教育部，人力资源社会保障部，财政部．关于实施国家中等职业教育改革发展示范学校建设计划的意见[EB/OL]．[2015-08-22]．http://www.chinadmd.com/file/it3exz36er3zw6eca33e6izr_1.html.

四个方面的变化很大，占比 2.42%；6 位教师认为学校在“建立健全各项规章制度”“建立规范的电子学籍信息”“建立规范的教务信息”“建立规范的资产信息”“全面加强学校内部管理”和“提高学校管理的规范化、现代化和信息化”六个方面的变化很大，占比 3.63%；3 位教师认为学校在“建立健全各项规章制度”“建立规范的电子学籍信息”和“建立规范的资产信息”三个方面的变化很大，占比 1.81%；4 位教师认为学校在“建立健全各项规章制度”和“建立规范的教务信息”方面的变化很大，占比 2.42%；3 位教师认为学校在“建立健全各项规章制度”“建立规范的教务信息”和“全面加强学校内部管理”三个方面的变化很大，占比 1.81%；3 位教师认为学校在“建立健全各项规章制度”和“全面加强学校内部管理”两个方面的变化很大，占比 1.81%；4 位教师认为学校在“建立健全各项规章制度”和“提高学校管理的规范化、现代化和信息化”两个方面的变化很大，占比 2.42%。本部分还包括多个多项选择，因选择的人数只有 1 人或 2 人，故分析略。

“建立规范的电子学籍信息”被选择的频次为 62 人次，意即 62 人次的教师认为示范校建设在完善内部管理方面，“建立规范的电子学籍信息”的变化很大。其中，21 人只选择了该选项，意味着 12.73%的教师认为示范校仅在“建立规范的电子学籍信息”方面的变化很大。本部分还包括多个多项选择，因选择的人数只有 1 人或 2 人，故分析略。其他多选结果分析与上文相同。

“建立规范的教务信息”被选择的频次为 53 人次，意即 53 人次的教师认为示范校建设在完善内部管理方面，“建立规范的教务信息”方面变化很大。其中，14 人只选择了该选项，意味着 8.48%的教师认为示范校仅在“建立规范的教务信息”方面的变化很大；4 位教师认为学校在“建立规范的教务信息”和“建立规范的资产信息”两个方面的变化很大，占比 2.42%。本部分还包括多个多项选择，因选择的人数只有 1 人或 2 人，故分析略。其他多选结果分析与上文相同。

“建立规范的资产信息”被选择的频次为 35 人次，意即 35 人次的教师认为示范校建设在完善内部管理方面，“建立规范的资产信息”方面变化很大。其中，4 人只选择了该选项，意味着 2.42%的教师认为示范校仅在“建立规范的资产信息”方面的变化很大。本部分还包括多个多项选择，因选择的人数只有 1 人或 2 人，故分析略。其他多选结果分析与上文相同。

“全面加强学校内部管理”被选择的频次为 38 人次，意即 38 人次的教师认为示范校建设在完善内部管理方面，“全面加强学校内部管理”方面变化很大。其中，11 人只选择了该选项，意味着 6.67%的教师认为示范校仅在“全面加强学校内部管理”方面的变化很大；4 位教师认为学校在“全面加强学校内部管理”和“提高学校管理的规范化、现代化和信息化”两个方面的变化很大，占比 2.42%。本部分还包括多个多项选择，因选择的人数只有 1 人或 2 人，故分析略。其他多选结果分析与上文相同。

“提高学校管理的规范化、现代化和信息化”被选择的频次为 35 人次，意即 35 人次的教师认为示范校建设在完善内部管理方面，“提高学校管理的规范化、现代化和信息化”方面变化很大。其中，11 人只选择了该选项，意味着 6.67%的教师认为示范校仅在“提高学校管理的规范化、现代化和信息化”方面的变化很大。其他结果分析与上文相同。

另外，还有 10 人没有做任何选择，即有 10 位教师认为在“建立健全各项规章制度”“建立规范的电子学籍信息”“建立规范的教务信息”“建立规范的资产信息”“全面加强学校内部管理”“提高学校管理的规范化、现代化和信息化”六个方面，学校均未表现出很大变化，即 6.06%的教师认为在完善内部管理方面，示范校建设成果没有什么变化。

综合上述结果，仅从选择频次上来看，在完善内部管理方面，认为产生较大变化的依次为：“建立健全各项规章制度”（24.35%）＞“建立规范的电子学籍信息”（20.13%）＞“建立规范的教务信息”（17.21%）＞“全面加强学校内部管理”（12.34%）＞“建立规范的资产信息”（11.36%）和“提高学校管理的规范化、现代化和信息化”（11.36%）。显然，就示范校在完善内部管理方面，“建立健全各项规章制度”的影响最大；而“建立规范的资产信息”和“提高学校管理的规范化、现代化和信息化”的影响最小。

为了更好地了解教师在完善内部管理方面的政策期待，我们设计了问题，“在完善内部管理方面，你认为你所在学校在哪方面亟须改进”，同样提供上述七个方面的选项，同样可单选可多选。

调查发现：首先，选择频次最多的是“提高学校管理的规范化、现代化和信息化”（26.6%），也就是说，学校亟须改进“提高学校管理的规范化、现代化和信息化”，且有29人只选择了此选项，意味着17.6%的教师认为学校亟须改进的是“提高学校管理的规范化、现代化和信息化”，这一结果与前一问题的结果基本相一致；其次，学校内部管理方面，学校亟须改进的是“全面加强学校内部管理”（17.02%）；再次，学校亟须改进的是“建立规范的教务信息”（13.12%）和“建立规范的资产信息”（13.12%）；最后，“建立健全各项规章制度”（9.93%）与“建立规范的电子学籍信息”（10.64%）是学校亟须改进的地方。当然，还有27位教师没有做任何选择，即他们认为在完善学校内部管理方面，学校没有需要改进的地方。（见表2-40）

表2-40 对“完善内部管理”方面的政策期待

亟须改进的方面	频次（人次）	占比（%）	只选择该选项人数（人）
建立健全各项规章制度	28	9.93	7
建立规范的电子学籍信息	30	10.64	8
建立规范的教务信息	37	13.12	8
建立规范的资产信息	37	13.12	10
全面加强学校内部管理	48	17.02	13
提高学校管理的规范化、现代化和信息化	75	26.60	29
不需变化	27	9.57	27
总数	282	100.00	102

11.“改革评价模式”方面产生的影响

根据示范校建设的相关政策，改革评价模式是重点任务之一，“以贡献和能力为依据，按照企业用人标准构建学校、行业、企业、研究机构和其他社会组织等多方共同参与的评价机制。建立以贡献为导向的学校评价模式和以能力为核心的学生评价模式。突出技能考核学生的学习，促进学校课程考试与职业资格鉴定的衔接统一，提高学生综合职业素养，引导学生全面发展。围绕社会需求评价学校的办学，动态适应国家和当地经济社会发展需要”[①]。为了了解示范校在“改革评价模式”方面对教师、学校的影响，我们设计了问题“在改革评价模式方面，你认为你所在学校在哪方面变化很大”，并将改革评价模式的诸多内容分为四个选项，被试可单选可多选。

表 2-41　学校在“改革评价模式”上变化很大的方面

很大变化的方面	频次（人次）	占比（%）	只选择该选项人数（人）
构建了学校、行业、企业、研究机构和其他社会组织等多方参与的评价机制	55	30.39	46
建立了以贡献为导向的学校评价模式	40	22.10	29
建立了以能力为核心的学生评价模式	66	36.46	56
没有变化	20	11.05	20
总数	181	100.00	151

调查结果显示（见表 2-41），在改革评价模式方面，“构建了学校、行业、企业、研究机构和其他社会组织等多方参与的评价机制”被选择的频次为 55 人次，意即 55 人次的教师认为示范校建设在改革评价模式方面，“构建了学校、行业、企业、研究机构和其他社会组织等多方参与的评价机制”的变化很大。其中，46 人只选择了该选项，意味着 27.88%的教师认为示范校仅在“构建了学校、行业、企业、研究机构和其他社会组织等多方参与的评价机制”方面的变化很大；有 4 位教师认为学校在“构建了学校、行业、企业、研究机构和其他社会组

① 教育部，人力资源社会保障部，财政部. 关于实施国家中等职业教育改革发展示范学校建设计划的意见[EB/OL]. http://www.chinadmd.com/file/it3exz36er3zw6eca33e6izr_1.html.

织等多方参与的评价机制”和“建立了以贡献为导向的学校评价模式”这两方面变化很大；有3位教师认为学校在“构建了学校、行业、企业、研究机构和其他社会组织等多方参与的评价机制”和“建立了以能力为核心的学生评价模式”这两方面变化很大。

“建立了以贡献为导向的学校评价模式”被选择的频次为40人次，意即40人次的教师认为示范校建设在改革评价模式方面，“建立了以贡献为导向的学校评价模式”的变化很大。其中，29人只选择了该选项，意味着17.58%的教师认为示范校仅在“建立了以贡献为导向的学校评价模式”方面的变化很大；有5位教师认为学校在“建立了以贡献为导向的学校评价模式”和“建立了以能力为核心的学生评价模式”这两方面变化很大，占比3.03%。

“建立了以能力为核心的学生评价模式”被选择的频次为66人次，意即66人次的教师认为示范校建设在改革评价模式方面，“建立了以能力为核心的学生评价模式”的变化很大。其中，56人只选择了该选项，意味着33.94%的教师认为示范校仅在“建立了以能力为核心的学生评价模式”方面的变化很大。

另外，还有20人没有做任何选择，即有20位教师认为在“构建了学校、行业、企业、研究机构和其他社会组织等多方参与的评价机制”“建立了以贡献为导向的学校评价模式”和“建立了以能力为核心的学生评价模式”三个方面，学校均未表现出很大变化，即12.12%的教师认为在改革评价模式方面，示范校建设成果没有什么影响。

综合上述结果，仅从选择频次上来看，在改革评价模式方面，认为产生较大变化的依次为：“建立了以能力为核心的学生评价模式”（36.46%）＞“构建了学校、行业、企业、研究机构和其他社会组织等多方参与的评价机制”（30.39%）＞“建立了以贡献为导向的学校评价模式”（22.10%）。显然，就示范校在改革评价模式方面，“建立了以能力为核心的学生评价模式”的影响最大；而“建立了以贡献为导向的学校评价模式”的影响最小。

为了更好地了解教师在“改革评价模式”方面的政策期待，我们设计了问题，“在改革评价模式方面，你认为你所在学校在哪方面亟须改进”，同样提供上述四个方面的选项，同样可单选可多选。

调查发现：首先，选择频次最多的是“构建了学校、行业、企业、研究机构和其他社会组织等多方参与的评价机制”（37.74%），也就是说，学校亟须改进“构建了学校、行业、企业、研究机构和其他社会组织等多方参与的评价机制”，且有 44 人只选择了此选项，意味着 26.67%的教师认为学校亟须改进的是“构建了学校、行业、企业、研究机构和其他社会组织等多方参与的评价机制”；其次，在改革评价模式方面，学校亟须改进的是“建立了以能力为核心的学生评价模式”（35.38%），且有 51 人只选择了此选项，意味着 30.91%的教师认为学校亟须改进的是“建立了以能力为核心的学生评价模式”，显然，与前述结果结合在一起分析，可以发现，即使在“建立了以能力为核心的学生评价模式”方面，示范校已经有了很大变化，但教师仍对此有强烈的政策期待；最后，“建立以贡献为导向的学校评价模式”（16.98%）亟须改变，结合前面的调查结果来看，尽管此方面学校变化很小，但教师仍未将此项内容的改革作为重要的政策期待。当然，还有 21 位教师没有做任何选择，即有 21 位教师认为在完善学校内部管理方面，学校没有需要改进的地方。（见表 2-42）

表 2-42　对“改革评价模式”方面的政策期待

亟须改变的方面	频次（人次）	占比（%）	只选择该选项人数（人）
构建了学校、行业、企业、研究机构和其他社会组织等多方参与的评价机制	80	37.74	44
建立了以贡献为导向的学校评价模式	36	16.98	8
建立了以能力为核心的学生评价模式	75	35.38	51
不需改变	21	9.91	21
总数	212	100.00	124

（四）政策负效应调查分析

政策负效应主要是指政策本身在确定拟解决的问题、界定问题、设计政策实施方案及推进措施等方面存在的缺陷与不足，或者由于政策执行者在执行政策过程中，由于对政策理解有偏差，或政策执行者的价值取向对政策执行产生的不良影响。

1. 关于示范校政策的政策假设

根据《关于实施国家中等职业教育改革发展示范学校建设计划的意见》，国家出台示范校建设政策，它是基于我国社会经济发展的阶段、面临的问题，职业教育的重要使命与职责等大背景下提出来的。该政策的出台也具有重要意义，“在全国范围内重点支持建设一批中等职业教育改革发展示范学校（项目学校包括普通中专、成人中专、职业高中、技工学校，下同），以此带动全国中等职业学校深化改革、加快发展、提高质量、办出特色，是解决这些突出问题的重要举措，是实现中等职业教育发展从注重扩大规模到全面提高质量这一阶段性转折的关键环节，对于推动新时期我国中等职业教育的科学发展，提高中等职业教育的市场针对性、国家贡献率和社会吸引力，进一步增强其服务经济社会发展的能力，具有十分重要的意义”①。但众所周知，任何一项教育政策的出台，在解决一些问题的同时，可能会产生一些新问题，基于成本效益等因素的考量，需要我们对政策本身进行一定的反思。那么，示范校政策本身是否有问题？为了调查学校教师对示范校政策的看法，我们设计了如下问题，对教师进行了调查。

（1）示范校政策与“示范”作用

关于示范校政策设计的出发点是示范校可以为其他学校提供“示范”作用，但这个假设是否成立，或者说，政策执行者（利益相关人）对这一问题如何看待？为了调查教师如何看待当前示范校建设的前提假设问题，我们围绕“示范校是否能起到示范作用”，设计了三个选项，一个是“示范校完全可以为其他学校改革发展提供有益的做法和鲜活的经验”，从程度上来讲，这一选项完全肯定政策假设；第二个选项是“每所学校都是不同的，示范校能为其他学校提供的有益的做法和经验非常有限，只能在一定程度上起‘示范’作用”，对政策假设有所保留，

① 教育部职业教育与成人教育司. 职业教育与成人教育文件汇编（2001—2010年）[M]. 北京：高等教育出版社，2011：85.

但突出了学校的独特性；第三个选项则完全否定了政策假设，“每所学校都是独特的，示范校对其他学校完全起不到任何示范作用”。

调查结果显示，92.12%的教师认为示范校可以为其他学校提供“示范”作用。其中，认为示范校“完全可以”为其他学校提供有益的做法和鲜活经验的教师占22.42%，高达69.7%的教师则认为示范校可以为其他学校提供“一定程度上”的经验，同时认识到每所学校都是独特的。相比较而言，仅有7.88%的教师认为示范校对其他学校完全起不到任何示范作用。（见表2-43）

表2-43　对“示范校在多大程度上起到‘示范’作用”的评价

评价	人数（人）	百分比（%）	累计百分比（%）
完全可以起到示范作用	37	22.42	22.42
部分示范作用	115	69.70	92.12
完全起不到示范作用	13	7.88	100.00
总数	165	100.00	100.00

（2）示范校政策与教育生态平衡和市场竞争机制关系

示范校政策到底对整个教育生态系统来讲是激发了一种良性发展秩序，还是破坏了教育生态平衡？政策执行者，特别是利益相关者如何看待这一问题？为了了解利益相关者对此问题的看法，我们设计了三个选项：一是从积极的视角肯定示范校政策，提出“示范校有助于形成良性竞争机制”；其他两项是从否定的视角，提出示范校破坏区域教育生态平衡及不利于市场良性竞争机制。

调查发现，有四成（42.42%）教师认为示范校政策有助于形成良性竞争机制；有三成（30.3%）教师认为示范校进一步破坏了区域教育生态平衡，使“优者更优，弱者更弱”；还有近三成（27.27%）教师认为示范校项目是政府主导下的行为，不利于“市场”的良性竞争机制的形成。（见表2-44）

表 2-44 对“示范校政策对教育生态平衡及良性市场竞争机制形成”的评价

评价	人数（人）	百分比（%）	累计百分比（%）
有助于形成良性竞争机制	70	42.42	42.42
破坏教育生态平衡	50	30.30	72.72
不利于市场良性竞争机制形成	45	27.27	100.00
总数	165	100.00	100.00

（3）示范校政策与学校的发展改革内在动力

示范校政策的最终目标在于激发每一所学校改革与发展的内在动力与活力。那么，示范校政策是否能达成这样的政策预期呢？作为利益相关者如何看待这一问题？我们设计了三个选项，了解利益相关者的看法。

调查发现，16.36%的教师认为示范校项目极大地激发了每一所学校的改革意识、发展活力和创新潜力；64.24%的教师认为示范校项目在一定程度上激发了部分学校的改革意识、发展活力和创新潜力；但也有近两成（19.39%）的教师认为示范校项目难以激发每一所学校的改革意识、发展活力和创新潜力，这一结果值得关注（见表 2-45）。

表 2-45 示范校政策对学校发展改革内在动力的激发程度

对学校内在动力激发程度	人数（人）	百分比（%）	累计百分比（%）
极大地激发内在动力和潜力	27	16.36	16.36
一定程度上激发内在动力和潜力	106	64.24	80.60
难以激发内在动力和潜力	32	19.39	100.00
总数	165	100.00	100.00

2. 关于示范校政策的“标准化”与“差异化”问题

示范校有较为统一的验收指南及验收指标，也正是这些验收“指南”及指标，在一定程度上导引着示范校建设努力的方向。那么，这些较为统一的“验收指南”及验收指标是否会造成示范校“千人一面”现象的发生？为了了解政策执行者对这一政策设计的态度，我们设计了问题："示范校的标准一刀切，造成千校一面，不能兼顾建设院校的特色和差异，你对此说法如何看？"选项为五级评分，A 非常赞同，B 比较赞同，C 赞同，D 不太赞同，E 完全不赞同。

调查发现，四分之三（75.75%）的教师对"示范校的标准一刀切，造成千校一面，不能兼顾建设院校的特色和差异"这一说法持"赞同"的态度。其中，持"非常赞同"态度的教师占 8.48%，38.79%的教师"比较赞同"，28.48%的教师"赞同"。相对而言，仅有四分之一的教师对上述说法"不太赞同"（18.79%）或"完全不赞同"（5.45%）。（见表 2-46）

表 2-46　对"示范校标准一刀切、造成千校一面，难以兼顾特色"说法的评价

评价	人数（人）	百分比（%）	累计百分比（%）
非常赞同	14	8.48	8.48
比较赞同	64	38.79	47.27
赞同	47	28.48	75.75
不太赞同	31	18.79	94.54
完全不赞同	9	5.45	100.00
总数	165	100.00	100.00

3. 关于示范校政策的周期问题

《国家中等职业教育改革发展示范学校建设计划项目管理暂行办法》规定，"项目建设周期原则为 2 年。起始日期自教育部、人力资源社会保障部和财政部批复项目学校项目建设方案和任务书之日起计算"。但从一定意义上来讲，示范校建设过程应是一个长期的过程，因此，政策设计的两年建设周期是否合理？为了了解政策执行者对这一问题的看法，我们设计了问题："示范校建设过程应是一个长期的过程，但目前示范校建设存在周期短、任务重、很难全面完成任务的问题。你对这一说法的态度是？"选项为五级评分，A 非常赞同，B 比较赞同，C 赞同，D 不太赞同，E 完全不赞同。

调查发现，高达 86.06%的教师认为"示范校建设过程应是一个长期的过程，但目前示范校建设存在周期短、任务重、很难全面完成任务的问题”，其中19.39%的教师持“非常赞同”态度，26.67%的教师持“比较赞同”的态度，40%的教师持“赞同”态度；相比较而言，仅有19.94%的教师对上述说法持“不太赞同”或“完全不赞同”的态度。（见表2-47）

表2-47 对“示范校建设周期短、难以全面完成任务”看法

评价	人数（人）	百分比（%）	累计百分比（%）
非常赞同	32	19.39	19.39
比较赞同	44	26.67	46.06
赞同	66	40.00	86.06
不太赞同	18	10.91	96.97
完全不赞同	5	3.03	100.00
总数	165	100.00	100.00

4. 关于示范校政策的申报和评审条件

教育部、人力资源社会保障部和财政部颁布的《关于实施国家中等职业教育改革发展示范学校建设计划的意见》中，明确规定了示范校申报和评审的具体要求，“按因素分配法（包括中等职业教育在校生规模、投入保障、管理水平等）下达各省（区、市）当年项目学校控制数”。并且对项目学校的遴选依据做了规定，例如在2011年遴选条件中，涉及学校管理、基础条件、校企合作、教育教学、办学效益等20条基本条件。对于学校基础条件，遴选条件规定“校园占地面积一般不少于100亩①，建筑面积一般不少于7万平方米（生均20平方米）；各种建筑、场地和设施符合国家建设和安全标准，满足学校办学需要”②。2011年在办学效益方面的遴选条件，“近三年来，年均学历教育在校生规模原则上达4000人以上（新疆、西藏除外）；建立了学生就业服务体系，近三年毕业生就业率达95%以上，就业质量较

① 注：1亩≈666.67平方米。

② 2010年度国家中等职业教育改革发展示范学校建设计划项目学校遴选条件[EB/OL]. http://www.docin.com/p-1289207018.html.

高”①。

尽管上述规定和评审条件在政策中做了明确的规定和要求，但对于利益相关者来说，如何看待示范校申报和评审这个问题呢？在他们看来，哪些因素是影响一所学校能否申报成功为示范校建设学校的呢？为了了解政策执行者对这一问题的看法，我们设计了问题："根据你的了解，你认为被批准为示范校建设的学校主要是因为下述哪些因素？”六个选项分别涉及主客观因素，包括办学基础、学校历史、学校改革、政府主管部门、学校领导公关能力等。

表 2-48　对“示范校申报成功影响因素”的看法

影响因素	频次（人次）	占比（%）	只选择该选项人数（人）
项目学校具有较好的办学基础	93	22.46	7
项目学校具有丰富的实践经验	69	16.67	6
项目学校的办学发展到了一定的阶段	73	17.63	4
项目学校具有较强的改革意识、能力和需求	80	19.32	9
项目学校的确立完全取决于所在省市的教育行政管理部门的主观意志	49	11.84	7
项目学校的确立完全取决于学校领导的“公关”能力	50	12.08	5
总数	414	100.00	38

调查发现（见表 2-48），“项目学校具有较好的办学基础”被选择的频次是 93 次，即有 93 人次的教师认为“项目学校具有较好的办学基础”是学校被批准为示范校的主要因素。其中，有 7 位教师只选择了该项，也就是说这 7 位教师认为“项目学校具有较好的办学基础”是影响学校被批准为示范校建设学校的唯一因素；有 6 位教师认为“项目学校具有较好的办学基础”和“项目学校具有丰富的实践经验”

① 2011 年度国家中等职业教育改革发展示范学校建设计划项目学校遴选条件[EB/OL]. http://www.chinadmd.com/file/ziz6uo3eu3asa3vxuzzatvxi_3.html.

是学校被批准为示范校的主要因素，占比 3.63%；有 6 位教师认为“项目学校具有较好的办学基础”“项目学校具有丰富的实践经验”和“项目学校的办学发展到了一定的阶段”是学校被批准为示范校的主要因素，占比 3.63%；有 23 位教师认为“项目学校具有较好的办学基础”“项目学校具有丰富的实践经验”“项目学校的办学发展到了一定的阶段”和“项目学校具有较强的改革意识、能力和需求”是学校被批准为示范校的主要因素，占比 13.94%；有 4 位教师认为“项目学校具有较好的办学基础”“项目学校具有丰富的实践经验”“项目学校的办学发展到了一定的阶段”“项目学校具有较强的改革意识、能力和需求”“项目学校的确立完全取决于所在省市的教育行政管理部门的主观意志”“项目学校的确立完全取决于学校领导的‘公关’能力”六个因素是学校被批准为示范校的主要因素，占比 2.42%；有 9 位教师认为“项目学校具有较好的办学基础”“项目学校具有丰富的实践经验”和“项目学校具有较强的改革意识、能力和需求”三个因素是学校被批准为示范校的主要因素，占比 5.45%；有 6 位教师认为“项目学校具有较好的办学基础”和“项目学校的办学发展到了一定的阶段”是学校被批准为示范校的主要因素，占比 3.63%；有 6 位教师认为“项目学校具有较好的办学基础”和“项目学校具有较强的改革意识、能力和需求”是学校被批准为示范校的主要因素，占比 3.63%；还有 6 位教师认为“项目学校具有较好的办学基础”“项目学校的确立完全取决于所在省市的教育行政管理部门的主观意志”和“项目学校的确立完全取决于学校领导的‘公关’能力”三个因素是学校被批准为示范校的主要因素，占比 3.63%。本部分还包括多个多项选择，因选择的人数只有 1 人或 2 人，故分析略。其他多选结果分析与上文相同。

“项目学校具有丰富的实践经验”被选择的频次是 69 次，即有 69 人次的教师认为“项目学校具有丰富的实践经验”是学校被批准为示范校的主要因素。其中，有 6 位教师只选择了该项，也就是说这 6 位教师认为“项目学校具有丰富的实践经验”是影响学校被批准为示范校建设学校的唯一因素；有 4 位教师认为“项目学校具有丰富的实践经验”和“项目学校具有较强的改革意识、能力和需求”是学校被批准为示范校的主要因素，占比 2.42%。本部分还包括个别多项选择，因选择的人数只有 1 人或 2 人，故分析略。其他多选结果分析与上文相同。

“项目学校的办学发展到了一定的阶段”被选择的频次是 73 次，即有 73 人次的教师认为“项目学校的办学发展到了一定的阶段”是学校被批准为示范校的主要因素。其中，有 4 位教师只选择了该项，也就是说这 4 位教师认为“项目学校的办学发展到了一定的阶段”是影响学校被批准为示范校建设学校的唯一因素；有 9 位教师认为“项目学校的办学发展到了一定的阶段”“项目学校具有较强的改革意识、能力和需求”是学校被批准为示范校的主要因素，占比 5.45%；有 5 位教师认为“项目学校的办学发展到了一定的阶段”“项目学校的确立完全取决于所在省市的教育行政管理部门的主观意志”“项目学校的确立完全取决于学校领导的‘公关’能力”是学校被批准为示范校的主要因素，占比 3.03%。本部分还包括个别多项选择，因选择的人数只有 1 人，故分析略。其他多选结果分析与上文相同。

“项目学校具有较强的改革意识、能力和需求”被选择的频次是 80 次，即有 80 人次的教师认为“项目学校具有较强的改革意识、能力和需求”是学校被批准为示范校的主要因素。其中，有 9 位教师只选择了该项，也就是说这 9 位教师认为“项目学校具有较强的改革意识、能力和需求”是影响学校被批准为示范校建设学校的唯一因素。本部分还包括个别多项选择，因选择的人数只有 1 人，故分析略。其他多选结果分析与上文相同。

“项目学校的确立完全取决于所在省市的教育行政管理部门的主观意志”被选择的频次是 49 次，即有 49 人次的教师认为“项目学校的确立完全取决于所在省市的教育行政管理部门的主观意志”是学校被批准为示范校的主要因素。其中，有 7 位教师只选择了该项，也就是说这 9 位教师认为“项目学校的确立完全取决于所在省市的教育行政管理部门的主观意志”是影响学校被批准为示范校建设学校的唯一因素；还有 14 位教师认为“项目学校的确立完全取决于所在省市的教育行政管理部门的主观意志”和“项目学校的确立完全取决于学校领导的‘公关’能力”是学校被批准为示范校的主要因素，占比 8.48%。其他多选结果分析与上文相同。

“项目学校的确立完全取决于学校领导的‘公关’能力”被选择的频次是 50 频次，即有 50 人次的教师认为“项目学校的确立完全取决于学校领导的‘公关’能力”是学校被批准为示范校的主要因素。其中，有 5 位教师只选择了该项，也就是说这 5 位教师认为“项目学校的确立完全取决于学校领导的‘公关’能力”是影响学校被批准为示范校建设学校的唯一因素。其他多选结果分析与上文相同。

综合上述结果，仅从选择频次上来看，影响示范校能否申报成功的主要因素依次为：“项目学校具有较好的办学基础”（22.46%）＞“项目学校具有较强的改革意识、能力和需求”（19.32%）＞“项目学校的办学发展到了一定的阶段”（17.63%）＞“项目学校具有丰富的实践经验”（16.67%）＞“项目学校的确立完全取决于学校领导的‘公关’能力”（12.08%）＞“项目学校的确立完全取决于所在省市的教育行政管理部门的主观意志”（11.84%）。显然，就影响示范校能否申报成功的因素中，“项目学校具有较好的办学基础”为主要影响因素；而“项目学校的确立完全取决于所在省市的教育行政管理部门的主观意志”和“项目学校的确立完全取决于学校领导的‘公关’能力”的影响最小。

四、调查结论

（一）政策目标达成情况调查结论

从整体上来看，示范校的系列政策目标在一定程度上得到实现，特别是在“提升项目学校改革创新能力”“特色专业建设”“特色项目建设”“合作与共享机制建设”等方面，均有三分之二的被调查者认为示范校建设达成了最初设定的政策目标，甚至有四分之三的教师认为示范校建设提升了项目学校改革创新能力，自己学校的特色专业建设与学校的历史和文化及区域经济发展相符合。

但同时，调查结果还显示，“示范校对企业‘示范’作用”的目标达成情况并不乐观，尽管有七成的教师认为示范校能成为服务企业的品牌，为产业升级、企业创新提供紧缺人才，发挥示范校的先锋队、先遣军作用，但是在示范校对企业的“品牌”效应和影响力，以及示范校“示范”效应方面，政策实施效果并不理想，高达四成的教师认为示范校难以对企业形成品牌效应，难以在产业界和教育界扩大职业教育影响力，并且大多数的教师认为示范校在中高职衔接、推进集团化办学等方面并未起到先行先试的试验田作用。

另外值得注意的是，调查中还有一种声音，需要政策制定者及执行者予以高度关注。例如：四分之一的被调查者认为示范校建设对学校发展没有什么影响，甚至一定程度上属“劳民伤财”；四分之一的教师认为自己学校建设的“特色专业”与学校的历史和文化不相符；四分之一的教师认为，示范校建设过程中，学校选取的“特色项目”没有凸显自己学校的特色，完全不契合自己学校的传统和文化，甚至是完全从别的示范校“移植”过来的，是为了特色而特色；三分之一的被调查者认为学校并未建立“合作与共享”机制等。

（二）政策执行力度调查结论

从政策执行者对示范校政策的了解程度来看，仅有半数或少数的被调查者对示范校建设政策的目标、管理办法、验收办法等有所了解。其中，仅有一半的被调查者了解示范校建设的目标，四成的被调查者了解示范校验收办法，三成的被调查者了解示范校管理办法（包括资金管理办法）。相比较而言，多数被调查者对示范校建设政策的目标、管理办法、验收办法等不了解。其中，近七成的教师对政策执行过程中管理规则和办法不了解，六成的被调查者对示范校验收办法不了解，一半的被调查者对示范校建设要达到的目标不了解，这种现状值得关注。

从示范校政策的执行过程来看，政策内容和措施贯彻执行的情况并不理想。高达八成的被调查者认为，在示范校建设和验收过程中，存在大量“造假”行为。例如，编造各种电子文档、数据、师生人数，租借设备等现象；近三分之二的被调查者认为，在示范校建设过程中，学校只注重硬件建设，大量购置仪器设备，而对学校的软件建设并不太重视；有一半的教师认为在示范校建设过程中，花大价钱购置了大量没有太多实际使用价值的仪器和设备，这些仪器和设备的使用率较低，只是为了应付验收；有近一半的教师认为示范校在建设过程中存在突击引进教师、盲目扩招等现象；近三分之二的教师认为在示范校建设和验收过程中，存在资金不到位、突击花钱、资金使用缺乏灵活性等问题；近一半的被调查者认为“示范校建设缺乏完善的组织机构和领导管理机制”；近六成的教师认为在示范校建设过程中，缺少专家的及时、有效的指导，或存在专家意见不统一等问题；高达近四分之三的教师认为示范校建设中的“教师培训”很难满足教师的真正需求，教师培训效率低，对教师素质提升作用不大；三分之二的教师认为示范校建设在整个建设过程和验收之后，都存在监管缺失、监管不到位的现象。

从执行者的素质及执行所需资源来看，多数被调查者对“示范校建设过程中，部分院校采用‘外包’的方式把示范校建设的任务完全委托给社会上的一些中介/专业组织来做”这一做法持不赞同态度。同时值得担忧的是，近三分之二的被调查者认为领导及学校教职员工对示范校的理解似乎都聚焦到“资金”上，而对示范校要达到的目标不太清楚；还有近一半的被调查者认为在示范校申请和建设过程中，存在学校领导“拍脑袋”决策的现象，制定建设目标及制定建设计划缺少科学论证。

（三）政策影响调查结论

按照示范校建设计划的建设要求，示范校建设将建成一系列标志性的成果。通过调查发现，在示范校建设的一些微观层面的、具体可见的成果方面，“教材或校本教材”“课程标准”“人才培养方案”这三种建设成果，对学校的改革创新实践具有较大的作用，大概三分之二的被调查者认为学校在上述方面有了较大变化。例如，示范校在人才培养实践方面，能在一定程度上按照“人才培养方案”来进行学校的人才培养实践；“课程标准”也能在一定程度上指导学校的课程设置和实施工作；“教材或校本教材”一定程度上创新了学校的实际教学工作。但同时值得警醒的是，仍有三分之二的被调查者对建设成果之一的“改革创新案例”不了解，也就是说作为建设成果之一的“改革创新案例”对大多数实践者的影响不大。另外，关于“教材或校本教材”“课程标准”“人才培养方案”，大概四分之一的被调查者认为这些建设成果没有什么作用，学校的人才培养、课程设置与实施、教学工作等还是老样子，甚至还有一部分被调查者认为这些建设成果完全没有作用，只是应付检查验收示范校的材料而已。

除了上述具体可见的示范校建设成果之外，示范校建设的重点还放在了改革培养模式、改革教学模式、改革办学模式、创新教育内容、师资队伍建设、完善内部管理、评价模式改革等方面，这些建设的成果相对来说属中观层面的，并且强调改革整体性成效的成果类型。从调查结果来看，通过示范校建设，“深化工学结合、校企合作”的培养模式改革、“深入开展项目教学、模拟教学、案例教学、场景教学、岗位教学等”的教学模式改革、“促进行业、企业和学校的深度合作”的办学模式改革、“根据产业发展规划和企业用人需要，加强专业建设”的教学内容创新改革、“增加教师培训机会和费用支出”的师资队伍建设改革、“建立健全各项规章制度”的内部管理改革等方面取得了较为显著的建设成效，得到了被调查者较为一致的认可。但在如下方面仍亟待改进，诸如：“促进校园文化和企业文化的紧密结合”的培养模式改革方面、“促进教学过程与生产过程紧密对接”的教学模式改革方面、“完善政府主导、依靠企业、充分发挥行业作用、社会力量积极参与办学”的办学模式改革方面、“促进教学过程与生产过程相对接”的教学内容创新改革方面、“对教师收入分配制度进行改革”的师资队伍建设方面、“提高学校管理的规范化、现代化和信息化”的内部管理改革方面、“构建了学校、行业、企业、研究机构和其他社会组织等多方参与的评价机制”的评价模式改革方面，被调查者都认为亟须改进。

（四）政策负效应调查结论

政策负效应意即示范校政策自身存在问题而引起的不良影响和效应。调查显示，三成的被调查者认为示范校进一步破坏了区域教育生态平衡，使“优者更优，弱者更弱”，还有近三成教师认为示范校项目是政府主导下的行为，不利于“市场”的良性竞争机制的形成。除此之外，四分之三的被调查者认为示范校的标准一刀切，造成千校一面，不能兼顾建设院校的特色和差异。关于示范校的建设周期，则有高达86.1%的教师认为示范校建设过程应是一个长期的过程，但目前示范校建设存在周期短、任务重、很难全面完成任务的问题。

当然，上述结果是政策设计自身存在问题导致负效应，示范校政策在一定意义上，也能发挥“示范”效应，能激发学校改革的内在动力。其中，九成的被调查者认可示范校有“示范”效应，可以为其他学校提供发展改革的经验；八成的被调查者认为示范校项目激发了每一所学校的改革意识、发展活力和创新潜力。

五、反思：中职示范校政策目标及执行过程

（一）中职示范校政策的政策目标反思：“效率优先”掩盖下的“公平”价值缺失

“所谓政策目标是政策所希望取得的结果或完成的任务。”[①]政策目标取决于决策者及分析者所要处理的具体政策问题，就中职示范校的政策背景而言，其要解决的是“中职学校发展薄弱”这一问题。《关于实施国家中等职业教育改革发展示范学校建设计划的意见》提出：“担负着技能型人才培养任务的中等职业教育仍然是我国教育事业的薄弱环节，质量、结构、规模、效益还不能很好地适应经济社会发展需求，在发展方式、办学模式、培养模式、评价模式等关键环节存在着诸多急需解决的突出问题。”[②]因此，在全国范围内重点支持一批中等职业教育改革发展示范学校，其要达成的政策目标是：“以此带动全国中等职业学校深化改革、加快发展、提高质量、办出特色。”[③]显然，中职示范校的初衷旨在短时间内通过提高部分中等职业学校的办学质

① 陈庆云. 公共政策分析（第二版）[M]. 北京：北京大学出版社，2011：23.

② 教育部，人力资源社会保障部，财政部. 关于实施国家中等职业教育改革发展示范学校建设计划的意见[A]. 教育部职业教育与成人教育司. 职业教育与成人教育文件汇编（2001—2010年）[C]. 北京：高等教育出版社，2011：85.

③ 教育部，人力资源社会保障部，财政部. 关于实施国家中等职业教育改革发展示范学校建设计划的意见[A]. 教育部职业教育与成人教育司. 职业教育与成人教育文件汇编（2001—2010年）[C]. 北京：高等教育出版社，2011：85.

量，以对其他中职学校形成“示范”效应。客观地讲，在职业教育资源相对稀缺的条件下，特别是目前我国职业教育经费投入相对不足的情况下，将公共职业教育资源集中向部分中职学校倾斜，这似乎是一个职业教育大国在职业教育规模快速发展背景下的一种必然选择，类似于经济领域的“让一部分人先富起来”的政策，这种政策导向也确实能有利于部分中等职业学校在短时间内迅速实现基础办学条件改善和教育质量提高等效果。例如，我们在访谈中有相当多的示范校项目学校的教师向我们表达了示范校建设给学校带来的诸种变化。“我觉得我们学校的改善还不少，第一，学校教学设备得到了一定程度的改善，计算机、汽车、数控设备等实训设备的增加，给学生在校学习实训提供了更好机会；第二，我们学校利用建设示范校的机会，增加了服装设计、楼宇控制等专业，这样我们学校的招生规模又扩大了；第三，示范校建设过程中，我们改善了校园网、校园广播、校园监控等校园设备，给现有的教师管理带来了便利；第四，示范校建设期间，我们学校很多老师获得了学历提升、外出培训的机会，学校整体的师资队伍结构得到了改善，有利于教学质量的提高；第五，很多教师可以借此机会进行科学研究。”①但同时，客观审视这种发展模式的实质，我们发现，这是一种在“效率优先”政策目标指导下的向部分中职学校倾斜的区域间、校际的非均衡发展战略，会不可避免地带来诸多弊端，最主要的就是教育公平的缺失。

“公平是人们对于利益分配的一种价值认识和价值评价，主要是一个规范性的概念，是人们根据自身利益和需要对一定的社会关系和社会事实的认定和评价。”②公平具有相对性和情境性，依赖于主体的价值判断。由于实施中职示范校，稀缺的职业教育资源向示范校倾斜，不可避免地导致不同区域，以及同一区域内不同校际职业教育资源配置与教育质量的巨大差异，并且随着时间的推移，这种校际的差异还会产生“马太效应”，因此，中职示范校的实施，无形之中使那些利益

① 摘自笔者的访谈记录。

② 刘复兴．教育政策的价值分析[M]．北京：教育科学出版社，2003：121.

受损者（没有被选入示范校建设项目中的学校）感受到不公平。在调查中，我们访谈的某位非示范校的教师也确实向我们表达了“不公平”诉求，“作为一名‘名不见经传’、成立不到五年的一普通中职学校的教师，我‘狭隘’地感受到了强烈的冷落感。正如前面说的，所有被列入示范校的学校，本身就极其强大，被列入示范校也无可厚非，但这样做的直接结果就是‘强者更强，弱者更弱’和巨大的‘贫富差距’，弱校得到支持的机会和力度显然不足。另外，如果我们把示范校的建设初衷定位于‘示范’作用的话，那么，我个人对其‘示范’作用持保留意见，同样以我校为例，不求获得示范校的帮助，即使想与其建立联系，培养合作关系，获得学习机会，都有一定难度，人家瞧不上我们”①。而另外一位中职示范校项目学校的教师尽管是利益既得者，但同样也表达了这种担忧：“我认为示范校建设导致了教育的不平衡。真正符合资格的学校拿到了经费帮助其更快地发展，而有潜力的中小职校在需要经费大力支持时得不到帮助，导致职教的水平发展不平衡，打乱了本身市场的调节作用，不利于职教的百花齐放，不利于中小型职校的发展和改革，好的越来越好，想发展的没有资源”②。

当然，针对中职示范校而言，泛泛讨论“效率优先”抑或“公平优先”或许并无太大意义，在职业教育资源配置方面，我国各区域、各中职学校面临的问题不尽相同，这就需在制定职业教育政策时把握好“公平”与“效率”之间的张力，也或许，我国经济领域所坚持的“兼顾效率与公平”将会是我国职业教育领域政策在未来相当长一段时间内应该坚守的政策价值选择。

（二）“完美执行”：或许只是一个“乌托邦”

政策学者艾利森（G. Alison）曾指出，“在实现政策目标的过程中，方案确定的作用只占 10%，而其余的 90%取决于政策执行”③。政策的执行足以决定职业教育政策的成功与失败。政策学者豪格伍德（B.

① 摘自笔者的访谈记录。

② 摘自笔者的访谈记录。

③ Allison G. Essence of Decision[M]. Boston: Little, Brown and Company.1971.

Hogwood）与葛恩（L. Gunn）提出了政策“完美执行”概念，他们认为政策的“完美执行”需具备十项要件，诸如政策目标的完全理解与共识、任务必须在正确的行动序列上陈述清楚、完美的沟通与协调、充分整合所有必要的资源等。“完美执行”也成为政策执行的标杆和典范，政策的“完美执行”已成为任何一项政策在执行时希望达到的最理想结果。[①]正如包尔（Pal）所言：“现实世界中可能没有所谓的‘完美执行’，完美的政策执行不是一种乌托邦，就是一种梦魇。”[②]显然，在真实的政策执行世界，政策执行或许正如空想社会主义创始人托马斯·莫尔（St. Thomas More）描述的“乌托邦”一样，仅仅是我们对政策执行的一种最美好的期待。尽管如此，我们仍然需要反思在中职示范校政策执行过程中出现的种种偏差，仍需将“完美执行”作为追求的最终目标。

1. 政策执行者对中职示范校政策目标缺乏共识与完全理解

如果不同层级的政策执行者对政策目标的认识和理解相互冲突，或者政策执行者对政策目标的认识不清晰，那么，政策执行起来就有很大困难，就会出现政策执行偏差。正如前文调查所示，作为中职示范校政策最直接执行者的教师，对该政策目标的理解程度并不乐观；又或者，学校层面的政策执行者如果仅仅将中职示范校政策目标理解为项目验收标准中列举的条款，诸如开发了多少门课程、培训了多少人次的教师、购买了多少设备等，那么，示范校政策执行过程就会出现各种偏差。我们在访谈中发现，有项目学校在建设过程中，为了完成开发实训课程的任务，花了 40 万与企业开发课程，结果开发出的课程仅仅用于项目验收，并未锻炼学校教师课程开发能力，也并未在实践课使用开发的教材。在访谈中，也有被访谈者谈到这一现象：“就校本教材的建设来说吧，每一科任老师都必须根据实训项目出一本校本教材，但教材印刷完毕像废纸一样放在仓库从来不用。”[③]而针对示范

① B. Hogwood, L. Gunn. Policy analysis for the Real World[M]. Oxford: Oxford University Press.1984.

② 李允杰，丘昌泰. 政策执行与评估[M]. 北京：北京大学出版社，2008：131.

③ 摘自笔者的访谈笔录。

校建设中的教师培训问题，也有许多被访谈者表达了对教师培训的不满：“多数培训都是请专家搞讲座，老师们听着空洞，没有实效。应该针对专业分批分类培训，让老师能真正得到提高。”①

2. 政策执行涉及一系列逻辑性的任务，如果政策执行所负担的任务陈述不清，极易造成执行失败

中职示范校政策到底应该如何执行？应该完成哪些任务？调查中，我们发现，由于中职示范校政策是一个关涉多个内容、多个层面的整体性院校建设政策，因此，对于应如何开展示范校建设工作，许多政策执行者实际上是不清楚的，出现“眉毛胡子一把抓”“舍本求末”等诸多不合理现象。有被访谈者谈道：“示范校建设虽然带给我们很多改善，可是也耗费了我校几乎全部教师的精力以及学校大量的人力、物力，这样，教师就不能全身心投入到教学中，有悖示范校建设的本意。”②也有被访谈者提出，“示范校带给老师们‘无休止’的加班。除了正常上课的老师，其他老师都在‘加班’，老师们得购买设备，完成各种文字填报材料、调查报告等等，导致老师们都疲惫不堪”③。还有被访谈者对示范校建设的“本末倒置”现象表达了比较尖锐的观点：“从校领导到老师为了建设示范校，花费了大量的人力、物力、财力做材料，而这些材料中的真实性却不是百分之百，有一部分材料就是领导、老师费劲脑力‘杜撰’出来的。而花了这么多的时间就为造一份假材料给上级看，还不如把时间花在研究教学上。”④

3. 未能有效地整合所有必要的资源，也从根本上导致中职示范校政策在执行时出现诸多偏差

一般而言，政策执行所需要的资源相当广泛，诸如人力的配置、经费的合理预算与配套、充裕的时间、健全的执行组织机构等，但在调查中，我们发现中职示范校政策在上述几个方面均存在一定问题。首先，人力的配置方面出现许多极端现象，有的项目学校全员参与，

① 摘自笔者的访谈笔录。

② 摘自笔者的访谈笔录。

③ 摘自笔者的访谈笔录。

④ 摘自笔者的访谈笔录。

但由于任务不清，导致老师们加班加点却做了许多无用功，教师“怨声载道”；也有项目学校将示范校建设任务全部外包，由中介教育公司来承包，学校只有极少数教师参与到示范校建设过程中，大多数的教师根本与示范校建设“无缘”，这样就完全与示范校建设初衷背道而驰。其次，经费的预算与支出也“问题重重”，一位被访谈者直言：“我认为资金花费问题是大问题。根据示范校相关文件，建设示范校国家拨款 1000 万、地方配套 1000 万，政策不明确，学校不知道钱如何花，花掉钱之后如何报销，如何审计，在第一年软件花费及硬件花费的比例是多少，第二年又如何花。在实际建设中，出现了第一年不会花钱，第二年花费超了却报不了账的现象。现在我校老师很多项目自己垫钱搞调研、买资料，但学校由于各种问题不报销，老师很为难。”①还有一位被访谈者提到：“资金的使用是示范校建设的重点，而许多建设成果来源于学校教师的努力工作，比如校本教材的编写、教学资源库的建立，但是在国家指定的资金使用中，并没有对教师的努力进行奖励这方面，所以如何奖励有贡献的教师，也是一大问题。”②另外，政策执行组织机构不健全、短短两年建设期、政策执行监管不到位等也是造成中职示范校政策执行偏差的重要原因。

当然，上述分析大多是从“问题”的角度反思和审视中职示范校政策执行过程的诸多“不完美”现象，我们旨在为提高其他职业教育政策执行的效率和效果提供一定借鉴。

第三节　中职示范校政策执行监测与评估存在的问题

前文调查中的诸多信息显示，中职示范校政策在执行过程中出现了许多问题，例如：政策设计问题，特别是政策预期和政策目标问题；

① 摘自笔者的访谈记录。

② 摘自笔者的访谈记录。

政策执行过程中的管理问题，特别是对政策执行过程中各种异化政策的执行问题；政策执行效果问题，特别是政策影响问题等。尽管产生上述问题的原因有很多，但其中一个很关键的问题不可回避，即中职示范校政策执行过程中的监测与评估尚存在一定的问题，不难看出，在中职示范校政策执行过程中的监测与评估明显体现出“政府主导型”取向。“政府主导型”政策执行监测与评估主要是指监测与评估教育政策执行情况的组织实施者主要是中央政府及地方省市教育行政部门，中央层面的政策监测与评估主要由教育部、财政部和人社部组织实施，省级层面的评估主要由各省市教育行政部门组织实施。从政策执行监测与评估的主体、程序，到监测与评估结果的使用，均难以避免“维护自身利益”的风险。

一、监测与评估者身份的双重性导致监测与评估难以规避维护自身利益的风险

政府（包括教育部、财政部、人社部及省级教育行政管理部门）在中职示范校建设和验收过程中身兼政策制定者、政策执行过程中的管理者与执行者、政策监测和评估政策实施的监测者和评估者等多种角色于一身，从中职示范校申报的条件和程序，到中职示范校建设过程中质量监测的要求与实施主体，再到中职示范校验收的指标与程序，皆可以看到政府管理部门无处不在的影子。

（一）中央政府（教育部、财政部和人社部）身兼规则的“制定者”与“评判者”双重角色

就中职示范校的申请条件、程序来看，政府身兼规则的“制定者”与“评判者”双重角色。不管是学校控制数的分配，还是对拟建学校的遴选和审批，在一定意义上，政府，特别是中央政府（教育部、财政部、人社部）是“规则”的制定者，同时政府还充当对“规则”执行者执行行为及结果的“评判者”。

值得反思的是，这些“规则”是合适的吗，是科学的吗？用这些“规则”去评判一所学校，甚至可能会影响某些学校未来十几年发展的命运，这公平吗？也就是说，中职示范校政策的初衷或政策假设符合

教育公平精神吗？我们访谈了一位非中职示范校教师，她的心声或许具有一定的代表性。“示范校建设对各学校的辅助和帮扶作用毋庸置疑，根据相关要求，示范校具有能灵活设置专业、逐步扩大招生规模等利好政策。除去招生政策倾斜和照顾不谈，看看所有示范校名单，均属于在各省市或是在全国具有良好声誉和巨大影响力的学校，如此一来，本就不愁生源的学校，加上财政支持和政策照顾，绝对是如虎添翼，必将获得进一步的、高水平发展。但是作为一名工作在‘名不见经传’且成立时间不长的一所普通中职学校的教师来说，我‘狭隘’地感受到强烈的冷落感。正如前面说的，所有被列入示范校的学校，本身就极其强大，被列入示范校也无可厚非，但这样做的直接结果就是‘强者更强，弱者更弱’和巨大的‘贫富差距’，弱校得到支持的机会和力度显然不足。以我校为例，自 2009 年建校以来，确实获得了大力的帮助和支持，如 2012 年、2013 年央财支持建设的项目，使学校软硬件获得巨大提升。但与示范校投入相比，我们所获得的资金、政策支持微不足道，所有困难和问题只能依靠本就不强大的学校自己来解决。”[①]如果说因为这位访谈者不是示范校政策的利益直接受益者而有上述质疑的话，那么，作为直接利益相关者是否也都认可或支持示范校政策呢？在我们访谈中，不止一位被访谈者表达了同样的质疑，“示范校政策打破中职学校原有的生态平衡，人为地影响了中职发展的格局；示范校应是一个长期的过程，但现实却是跨越式发展；对其他学校的招生、就业、资金支持等方面影响巨大，该项政策有‘帮富不帮穷’的嫌疑，使学校间的差异更大，发展更加不平衡”[②]。“被批准建设的示范校在做大、做强的同时，未被评为示范校的学校处于弱势地位，生存条件更加严峻。”[③]一位直接利益相关者一针见血地指出了中职示范校政策出台的合理性问题：“一所建校仅有几年或十几年的学校何以示范？硬件的示范对于任何的学校只要有大量的资金投入均可

① 摘自笔者的访谈记录。

② 摘自笔者的访谈记录。

③ 摘自笔者的访谈记录。

实现，但软件的示范却是需要几年甚至是许多年的历史积淀（管理风格、校风、学风、教风等），短到两三年就建成的示范校其示范性太有限，或许仅仅是那些能在短时间内建成的‘亮点’而已。”①

退一步说，作为以项目的方式积极推进中职学校改革与发展，使部分中职学校在整体上对其他学校起到改革、创新、引领、示范的作用，权且假设这一政策设计无可厚非，但在项目的整个推进过程中，政策设定的诸种标准、要求、评审依据和条件等，这些“规则”又是否是合适的和科学的？或许我们访谈中的某中职示范校建设学校的一位中层管理者的一段话，可以在一定程度上回答这种疑问。访谈中，这位学校的中层管理者直言不讳:“政策拍脑袋出台？是否经过严格的论证、科学的调研？每个地市、每所学校的定位和规模各不相同，都有很长时间的积淀，但示范校的批建标准似乎是刚性的，使很多职业院校不顾自己学校原有特色和历史积淀，盲目扩大校区、盲目添置设备、盲目引进人才，为的就是能申请成功，能获得国家财政资助。职业教育的发展需要可持续发展的理念。”②显然，这是在质疑示范校评审的标准。

而就中职示范校的分配名额来说，批准拟建的1000所中职学校的名额分配是由政府来决定的,即政府硬性规定了全国37个省市在申报示范校时各省市最多可申报的学校数，尽管在政策中，关于名额分配做了一定的说明,“控制数的拟定采取各地事业发展因素分配法，主要参考了各省市中等职业学校在校学生数、职普比、地方教育事业费拨款、双师型教师比例、技能大赛获奖情况等因素”③。但毫无疑问，对于示范校名额的分配，在实践中仍存在诸多非议，一位被访者则直接表达了对示范校名额分配的疑问：“示范校在不同地域分布严重不均。我在参加一些会议时了解到部分地区示范校数量过多。例如云南曲靖地区约600万人口，有20所以上的示范校，而我所在的湖北十堰

① 摘自笔者的访谈记录。

② 摘自笔者的访谈记录。

③ 注：2010年度国家中等职业教育改革发展示范学校建设计划项目学校控制数名额分配表。

地区约有350万人口，而示范校仅有4所。”[①]当然，这其中质疑的是名额分配的依据和标准，尽管我们也深知，采用任何的标准都会引起质疑。

除了上述“规则”受到质疑之外，还有诸多“规则”都引起了政策执行者的不满。例如，关于资金使用制度方面：“示范校建设过程中，要求一大部分资金要用在软件提升上，但部分院校的专业课教师工作任务繁重，课时量大，几乎抽不出时间外出参加培训和学习，即使外出培训和学习，但严格的报销制度，使老师自己需要承担一部分在外学习的费用”；“资金的到位问题、使用问题（不到位现象、突击花钱），所有资金使用缺乏灵活性，例如，在建示范校过程中，很多的老师加班加点，对资料的收集整理、校本教材的开发、教学资源库的建设等付出很多，但因为资金使用限制，出现不能支付教师薪酬现象”。[②]关于示范校建设需要提供大量佐证资料问题，“作假（编造大量的数据、资料：课题、证书、论文、成绩册等，验收过后日常教学仍然是老样子）、表面文章（很多机器设备花了大价钱买回来只是摆在那里，或弃之一边只等验收时用，还有就是机器设备运行要花费大量的金钱，学校为了省钱，连基本的学生需求的实训都不能用；实验实训室的设备很少对学生开放，只是用来应付验收，造成极大浪费）”。[③]关于示范校建设周期问题，“示范校建设周期短，从申请到建设验收一共两年时间，有的学校在前一年半的时间里甚至都不知道从哪些方面着手，直到马上验收了，紧急购置设备，突击花钱，突击造假等”[④]。

显然，中职示范校政策并不意味着出台一个《意见》、下发一个《通知》或者出台一项《管理办法》这么简单，一项政策要真正出台，特别是大量“规则”的制定，显然需要广泛征求公众意见，否则就会引发各种问题；在“规则”执行过程中，更需要及时监测与评估，并对规则进行修改和完善，但是，应该如何监测与评估呢？这一问题值

① 摘自笔者的访谈记录，提及数据的真实性有待验证。
② 摘自笔者的访谈记录。
③ 摘自笔者的访谈记录。
④ 摘自笔者的访谈记录。

得反思。

（二）各省市教育行政部门在预评、决定本省市示范校名单过程中也身兼双重角色

按照中职示范校政策规定的遴选条件和要求，是需要以省市和地区为基本单位去申报的运行模式，因此，对于各省市地方教育行政部门来说，在执行中央政府的相关政策时，“各地由省级教育行政部门牵头，会同有关部门组织第一批项目学校填报项目建设进展情况有关数据、材料和信息”。地方省市教育行政部门在中职示范校政策实施过程中，充当着“组织者”的角色：“各地要根据教育部、人力资源社会保障部和财政部文件精神、项目管理办法和技术规范，按照质量监测体系各项指标要求，指导本地区第一批项目学校完成填报工作。各校填报的数据和信息须完整、真实、有效，并在规定时间内由各地统一提交至中央数据库。”①在中职示范校质量监测过程中，省市级教育行政部门又承担着“指导者”的角色。除上述“组织者”和“指导者”角色之外，当省市地方教育行政部门依据相关政策对管辖范围内的中职学校进行遴选和评审时，无疑地方教育行政部门又在充当着规则的“制定者”和“评判者”角色。在大部分示范校建设过程中，多数省市均制定了本省市遴选标准、要求和程序，当其所辖范围内的中职学校按照其指定的规则和程序申报示范校建设单位时，省市教育行政部门具有评审权和决定权，因此，各省市教育行政部门也在某种意义上也充当了双重角色。

（三）学校作为“政策执行者”与自我评估中的“监测者与评估者”，难以规避维护自身利益的行为倾向

尽管中职示范校的政策直接执行者在某些情况下充当“被监测者”和“被评估者”，但却在“自我监测与评估”中，同样充当了“既是裁判员又是运动员”的角色，而这一角色最大的风险在于，在政策执行过程中无法完全规避政策执行者维护学校组织自身利益的风险。

---

① 教职成司. 关于开展第一批国家中等职业教育改革发展示范学校建设过程质量监测工作的通知[EB/OL]. [2015-12-12]. http://www.gxwx.com/gsx/article/13.html.

学校是一个特殊的社会组织，美国教育组织行为学家罗伯特 · G. 欧文斯认为，组织研究者目前已对学校组织的性质基本达成共识，即认为学校组织是一个“双重系统的教育组织”，也就是说学校组织既具有鲜明的科层组织特点，同时又具有松散结合的特征。①达林则通过对多种组织理论进行研究后发现，没有任何一种关于组织的观点能概括出学校组织的所有特点。例如，学校组织具有结构主义理论所具有的关注效率的特点，具有人本主义理论所具有的对人力资源关注的特点，具有政治学理论关注的学校系统内的资源配置及不同利益群体间的权力关系之特点，还具有符号学观点所关注的事件发生的意义，以及圣吉所言的学习型组织特征。②不管如何界定学校组织的性质，学校组织作为一个行动主体，其并不像我们想象的那样没有需要、没有情感、没有利益需求，而是有自己的行动目的和理性偏好。“现实实践中纷繁多样的学校组织行动样态，就是学校组织行动者在具体行动中不同理性选择的结果。学校组织行动的目的理性有三种，即经济理性——追求利益最大化，制度理性——获得社会合法性，专业理性——践行专业价值与理想。”③显然，追求学校组织利益最大化是任何一所学校的本性使然，对中职示范校建设项目中的诸多中职学校来说，追求学校的利益最大化可以说几乎是每一所示范校建设学校的行动偏好和必然选择，没有任何一所被批准为建设学校的中职学校，不会在验收评价、建设质量监测过程中追求利益最大化。而与利益最大化直接相关联的就是学校能否顺利通过验收，能否顺利获得“国家中等职业教育改革发展示范学校”这一称谓。这一称谓直接标志着学校在办学质量、人才培养质量等方面达到的级别与层次，这一结果也兼具物质与精神利益。因此，也就不难理解，尽管影响中职示范校建设过程及结果的诸多变量非常复杂，例如每位参与建设的个体行动者的态度与

① [美]罗伯特 ·G. 欧文斯. 教育组织行为学（第 7 版）[M]. 窦卫霖，温建平，王越，译. 上海：华东师范大学出版社，2001：158.

② [挪威]波 · 达林. 理论与战略：国际视野中的学校发展[M]. 范国睿，译. 北京：教育科学出版社，2002：71-74.

③ 王海英. 学校组织的行动逻辑——行动者的观点[D]. 东北师范大学博士学位论文，2009.

行为、中职示范校建设的管理组织结构、决策者的意志与决策行为、中职学校在建设示范校过程中所形成和建构的校园文化等，但是为了维护学校作为一个整体组织的利益，上述影响因素在关键时刻（例如质量监测与验收评估），都毫无疑问会让位于组织的共同利益。由此，就会产生各种有利于学校组织自身的、有可能是“非正当”的行为，诸如，在示范校建设过程中所发生的很多造假行为。这就“赤裸裸”地表明了学校组织在维护自身利益最大化时的行为选择偏好。例如，在我们的访谈中，甚至许多中职示范校的利益既得者都表达了对这种“造假”行为的无奈和不满：

> 示范校建设有盲目赶速度的倾向，规定的指标过高，与中职实际的情况差距过大，2 年时间根本完不成，因而出现各种造假。经费的使用过于死板，对于部分急缺资金的地方没有相应的项目资金，例如教师加班加点的薪酬等，不能由示范校资金来出。
>
> 创评示范校真的能反映学校的实际办学水平吗？从学校所在市县教育管理部门造假，到学校领导、教师造假，到底是示范校标准过高还是职校原有水平太差？但这些职校都是原有的国家或省市级重点校，是不是也在侧面说明原有的重点校就有问题？
>
> 示范校建设周期短，从申请到建设验收一共两年时间，有的学校在前一年半的时间里甚至都不知道从哪些方面着手，直到马上验收了，紧急购置设备，突击花钱，突击造假等。
>
> 示范校模式固定化：随着第一批建设完成，从申报、立项、建设、验收已经形成了一套模式，后期的申办校和建设校只要按照这套模式去准备材料就可以了，根本不用考虑自己的优势和特色，即使有特色和优势也不敢轻易用，担心不符合验收标准而不合格。学校不是最大的受益者。面对国家 1000 万的投资，这块蛋糕催生了一批社会上的专业机构，有的学校（特别是第三批）将示范校建设的任务全部外包给这些专业机构，学校只派几个老师跟着外包公司即可，而这些专业机构大多按照商业模式来运作，

例如在旅游景点组织培训、软件开发、帮助学校开发课程、建立资源库、帮助学校建立校企合作、帮助学校聘请专家、材料外包等。这些固然降低了示范校建设的难度，节省了教师的时间，但学校的教学、实训、教师的个人能力没有得到任何提高。为了完成任务而陷入无休止的造假之中。学校教师完全是为了完成任务而准备材料，项目建设和学校发展完全成了“两张皮”。

尽管有上述不满和怨言，但也正如我们看到的一个事实：三批项目建设学校，经过两年的建设，绝大多数的项目建设学校都顺利通过了示范校建设验收。[①]很显然，在自我监测与评估过程中，绝大多数学校选择了有利于自己学校顺利通过评估的“自利”行为，从这一意义上来看，学校组织是一个“理性”的自利的组织。“在整体行动中，学校组织维持三种理性的协调‘平衡’以保障组织生存；在具体行动中，学校组织选择适合情境的‘最佳’理性以取得满意效果；在全部行动中，学校组织坚持‘偏好’理性的全面统筹以实现最大效用。”[②]

也就是说，中职示范校建设学校在实施自我评估过程中，充当自我评估者，其在政策监测与评估的结果中有着自己的利益。“支配评估者的一种动机是实施全面和准确的政策评估，以为制定好的政策提供条件。然而，评估者的个人利益也要求其实施的评估能够增加而不是减少自己的职业机会。在许多情况下，这样的利益动机驱使评估者追求复杂的和技术正确的评估报告，而不是具体的环境所需要的那种真正的评估报告，因为这会给自己的同事和未来的委托人留下深刻的印象，从而增加职业机会和声望。在其他一些情形下，个人利益会迫使评估者在报告极端否定性的评估结果时迟疑不决，因为他担心背上不

① 注：第一批中职示范校参加验收学校 276 所，其中通过验收学校 251 所，暂缓通过验收学校 18 所，没有通过验收学校 7 所；第二批中职示范校参加验收学校 385 所，其中通过验收学校 341 所，暂缓通过验收学校 41 所，没有通过验收学校 3 所；第三批验收结果显示，第三批 341 所加上第一批和第二批暂缓通过的共 398 所学校经过验收，共有 11 所中职学校未通过验收。

② 王海英. 学校组织的行动逻辑——行动者的观点[D]. 东北师范大学博士学位论文，2009.

友好的评估者的名声，从而减少自己的工作机会。”①

二、“人”之痛：中职示范校评估和验收指标是否把“人”放在了首位？——中职示范校政策执行监测与评估价值取向偏差与异化

尽管从本质上来讲，“价值”存在于事物本身，是事物本身的一种属性，但“价值”一词更是一个“关系范畴”，即“价值是普遍存在的但并不是独立自存的，而是存在于事物之间的相互联系之中，其基础在于事物的相互依赖性，归根到底在于一个事物对于另一个事物的有用性”②。中职示范校政策执行监测与评估的价值是政策执行监测与评估活动所追求的一种应然状态，反映了人们对于中职示范校建设的期望、信念和理想，也就是说，中职示范校政策执行监测与评估的价值是一个关系范畴，反映的是中职示范校对于监测与评估主体生存和发展需要的满足关系及满足程度。可以说，中职示范校政策执行监测与评估价值是监测与评估活动的灵魂和旨归。

显然，追求身处中职示范校建设情境中的“人的全面、终身发展”、中职示范校自身的“健康、可持续发展”，以及中职示范校对国家和社会发展的积极促进作用，中职示范校对其他中职学校的示范、引领及辐射作用等，应成为中职示范校政策执行监测与评估价值选择的应有之意。也就是说，中职示范校作为一种社会公共组织，是社会的一个构成部分，需要评估中职示范校对社会和国家有多大贡献，公众和社会对中职示范校的满意度如何。毕竟公众以纳税人身份为中职学校提供经费，纳税人有权检验经费使用对其产生的效益。当然，中职示范校作为一种具有“自组织”特征的社会组织，其还是知识和技术技能创新的承载者，这也是中职示范校存在的前提和基础，因此，监测与评估还要有利于中职示范校自身对知识和技术技能的创新，这是保障中职示范校健康、持续发展的内在动力。除此之外，还有更为

① Robert Nakamura, Frank Smallwood. The Politics of Policy Implementation[M]. New York: St. Martin's Press. 1980: 201.

② 赵斌. 关于价值问题的几点思考[J]. 山东省经济管理干部学院学报，2002（1）.

关键的一点，即中职示范校还要为身处其中的、职教中的“人”负责，示范校中每个个体的存在使中职示范校具有了生命的价值，因此，中职示范校政策监测与评估的一个“不可或缺”的价值，就在于中职示范校建设使身处其中的每一个个体的潜能和发展能力获得最大可能的发展，使每一个生活在中职示范校情境中的个体感觉到生命的价值和意义。

显然，如果按照上述三维价值取向来审视中职示范校政策执行监测与评估实践，就会发现中职示范校政策执行的监测与评估出现一定程度的价值取向偏差或异化。典型的表现是：过度关注国家和社会，以及中职示范校建设项目自身等两维价值选择，而在很大程度上忽视评估价值取向的第三维——示范校建设中的“人”的价值维度。而这种过度关注中职示范校政策监测与评估社会和国家，以及学校自身发展功能的现象，在中职示范校管理办法中所倡导的监测与评估体系“规则”中可窥见一斑。例如，教育部、人力资源社会保障部和财政部颁布的《关于印发〈国家中等职业教育改革发展示范校建设计划项目管理暂行办法〉的通知》提出：“建立部际联合监督检查、地方监管和项目学校自我监测的三级监控考核体系，对项目学校建设计划的实施实行事前科学论证、事中监控指导、事后效益评价的全过程审核、监控和考核。”[①]该通知对三级监管机构的职责做了规定。其中，中央政府层面承担绩效信息采集、组织年度检查等职责，“教育部、人力资源社会保障部和财政部依据项目学校的项目建设方案和任务书，分阶段采集绩效考核信息，组织对项目学校进行年度检查，检查结果作为调整年度项目预算安排的重要依据。对年度绩效考核不合格的项目学校，终止经费支持”。省级政府则承担指导、检查项目学校等职责，“省级教育、人力资源社会保障和财政部门负责指导项目的实施，检查和监督项目学校的建设进展情况，及时解决建设过程中的问题”。项目学校

---

① 教育部，人力资源社会保障部，财政部. 关于印发《国家中等职业教育改革发展示范校建设计划项目管理暂行办法》的通知[EB/OL]. [2016-08-09]. http://www.moe.gov.cn/srcsite/A07/zcs_zhgg/201107/t20110706_122441.html.

最终承担各项绩效信息的填报、管理和考核等职责,“项目学校举办者负责领导项目的实施，切实履行各项资金及政策支持承诺，确保项目实施质量与进度。项目学校负责项目建设日常工作和过程管理，设立专门机构，建立管理责任制和绩效考评机制”。尽管从监测与评估理念上的“注重过程性监测与评估”，以及采用多元主体进行监测与评估等方面值得肯定，但毫无疑问，上述监测与评估机制更强调项目本身以及国家和社会价值取向，更强调监测与评估的“管理”价值。尽管这种价值取向无可厚非，但笔者认为，中职示范校政策监测与评估对示范校建设中的“人”的维度的重视程度不够，对“人”这一价值取向维度的忽视，往往容易使监测与评估失去其根本旨趣，极易导致评估中的“本末倒置”现象。也就是说，评估的最终落脚点还要以最终促进中职示范校建设中的“人”的发展为最终目的，否则监测与评估就失去了其存在的理由和基础。

中职示范校政策监测与评估对示范校建设中的“人”的维度重视程度不够，更多地体现在中职示范校建设验收评估的指标体系中。从中职示范校验收指标体系来看，共6个一级指标，包括项目建设基本情况、重点专业建设项目、特色建设项目、建设资金、贡献与示范、建设成果。显然，一级指标均指向中职示范校建设项目本身；二级指标共10个，包括项目建设总体情况、建设工作机制与举措、人才培养模式与课程体系改革、师资队伍建设、校企合作工学结合运行机制建设、特色项目建设情况、经费投入与支出、贡献、示范、建设成果。这些指标的内涵均侧重于项目的“创新示范”作用的考量，显然，这些评价指标仍指向“项目”本身。细细审视这些验收评价指标，尽管指向“项目”本身的指标价值取向是该政策监测与评估题中应有之义，但如果这些指标不考虑实际情况，特别是身处其中的“人”的情况，那么，这种监测与评估就存在“异化”的风险。在调查中，我们发现，许多中职学校教师和管理者反映,示范校验收的指标中包含了许多“功利化”的指标。例如，在示范校两年建设期内，教师被要求参加多少次培训、出多少本教材、开发多少门课程，学校要与多少企业建立合作关系、开发多少新专业、培训多少人次等。客观地说，这些指标是否真正关注到了教师这一学校中最重要主体的专业发展问题？访谈中，我们了解到，许多政策执行者（教师）对中职示范校建设有不同的声音。

> 校本教材编写难度大，教师缺乏内生动力，缺乏积极性，大量的材料补充工作给教师带来很多额外的工作时间，教师超负荷运转。
>
> 教师有了很多的培训机会，但是对职校老师来说，最缺的是最新的或者是跟企业对接的技术实践能力，但教师培训不能或很难满足教师的这些要求，教师培训效果不明显。
>
> 用于师资培训的费用：培训效率低，劳民伤财，个别学校在挑选参加骨干教师培训的标准上采用谁招生多谁去参加培训，极大打击其他教师积极性。硬性规定参加培训的学时（例如 5 年 360 学时的培训），强制老师参加一些不需要的培训。
>
> 校本教材在建设阶段要求每一科任老师都要根据实训项目出一本教材，但验收过后，这些校本教材就像废纸一样被堆置在仓库之中，从来不用。购置设备中的重复购置。

除上述对"人"的关注缺失之外，为了完成验收评价指标，部分材料造假挑战了教师的尊严，在我们的访谈中，一些政策执行者（管理者及教师）的心声或许能在很大程度上说明这一问题。

> **访谈对象 1**
>
> 首先，示范校建设虽然带给我们很多改善，可是也耗费了我校几乎全部教师的精力以及学校大量的人力、物力，这样，教师就不能全身心投入到教学中，有悖示范校建设的本意。其次，示范校建设过程中，有非常非常多的材料要整理，在整理的过程中就存在各个学校之间相互借鉴、抄袭的现象，有些形式主义，我就有疑问，示范校建设是否有必要整理如此之多的文字材料？再次，经过三年的示范校建设，学校能否得到真正的改善？人才培养的质量能否得到真正的提高？我对此有疑问。最后，示范校建

设的过程中，制定的各种相关制度，包括鼓励性的、制约性的，能否得到实施？如何保证这些制度的长久有效实施？这就是我对示范校建设的一些看法。

被访谈的另外两位政策执行者也表达了同样的心声。

访谈对象 2

我是汽车维修专业的一名普通老师，具体分给我们专业多少钱我不记得了，但是我想问问这些钱花在哪里了？第一，校本教材的建设，每一科任老师都必须根据实训项目出一本校本教材，但教材印刷完毕像废纸一样放在仓库从来不用。第二，借此机会，重复买了许多学生技能大赛所需工具、设备、耗材。第三，和企业共同开发了两门实训课程，一门课程 40 万，但没有得到真正利用。第四，新建了汽车 4S 店营销中心和现代化一体化多功能教室。总而言之，这些钱花得让人心疼，没有达到物超所值，只是按规定把钱花完了。当然，这只是我的个人想法而已。

访谈对象 3

我可以用几个词概括我的感受。首先，“创造”，加引号的创造！我们学校在校生在申报示范校时 2000 人左右，但示范校批下来之后，全校学生也就 1000 人，为了能完成任务，领导发动全体教师“创造”学生，包括学生名单、成绩单以及其他教学资料。当然，还有相应的校本教材、论文。其次，“无休止”地加班。除了正常上课的老师，其他老师都在“加班”，内容包括撰写调查报告、购买设备等，导致老师们都疲惫不堪。另外，我们还要应付各种参观，每次都要进行卫生大扫除，今年 5 月份，市教委提出建设“美丽校园”，我们学校让学生停课一周进行卫生大扫除，正常的教学计划因此未能完成。还有，为了示范校建设，我校毕业生顶岗实习时间推迟一个月，为的是让这些毕业生充当人数。再次，教学改革。为了配合示范校建设，我校有两个专业进行“一体化”教学改革，从两个年级的学生教学效果看，学生的职业素质比以前教学方式的学生有了很大的提高。最后，校园环境，因为示范校建设，我校的实训设备进行了更新换代，将一批老旧差的设备进行淘汰，新进一批新的设备，还建了几个新的实验室。整体来讲，国家的政策是好的，但是验收时的要求太高，导致学校在建设时没底。

当然，更为关键的是，中职示范校监测与评估验收指标中，尽管也涉及了“学生”这一重要主体，但仅通过一些硬性客观的数字，例如招生数的增加、就业率等指标来评估，难免存在一定偏差。

第三章　国外政策执行监测与评估的技术、方法与模式研究

第一节　国外政策执行监测的作用、方法与技术

按照美国政策学者威廉·N. 邓恩（William N. Dunn）的观点，“政策建议可以看作是对政策行为同政策结果之间关系的一种假设：若在时间 t 采取政策 P，结果 O 就会在时间 t+1 出现。通常，有理由相信政策会起作用，否则它们就是盲目的推测或纯粹的空想。然而，‘政策假设’必须受到随后经验的验证”[①]。另一位美国著名政策学者托马斯·R. 戴伊（Thomas R. Dye）也坦言，“美国人经常认为，一旦法律获得通过，官僚机构得以建立并且相应的资金得以支出，则相关的政策目标就一定能够实现。我们假定，如果国会采纳了政策并为之拨款，如果行政机关设计了方案，雇用了人员，配备了资金，并且采取了执行该政策的行动，那么整个社会就可以得到其所期望的政策效果。不幸的是，这些假设并不总是成立的。许多政府规划实施的经验表明，需要对公共政策的实际效果进行仔细的评估”[②]。显然，在政策执行与政策目标达成之间，政策执行监测与评估不可或缺。

① [美]威廉·N. 邓恩. 公共政策分析导论（第四版）[M]. 谢明，伏燕，朱雪宁，译. 北京：中国人民大学出版社，2011：189.

② [美]托马斯·R. 戴伊. 理解公共政策（第十二版）[M]. 谢明，译. 北京：中国人民大学出版社，2011：285.

一、政策执行监测的作用、信息来源以及政策结果区分

（一）政策执行监测的重要作用

在美国政策学者威廉 · N. 邓恩（William N. Dunn）看来，监测至少有四个主要作用：监察、审计、核算和解释。“监察，监测有助于确定项目执行人员、官员以及其他利益相关者是否按照立法者、管理机构和专家组所制定的标准和程序开展行动。审计，监测有助于确定原来计划安排用于特定目标群体和受益者（私人、家庭、市政当局、州、行政区域）的资源是否真正各就其位。核算，监测所产生的信息有助于对大范围公共政策和项目的执行所引起的社会和经济的变化进行核算。解释，监测还可以提供关于公共政策和计划结果出现变异的原因信息。”①可见，政策执行监测在政策执行与目标达成之间起到非常关键的作用。

事实也确实如此，职业教育政策执行过程面临着多种不确定性因素的影响，任何一项职业教育政策的政策假设与政策目标的达成之间都布满“荆棘”和“不确定性”，因此，政策监测就显得日益重要，否则，政策得不到贯彻实施甚至成为一纸空文的情况就会经常出现。“在某种意义上，每项公共政策的实施可以用苗圃中栽植的幼苗做比喻。幼苗可能经历很大的自然变化，其结果可能长成一棵小树，也可能长成一棵大树。但是，幼苗一旦栽入土中，要想让它照预期成长起来，就需要水、养分和培植。如果任其自然生长，这棵幼苗的前途就不确定。政策的实施也是如此。”②显然，职业教育政策执行之后产生的结果永远无法完全预知，因此，在职业教育政策执行开始后，对政策执行的过程及其结果进行监测至关重要。

具体而言，政策执行监测的目的是描述政策是如何运行的，通过记录政策执行之后带来的各种变化，来说明政策执行与政策结果之间

① [美]威廉 · N. 邓恩. 公共政策分析导论（第四版）[M]. 谢明，伏燕，朱雪宁，译. 北京：中国人民大学出版社，2011：190.

② 陈振明. 政策科学——公共政策分析导论（第 2 版）[M]. 北京：中国人民大学出版社，2003：347.

的关系。通过对政策执行过程的监测，可以分析政策目标与政策执行手段、预期政策目标与实现政策绩效之间的差距，发现其中存在的问题，并从中寻找解决问题的办法，如调整政策目标、加大政策执行力度、重新配置政策资源、提高政策执行者素养等。

（二）职业教育政策监测信息的来源

要实现真正地监测职业教育政策执行情况，必然需要相关的、可靠的、有效的政策运行的相关信息。“在美国，联邦、州和地方政府、私有的研究结构和高校都花费了大量费用在各试点对政策结果方面的信息进行定期采集。”[①] 例如，美国人口普查局、劳动统计局、联邦机构和研究院下属的办公室和技术情报交流中心，美国国家教育统计中心，美国规划、评估和政策发展办公室，美国政策和项目研究服务处、非营利研究中心，欧盟和联合国机构公开出版的政策结果信息及联邦和各州提供的关于教育的专门项目和计划的报告等。

（三）政策执行的监测要区分政策产出与政策影响

政策影响与政策产出不同，在对职业教育政策执行情况进行监测的时候，必须对政策产出和政策影响这两类政策结果予以区分。那么，什么是政策产出？什么是政策影响？

按照威廉 · N. 邓恩的观点，“政策产出（policy outputs）是目标群体和受益者所获得的货物、服务或其他资源。老年人获得人均福利支出以及家庭食品服务数量就是政策产出的一个例子。相反，政策影响（policy impacts）是指由政策产出引起的人们在行为和态度方面的实际变化。例如，如果提供给老年人的家庭视频服务数量是政策产出的一个合适衡量指标，那么老年人日均蛋白质摄入量就是政策影响的一个衡量指标”[②]。托马斯 · R. 戴伊也提出，“政策的影响是它对现实世界产生的所有效果，包括如下方面：对目标情形或群体产生的影响；对目标外的情形或群体产生的影响（溢出效应）；对近期以及未来的状况

① [美]威廉 · N. 邓恩. 公共政策分析导论（第四版）[M]. 谢明，伏燕，朱雪宁，译. 北京：中国人民大学出版社，2011：190.

② [美]威廉 · N. 邓恩. 公共政策分析导论（第四版）[M]. 谢明，伏燕，朱雪宁，译. 北京：中国人民大学出版社，2011：191.

产生的影响；直接成本，就是方案实施直接消耗的资源；间接成本，包括失去的去做其他事情的机会，也叫作机会成本”[①]。

区分政策产出与政策影响的最大意义在于监测该监测的政策信息，而不能“眉毛胡子一把抓”，导致政策执行监测失去其真正的意义。从目前美国相关研究成果来看，诸多政策学者都赞成政策执行监测不能仅仅监测政策产出，而且还要监测政策影响。在通常情况下，政府似乎是能对政策产出做到较好的监测，而恰恰对政策影响监测不到位。从目前来看，“在评价政策影响时，我们不能仅仅满足于衡量政府的行为。举例来说，目标群体的人均支出美金数额（每个小学生的教育支出、人均福利支出或人均医疗支出），并不能对一项政策在目标群体上产生的影响做出真正的评估。它仅仅是对政府活动的一种测算，也就是说，是一种对政策产出的衡量。遗憾的是，许多政府机构做了大量统计工作来衡量产出，比如已支付的福利补助、逮捕的罪犯和起诉数量、医保支出和学校招生人数等，但是这种‘数豆子’的方法几乎不能说明关于贫困、犯罪、健康或教育的状况。我们不能只满足于计算出一只鸟扇动了多少次翅膀，而必须知道这只鸟已经飞行了多远。”[②]

在政策执行过程中，对政策进行监测与评估时，除了区分政策产出和政策影响之外，还要对政策的目标群体有清晰的识别。“目标群体是指政策方案试图影响的那部分人群，比如穷人、病人以及居住条件恶劣者。”[③]威廉 · N. 邓恩也提出：“目标群体是受政策或计划影响的个体、群体或组织，而受益者则是指政策影响对其有益的群体。”[④]在一定意义上，任何一项政策都会有比较明确的政策目标群体，因此，

① [美]托马斯 · R. 戴伊. 理解公共政策（第十二版）[M]. 谢明，译. 北京：中国人民大学出版社，2011：285.

② [美]托马斯 · R. 戴伊. 理解公共政策（第十二版）[M]. 谢明，译. 北京：中国人民大学出版社，2011：284.

③ [美]托马斯 · R. 戴伊. 理解公共政策（第十二版）[M]. 谢明，译. 北京：中国人民大学出版社，2011：285.

④ [美]威廉 · N. 邓恩. 公共政策分析导论（第四版）[M]. 谢明，伏燕，朱雪宁，译. 北京：中国人民大学出版社，2011：191.

在政策执行监测时，要重点监测颁布的政策方案或计划对目标群体所产生的影响，如改变学校办学状况、降低辍学率、提高入学率等，当然，这其中也包括对政策方案是否要改变目标群体的知识、态度、行为等做出监测。需注意的是，对政策产出和政策影响进行监测时，认识到"目标群体不一定是受益者是重要的"，因为某项政策的直接目标群体与政策实际"受益者"可能不是同样的一个群体。例如，"由职业安全和健康署执行的联邦计划的目标群体是工业制造公司，受益者却是工人及其家庭"[①]。

二、职业教育政策执行监测的方法与技术[②]

美国政策学者威廉·N. 邓恩（William N. Dunn）认为，政策执行的监测可以通过四种相互区别的方法来进行，即社会系统核算、社会实验、社会审计和综合实例研究，如表 3-1 所示。

表 3-1　四种监测方法的主要对比

监测方法	控制类型	所需信息类型
社会系统核算	定量	任何可获得的/最新的信息
社会实验	直接控制和定量	最新信息
社会审计	定量和/或定性	最新信息
综合实例研究	定量和/或定性	可获得的信息

表 3-1 中的"控制类型"，意即政策执行监测的方法可以依据他们对政策行为变量实施控制方式的不同进行区分，例如上表中，除了社会实验属于政策投入和政策过程的直接控制之外，其他三种方法均通过事后确定观测到的结果变量有多少是由于政策投入和过程引起的，并与政策行为无直接联系的不相关因素做比较，以"控制"投入和过程。"所需信息类型"意即各种监测方法可以根据各自不同的信息需求

① [美]威廉·N. 邓恩. 公共政策分析导论（第四版）[M]. 谢明，伏燕，朱雪宁，译. 北京：中国人民大学出版社，2011：191-192.

② 本部分内容主要参考：[美]威廉·N. 邓恩. 公共政策分析导论（第四版）[M]. 谢明，伏燕，朱雪宁，译. 北京：中国人民大学出版社，2011：191-192.

来区分。例如，社会实验和社会审计需要收集最新的信息，社会系统核算可能需要也可能不需要最新的信息，而综合实例研究则必须依赖可获得的信息。

（一）社会系统核算

“社会系统核算（Social Systems Accounting）是允许分析人员对主观和客观社会状况变化进行监测的一种方式和一套方法。”“社会系统核算”这个词来源于美国技术、自动化及经济进步委员会（National Commission on Technology, Automation, and Economic Progress）的一篇报告，报告建议美国联邦政府应建立一套“社会账户系统”以与国民经济账户系统配合使用。自此，建立社会系统核算工作贯穿了美国整个20世纪60年代和70年代，这期间的一些主要成果是由那些关注社会变迁的主观和客观测量指标的社会科学家取得，其他主要的成果来自联邦政府机构。除美国之外，法国、英国、联邦德国等欧美国家政府也做了类似的工作。

社会系统核算的主要因素是社会指标。“社会指标是衡量社会状况及各部分人口随时间变化的统计量。”这里的社会状况既可客观也可主观，既可对联邦政府层面也可对州一级的变化进行监测，还可对某些特殊领域的变化进行监测。具体而言，“社会指标主要用来对政策执行后社会总体发展状况、发展趋势以及社会局部发展做数量分析和客观描述，是衡量总体的各个部分随时间变化而发生的改变以及社会状况的统计量，使政策分析学者以量化的指标追踪社会状况与趋势的方法”[①]。因此，社会指标可以用量化的数据指标来显示一个国家教育（包括职业教育）的发展状况。例如，接受职业资格培训的人次或质量，反映一个国家产业发展水平等。

（二）社会实验

社会实验（social experimentation）是系统控制政策行为的过程，从某种程度上讲，它可以获得关于政策结果变化源头问题的近乎准确的答案。“社会政策实验是指在非真实试验的情况下，运用实验的逻

① 范国睿，等. 教育政策的理论与实践[M]. 上海：上海教育出版社，2011：178.

辑，运用随机分配的方法将社会实验的参与者分成实验组和控制组，不对政策实施环境施加控制，系统控制政策行为，通过跟踪观测和对照比较，考察政策对参与者的影响，进而检验不同政策的效果。”①

社会实验的步骤一般分为四步：首先，由监测者随机选择实验对象作为研究样本，将样本分为实验组（接受实验处理）和控制组（不接受处理或接受与实验组不同的处理），并确定施加实验组的政策措施（实验处理）及其监测指标；其次，对实验组施加实验处理，对控制组则不施加控制措施或做显著不同于实验组的处理；再次，监测两组结果；最后，对政策效果和产出进行对比分析和评估。

社会实验的最大缺陷是外部有效性差。“所谓外部有效性是指因果推理在实验特定环境以外的适用性。”②影响政策产出外部有效性的几个重要因素包括解释说明、检测、样本选择、人为环境等。“在监测政策过程，包括雇员和顾客相互作用的方式以及他们变化着的态度和价值，社会实验常常不能令人满意。许多重要的政策和计划是非常复杂的，而社会实验对政策过程的处理过于简单化。”③

（三）社会审计

前两种监测方法与技术有一个共同的局限，即两种方式都忽略了政策过程或者将其过于简单化，而社会审计可以克服这一缺陷。社会审计是目前监测政策执行过程的主要方法，目前为世界各国政府及非政府组织等采用。“社会审计（social auditing）清楚地监测着投入、过程、产出及影响之间的关系，其目的是试图跟踪资源投入‘从资源开始投入到被预定的接受者接受’。”④用社会审计已经被美国兰德公司和美国教育研究院的分析人员用于分析教育政策和青少年政策，它可

① 范国睿，等. 教育政策的理论与实践[M]. 上海：上海教育出版社，2011：150.

② [美]威廉·N. 邓恩. 公共政策分析导论（第四版）[M]. 谢明，伏燕，朱雪宁，译. 北京：中国人民大学出版社，2011：201.

③ [美]威廉·N. 邓恩. 公共政策分析导论（第四版）[M]. 谢明，伏燕，朱雪宁，译. 北京：中国人民大学出版社，2011：201.

④ [美]威廉·N. 邓恩. 公共政策分析导论（第四版）[M]. 谢明，伏燕，朱雪宁，译. 北京：中国人民大学出版社，2011：201.

以帮助确定政策结果到底是政策投入的不足导致的还是由于资源或服务偏离了预定目标群体或受益者所引起的。用社会审计与社会系统核算以及社会实验等方法做比较，可以发现社会审计同其他监测方法的根本区别。例如，在两项重要研究中，人们利用社会系统核算和社会实验来监测教育政策，其中一项是“受教育机会均等性（Equality of Educational Opportunity）”，社会系统核算对不同层次教学资源的效果通过测量资源投入（教师、教材、学校设施）和结果（以不同层次学生的成绩衡量）之间的关系来监测；另一项是西屋教学公司的启蒙计划的评估（Westinghouse Learning Corporation's evaluation of the Head Start Program），采用社会实验的方式，对“特别阅读及技巧开发活动（投入）”与“受训儿童的认知和预感能力”之间的关系进行实验。这两种方法的本质特征是：“要衡量政策投入和政策产出，并且将二者联系起来（当然要利用实验或统计控制来消除环境变量的影响）。任何制度性结构干预都被当作黑箱，将资源投入这个黑箱中，然后任何所需要的结果及负效应则从里面产生。在上面提到的第一个研究中（受教育机会均等性），学校就是黑箱。投入到其中的资源就是教师、师生比、教材年限、图书馆规模以及大量对学校资源的传统衡量。产出就是学生在文学和数学技能方面的成绩。在第二项研究中，资源投入就是由启蒙计划（Head Start）提供的额外资源；产出就是学生认识和感受能力的衡量。”[①]在对政策过程进行监测时，社会审计可以提供“黑箱”中发生的重要信息，而这一过程主要通过资源分离和资源转换来实现，资源分离是通过行政系统将资源转移，使最初的投入同预定目标群体和受益者相分离；资源转换在政策执行过程中，政策目标群体与政策受益者可能不一致，政策资源与目标群体的实际接受者也可能不同。因此，监测者需要仔细考察资源是怎样使用的，资源投入转化为政策产出和影响的过程是怎样的，是什么原因导致政策目标群体感受不到资源投入成效的。

① James S. Coleman. Policy Research in the Social Science. Morristown, NJ: General Learning Press, 1972: p.18.

（四）综合实例研究

综合实例研究是对政策执行过程和结果进行的一种系统整理、对比和评价，该方法被广泛应用于诸多政策问题领域。综合实例研究的信息来源主要有两个方面：一个是有关政策形成与执行的案例分析，另一个是阐述政策行为与结果联系的研究报告。该方法应用于案例分析时，要以案例调查法为基础。“案例调查法是指用于鉴别和分析引起政策采纳和执行变异的因素的一套程序，包括涉及政策投入、过程、产出及影响等关键因素在内的案例编码表。”

作为政策执行监测的一种方法，综合案例研究有优点也有不足，优点如案例调查和研究调查方法是整理和评估日益增加的政策执行案例和研究报告的相当有效的途径；综合案例研究的不足在于信息的可靠性和有效性有一定的局限。

第二节　政策执行评估的性质、作用与模式

如果说政策执行的监测关注“事实”，那么，教育政策执行的评估则关心“价值”，即要回答“政策的结果有什么价值？”

一项教育法律或政策通过之后，政府会投入相应资金或其他资源，并且会采取执行该法律或政策的行动，那么，是不是就意味着该教育法律或政策的目标就能如期实现呢？答案往往是否定的。美国著名政策学者托马斯·R. 戴伊曾言：“政府真的了解他在干什么吗？一般而言，答案是否定的。政府通常了解他们消耗了多少资金；为多少人（‘顾客’）提供了各式各样的服务；这些服务的成本是多少；他们的项目是如何组织、管理和运作的；也大概知道有影响力的利益集团是如何看待他们的项目和服务的。”[①]但是，对于这些法律和政策是否真的起作用，是否真的实现了大家对社会、对教育的期望，政府几乎

① ［美］托马斯·R. 戴伊. 理解公共政策（第十二版）［M］. 谢明，译. 北京：中国人民大学出版社，2011：284.

很少回答这些根本问题。究其原因，与“政策执行评估”这一问题密切关联。

一、政策执行评估的性质与作用

（一）政策执行评估的性质

政策执行评估的特性在于其能为政策执行的过程及其结果提供具有价值判断性质的信息，而这种信息不是发生的事实信息（发生了什么）或实施了什么行动（做了什么），而是某种价值观念和信息。所以，政策执行评估主要有如下几个特点。

首先，政策执行评估关注“价值”。与政策执行监测相比，政策执行评估关注政策的有用性、公正性等价值判断。也就是说，政策执行评估是为了确定一项政策的价值或社会效用，而不是简单地收集预期的和非预期的政策执行行为及结果方面的信息。由于政策目标的适用性、正当性总是遭到质疑，因此，政策执行评估还必须包括政策执行过程及结果对政策目标达成情况的评估。

其次，政策执行评估中的“价值”与“事实”相互依赖。政策执行评估对“事实”（往往来自政策执行监测）的依赖与对“价值”的依赖相辅相成，也就是说政策执行评估的基础和前提是来自政策执行监测提供的事实信息，在此基础上对政策执行的结果、产生的效应等做出价值判断。任何一项政策执行的评估，不仅要评估该政策结果对个人、团体或整个社会的“价值”，而且还要评估其在解决某特定社会问题时所采取行为的正当性、有效性等。

再次，政策执行评估往往关注的是“当前”和“过去”的政策执行行为和结果。也就是说，政策执行评估往往具有回溯性，评估的是政策被执行之后所采取的所有的行为，实施政策评估时，这些行为往往都已经发生，已经是过去时态。

最后，政策执行评估是一种价值澄清与评判，价值具有双重性，既可以被当作目的也可以被当作手段。一个既定的价值，既具有自身的内在价值，又可以被作为外在的手段达成其他目的。政策目标不同，同一价值的重要性位次通常不同。

（二）政策执行评估的作用

政策执行评估具有重要的价值和意义。美国政策学者威廉 • N. 邓恩提出，评估具有如下几个重要作用：“第一，最重要的是，评估提供了关于政策绩效的可靠和有效信息，也就是，通过政策行动，需求、价值和机会的实现程度。在这个意义上，评估解释了特定目的和目标的实现程度。第二，评估有助于价值的澄清和评判，该价值支撑目标和目的的选择。通过界定和实现目标和目的，价值得以澄清。通过对所讨论问题相关目标和目的的适当性进行系统的质疑，价值得以评判。第三，评估有助于其他政策分析方法的应用，包括问题建构和建议。”① 显然，在邓恩看来，评估对于提供政策执行信息、评判政策目标实现程度、为价值澄清提供佐证，以及对其他政策分析方法的应用等都具有重要作用。

事实确实如此，政策执行评估不仅是检验政策执行的效果、效益和效率的手段，而且还在很大程度上对政策走向的发展起着决定作用。一项构思精良的政策，是否能如期达到政策制定者的预期目标？如果能又产生了哪些预期效果？政策执行评估作为检验政策执行效果、效益和效率的手段，可以通过搜集整理相关政策执行信息，回答上述问题；另外，伴随着政策目标的逐步实现，一项政策是应该继续推进，还是应该进行调整或者是终止，这些都必须依据政策执行评估提供的客观和主观信息。如果一项政策的执行过程及结果，通过评估之后，发现该政策所指向的问题还未得到解决，政策执行的外界环境也没有大的改变，就可以确定继续执行该项政策；如果一项政策在执行过程中，遇到了新情况和新问题，原来的政策执行环境也发生了变化，原有政策已明显不适应新的环境，那么，通过政策执行评估，就可以考虑对原有政策进行调整和革新，以适应新情况和新问题；如果一项政策在执行过程中经过评估，发现其已不能有效解决新的问题，甚至使得问题变得更为严重，这就需要通过评估，一方面及时终止原有政策，

① [美]威廉 • N. 邓恩. 公共政策分析导论（第四版）[M]. 谢明，伏燕，朱雪宁，译. 北京：中国人民大学出版社，2011：249.

另一方面为新政策的产生提供重要支撑信息。

除了上述作用之外，政策执行评估还是合理配置政策资源的有效手段。一项政策究竟投入多少政策资源，这些资源应怎样配置才能取得最佳效益、效率和效果？只有通过政策执行评估，才能决定投入某项政策的资源的优先顺序和比例。当然，通过政策执行评估，还可以对某项政策执行过程中资源的分配情况进行客观的描述和价值判断，以对后续政策的制定和执行提供借鉴。

二、政策执行评估的模式

在西方政策执行评估实践中，有多种模式，瑞典学者埃弗特・韦东（Evert Vedung）在《公共政策和项目评估》（1997）一书中，从社会科学广阔的视角出发，以“组织者”作为焦点，同时赋予“组织者”更抽象含义，提出了政策执行评估模式的系统分类框架。韦东从政府干预的实质结果入手，根据“组织者”的不同，将评估模式分为三大类：效果模式（effectiveness models）、经济模式（economic models）、职业化模式（professional models）。效果模式主要包括目标达成评估（goal-attainment evaluation）、附带效果模式（side-effects evaluation）、无目标评估（goal-free evaluation）、顾客导向评估（client-oriented evaluation）和利益相关者模式（stakeholder model）等；经济模式主要包括生产率模式（productivity model）和效率模式（efficiency model）；职业化模式主要是同行评议模式（peer review model）。①

（一）效果模式

1. 目标达成评估模式（goal-attainment evaluation）

目标达成评估模式主要由目标达成评价和影响评价两部分组成。其中，目标达成评价关注的是政策结果与政策目标是否一致；影响评价关注的是政策结果是不是由政策实施所造成的。一般而言，采用目标达成模式包括三个步骤：首先，明确政策目标及目标的真正含义，

---

① 陈振明. 政策科学——公共政策分析导论（第 2 版）[M]. 北京：中国人民大学出版社，2003：318.

并对政策目标重要程度进行排序，再把政策目标转化为可以测量的具体指标；其次，测定这些预期政策目标可再多大程度上得以实现；最后，厘清政策促使或阻碍政策目标实现的程度。

韦东对目标达成模式的优缺点进行了总结，他认为目标达成评估模式的要点主要有：一是体现了民主，目标达成模式以预定的政府政策目标作为评估的组织者，政府预定的政策目标是公开而法定的，被人民代表在代表大会上采纳，体现了政治过程中的民主。同时，政策目标是在责任感之下制定的，政治官员在制定目标时会更多地考虑民众利益和可利用资源。二是提供客观标准，以政策目标来判断政策结果，可以避免评估者在评估政策的价值问题上持个人主观标准。三是简单性，该模式只包含两个主要问题，即结果是否与目标一致和结果是否由政策所引起。当然，这一评估模式也有缺点，诸如忽略成本，在目标不清的情况下难以运用，不能考虑意外的结果，忽视实施过程这一“黑箱”的具体运行等。

2. 附带效果评估模式（side-effects evaluation）

附带效果评估关注的是非预期的、预料之外的政策执行效果，这些效果与政策制定者有意识地想要得到的主要实质性政策结果是有区别的，但又不同于政策的反常效果和零效果。政策反常效果是指产生与预期目标完全相反的结果，而零效果是指政策在目标范围内没有产生任何影响。这两者均产生在政策目标范围之内，而附带效果则产生在目标范围之外。

每一项政策在实施过程中都会产生副产品，而副产品反过来会组成或产生新的政策问题，从而推动新的政策的产生，因此，附带效果评估需要受到重视。但是，附带效果评估模式遇到的最大挑战是判断价值时采用的标准问题，即用什么样的价值去评估一项政策的附带效果，目前尚无具体可操作的评估价值取向标准，带来附带效果评估难以操作的问题。另外，如果一项政策的目标本身就是模糊的、不明确的，那么相应的，附带效果评估模式就缺乏可操作性。

3. 无目标评估模式（goal-free evaluation）

针对目标导向评估（包括目标达成评估模式和附带效果评估模

式）忽视真实情境中许多宝贵资料的现象，米歇尔·斯克里文（Michel Scriven）批判了评估者沉迷于预定的政策目标，被政策目标牵着鼻子走的现象，提出了“无目标评估模式”。无目标评估模式的“组织者”不是预定的政策目标，而是政策的结果，不管是预期的还是非预期的结果，政策评估者都要予以关注，即要全面观察政策执行，然后找出所有政策执行的相关结果，尤其是一些可能被忽视的政策结果。这种评估模式完全抛开政策的预定目标和其他事前标准，只分析研究政策结果，单纯对政策结果进行价值判断。

尽管从一定意义上来说，无目标评估模式是基于目标导向的政策评估模式的弊端而提出来的，但由于该评估模式完全忽视评估标准和预定的政策目标，而只依赖于评估者的价值判断，这显然难以规避在政策执行评估中评估者主观因素的影响，从而影响政策评估的客观性和公正性。

4. 顾客导向评估模式（client-oriented evaluation）

顾客导向评估模式将政策干预对象的目标、期望、关心甚至需要作为政策评估的组织原则和价值原则，其关注的核心是“政策是否是使政策目标群体的关心、需要和期望得到满足”。顾客导向政策评估模式正是基于“顾客导向的政府”这一基本理念，认为公共行政在市场领域为顾客提供物品与服务，顾客表明对服务供应的态度会导致服务交付的改进和顾客满意度的提高。

顾客导向评估模式的关键是定位政策的顾客群体，得出顾客对政策的看法，它倡导广泛、多样的政策评估，因此，价值多元化是顾客导向评估模式的一个显著特征。评估者会要求顾客对服务的某些方面做出判断和发表看法，而不同的顾客的需要和对公共服务的满意度肯定是不同的，顾客可以在政策评估中表达不同的意见。因此，顾客导向的政策评估最大的优点是体现了民主和参与，但是，由于多数情况下，顾客的价值标准往往以个人利益为基本价值取向，因此，在评估中个人价值的多元化在政策评估中进行统一和协调面临挑战。

5. 利益相关者评估模式（stakeholder model）

利益相关者是指所有对政策的目标和执行感兴趣并对其具有影

响的团体和个人，该模式与顾客导向模式相似，他们的主要区别是顾客导向模式关心的对象是受影响的一组利益群体，而利益相关者评估模式关心的是所有对象。

利益相关者是一个外延较广的概念。联合国开发计划署对重要利益相关者的界定包括："（1）目标群体：从计划（项目）的结果中最终受益的那部分目标人群；（2）直接受益者：一般是指在承担由特定目标群体所指导的开发任务的同时，可加强其能力的、直接的受益人群；（3）直接管理者：指那些负责保证按计划产生结果的计划管理者及政府职员或联合国执行机构的雇员；（4）资源提供者：负责向计划（项目）提供资源的国家政策制定者及预算部门、UNDP、投资人以及其他开发合作伙伴；（5）外部咨询顾问、供应商以及其他对计划（项目）提供支持的人或机构；（6）在本计划（项目）环境中可能受到计划（项目）结果影响或对其感兴趣的其他机构（私人实体机构、社会组织）。"①

（二）经济评估模式（economic models）

与前述评估模式关注效果不同，经济评估模式最典型的特征是关注成本。这种模式可分为生产率模式和效率模式，生产率模式即产出与投入的比率；效率模式通常被当作公共行政的价值，一般可以从两个方面来测量：成本-利益分析和成本-效能分析。一般而言，政策投入成本往往是政策投入的人力、交通、材料、设备、经常费用等进行测量，投入一般用货币来计算，而产出则根据真实的政策效果来计算。

经济评估模式克服了之前不关注"成本"的政策评估缺陷，把政策投入的成本作为一个重要的评估指标纳入评估，该评估模式一经被引入政策评估领域之后，被迅速广泛采用。但该模式也有其难以克服的缺陷，即有些政策的影响或效果很难完全用数字特别是货币收益等形式来精确表达，诸如政策目标群体态度等方面的变化，就无法完全用精确的数字表达清楚。

---

① 转引自：陈振明. 政策科学——公共政策分析导论（第 2 版）[M]. 北京：中国人民大学出版社，2003：318.

（三）职业化评估模式（professional models）

职业化政策评估模式是指专业人员根据政策目标和自身的价值标准来评估政策的执行情况，主要形式是同行评议。随着民主化进程的加快，同行评议也受到越来越多的人的青睐，同行评议特别着力于对评估对象做一个全面的质量判断，特别是在一些技术性、专业性较强的领域，政府官员越来越倾向于将同行评议等专业性较强的政策评估问题交由受过专门训练的专业人员来完成。“同行评议是指教育政策执行者或教育政策实施对象（如学校）以个案研究的方式，呈现政策执行过程与成效，由同行对政策执行的过程与结果进行评估，或通过讨论达到评估目的。”①

同行评议的程序一般包括如下几个步骤。首先，要选定同行。这里的同行，可以是同一专业领域的专家，也可以是不同区域同一政策的执行者，还可以是不同区域同一政策的目标群体。而且，这些选定的同行必须是独立的，不是政策的利益相关者。其次，评估者与被评估者应相互作用，评估者应考虑被评估者的观点，被评估者要提供相应的政策执行的信息和资料。同行评议的最大优点是由于是相关的“专业人员”进行的政策执行评估，因此，可以极大地提高政策执行评估的有效性。

第三节 美国职业教育政策执行监测与评估②

美国是分权制国家，尽管联邦政府在职业教育经费投入与职责承担等方面所起的作用都相对有限，但是在整个社会都强调“绩效”和“问责”的大背景下，通过监测和评估来加强职业教育治理、提高职业教育政策执行效果，已成为美国联邦政府的一种重要策略选择。

① 范国睿，等. 教育政策的理论与实践[M]. 上海：上海教育出版社，2011：199.

② 孙翠香，庞学光. 职业教育评估：美国的经验与启示——以美国《全国生涯与技术教育评估》为例[J]. 外国教育研究，2014（5）.

一、美国职业教育政策监测与评估的背景

（一）“教育改革关乎国家安全”的担忧与使命

“教育危机是国家安全危机”（Education Crisis Is a National Security Crisis），用如此“危言耸听”的标题来警醒和推动国内教育改革和实践，恐怕是只有美国这样危机感特别强烈的国家才会发出的声音。2012年由美国外交关系委员会（Council on Foreign Relations）发布的《美国教育改革与国家安全》（U.S. Education Reform and National Security）报告中提出，“教育危机是国家安全危机，美国教育的失败正在影响着美国的国家安全”①。报告提出，美国教育的失败在如下五个方面对国家安全造成了不同的威胁：对经济增长及竞争力的威胁、对美国人身安全的威胁、对知识产权的威胁、对美国全球意识的威胁，以及对美国团结和凝聚力的威胁。尽管美国外交关系委员会在报告中并不否认美国的军事力量，但他们认为，军事力量在保障美国安全方面并不足矣，今天美国国家安全与人力资本之间关系更为密切，而一个国家的人力资本的强弱与其公立学校的强弱是密切关联的。

《美国教育改革与国家安全》报告进一步指出，美国当前教育的不足主要表现在：关系国家安全的学科领域人力资源不足，许多年轻人不具备足够的能力面对日益高技能和全球化的发展要求，公民缺乏全球意识，教育发展的不均衡影响国家凝聚力、自信心以及美国领导全球的能力和愿望。那么，如何改革教育以提高国家安全？《美国教育改革与国家安全》报告给出的建议之一，即实施“有意义的教育评估”（meaningful assessment），特别是在关键领域提高教育期望、实施教育评估。例如，美国国防部国防委员会和其他公共或私立部门的领导者要对学生学习标准进行评估，并定期评估学生的学习结果是否足以保障国家的安全利益，以此来保护国家安全。应该说，《教育改革与国家安全》这一报告将教育与美国未来的经济发展、全球地位及国家

---

① The Council on Foreign Relations.2012. U.S. Education Reform and National Security [EB/OL]. http://www.cfr. org.

安全问题联系起来，将教育改革提到国家安全的高度来认识。不得不说，这种强烈的危机感，以及由此而引发的使命感，是促使美国教育，特别是与未来劳动力密切相关的职业教育不断改革的巨大推动力，而“监测与评估”则成为检验和衡量教育改革进展、成效以及联邦教育投资收益的最为重要的一种手段和工具。美国近些年针对不同阶段教育进行的各个级别的、各种各样的教育监测与评估就是最好的例证，例如，针对残疾人教育的评估①、针对不同认证路径的教师培训的评估②等。

（二）《政府绩效和结果法案》推动下的“绩效”评估浪潮

美国 1993 年的《政府绩效和结果法案》（Government Performance and Results Act of 1993，GPRA），可以说是美国政府绩效改革浪潮中具有里程碑意义的代表性立法，该法案首次将联邦政府内部推行的绩效管理以法律的形式确立下来。为了改善政府内部的运作效率，提高美国公众对政府的信任度，法案要求每一个联邦机构部门每年必须报告其在《战略规划》（Strategic Plan）中所确立的目标及目标达成情况。可以说，《政府绩效和结果法案》在当时及以后的很长时间内，为政府的绩效管理树立了标杆，引领了全球范围内政府绩效管理的改革方向。但随着时间的推进和外界环境及治理理念的变化，《政府绩效和结果法案》经过近 20 年的实施，日益暴露出一些弊端和问题。2011 年 1 月，奥巴马总统签署 2010 年《政府绩效和结果现代化法案》（GPRA Modernization Act of 2010, GPRAMA），作为对 1993 年《政府绩效和结果法案》的修订和改进。《政府绩效和结果现代化法案》使美国联邦政府绩效管理框架更加适应了现代化的需要，并且创造了一种“数据和经验信息在政策、预算和管理决策中扮演更多角色”的文化。

根据《法案》要求，美国教育部每年都会将每个财政年度的绩效报告（United States Department of Education’s Annual Performance

---

① National Assessment of IDEA Overview. IDEA National Assessment Implementation Study Executive Summary and Report[EB/OL]. http://ies. ed. gov/ncee/pubs/20114026/index. asp.

② An Evaluation of Teachers Trained Through Different Routes to Certification[EB/OL]. http://ies.ed.gov/ncee/pubs/20094043/index.asp.

Report, APR）递交国会，美国总统和公众都可以详细了解教育部在每个财政年度达成的战略目标以及关键绩效措施等方面的信息。这样，美国教育部提高政府有效性和效益的绩效管理方法，与通过要求机构领导者为许多结果导向和管理优先项目设置明确目标的2010年《政府绩效和结果现代化法案》不谋而合。

在上述背景下，2010年5月，美国教育部发起了一个新的、全机构范围的评估计划过程，以更好地使教育部在知识构建中的投资与其战略计划、预算、政策优先进行整合，以及恰当地分配资源。该评估过程被开发为能提供项目、政策与战略影响的措施有效性评估，以及能有助于政策形成和更广泛实践的一系列研究和评估实践，以确定教育部的主要优先事项。2011年2月14日由美国教育部和财务总监办公室公布的《教育部2010财年年度绩效报告》中提及，2010年是美国教育部实施新的规划战略的转折之年，2010年其优先绩效目标之一是"证据为本的政策"（Evidence Based Policy）。为了达到这一优先绩效目标，美国教育部提出三方面举措："增加三分之二的利用评估、绩效措施和其他项目数据的教育部授权项目，以推动持续的变革；对教育部最高级优先项目和举措实施严格的评估；确保所有新的、教育部授权的项目都包含严格的评估这一内容。"①同样，在作为2011财政年度教育部优先绩效目标之一的"证据为本的政策"（Evidence Based Policy）中，美国教育部又提出了两个目标："为了持续的变革，教育部的最大的、自由决定的项目要利用高质量的、最新的数据，包括评估和绩效措施在内；质疑被评估的教育部项目数量的使用方法，要与有效教育策略资料中心（What Works Clearinghouse）对证据和有效性的界定标准一致。"②2013年4月10日，由美国教育部和财务总监办公室公布的《2012财年年度绩效报告和2014财年年度绩效计划》中提及："2010年5月教育部和财政部发起的新的全机构范围的评估计

---

① U.S. Department of Education. FY 2010 Annual Performance Report, Washington, D. C., 2011[EB/OL]. http://www.ed. gov/about/overview/focus/performance.html.

② U.S. Department of Education. FY 2011 Annual Performance Report, Washington D. C., 2012[EB/OL]. http://www2. ed. gov/about/reports/strat/plan2011-14/draft-strategic-plan. pdf.

划过程，为的是更好地使教育部在知识构建中的投资与其战略计划、预算、政策优先等进行整合。目前进入第二年，这个过程要确保评估资金高效地和有效地推进教育部的目标。为了改进教育结果的项目、政策和规划的有效性，拨款直接用于能获得可信性措施的有效性评估。与其他问题相关的优先性问题，诸如绩效管理和实施保障，拨款直接用于那些使用严格方法能恰当地回答这些问题的评估。”[①]同时，该报告还提出“中等后教育、生涯与技术教育和成人教育”方面的目标是：“通过改善高等教育和终身学习机会为年轻人和成人增加大学入学机会、提高质量和毕业率。”[②]

总之，在《政府绩效与结果法案》及其修订案的推动下，美国教育部通过制定“战略规划”和“财政年度评估报告”实施了越来越规范和科学化的教育评估，这股“评估”浪潮成为推动美国教育持续变革的“羽翼”，包括职业教育在内的各个层级的教育都实施了种类繁多、层次多样的评估实践。

（三）历年来美国职业教育政策和法律法规中对“监测与评估”的强调

自 20 世纪 70 年代美国在其 1976 年《教育修正案》（Education Amendments of 1976, Title II）中正式提出“问责”（Accountability）以来，对“绩效”的强调就成为推动美国职业教育政策监测与评估发展的最直接动力。从 1976 年《教育修正案》要求美国各州委员会提交州五年计划和联邦政府资助项目的绩效评估报告，到 1984 年《卡尔·D. 帕金斯职业教育法案》（Carl D. Perkins Vocational Education Act of 1984）要求各州开发有效的评估方法，同时授权开展国家层面的职业教育政策监测与评估（National Assessment of Vocational Education），

---

① U.S. Department of Education. FY 2012 Annual Performance Report and FY 2014 Annual Performance Plan, Washington D. C., 2013[EB/OL]. http://www.ed.gov/about/reports/ annual/index.html.

② U.S. Department of Education. FY 2012 Annual Performance Report and FY 2014 Annual Performance Plan, Washington D. C., 2013[EB/OL]. http://www.ed. gov/about/reports/annual/index.html.

再到 1990 年修订的《卡尔 · D. 帕金斯职业与应用技术修正案》(Carl D. Perkins Vocational and Applied Technology Act Amendments of 1990)① 要求各州开发并执行州范围内的评估标准，以及 1998 年的《卡尔 · D. 帕金斯职业与技术教育修正案》(Carl D. Perkins Vocational and Technology Education Act Amendments of 1998)②对核心绩效指标的确定，一直到 2006 年的《卡尔 · D. 帕金斯生涯与技术教育改革法案》(Carl D. Perkins Career and Technical Education Improvement Act of 2006)对核心绩效指标的重新修订，可以说，经过 30 年的发展和改革，美国职业教育法律和政策中对“绩效”、特别是对联邦政府资助的职业教育项目的绩效要求和问责，直接推动了美国职业教育政策监测与评估不断走向科学化、规范化和专业化。特别需要指出的是，2006 年《卡尔 · D. 帕金斯生涯与技术教育改革法案》对政策评估的具体实施做出法律规定，诸如评估的计划和组织实施、评估中“独立顾问团”的任命和组织成员、评估内容等，特别是对评估内容，《法案》第 114 (d)(2)(B) 部分，对“评估”做了详细的规定和说明。③

(四)问责：美国职业教育持续改革的重要“手段”

“在美国教育中，教师责任和学校问责一直是学校改革争论的主论题。”④ 20 世纪 70 年代，美国在《教育修正案》(Education Amendments of 1976, Title II) 中正式提出问责 (Accountability)，到 90 年代，随着“国家教育进展评估”(National Assessment of Educational Progress, NAEP) 运动的兴起，许多州开始实施教育问责。进入 21 世纪，时任美国总统乔治 · 布什于 2002 年 1 月签署《不让一个孩子掉队法案》(No Child Left Behind Act of 2001)。可以说，这部法案是对 1965 年《初等

① Carl D. Perkins Vocational and Applied Technology Education Act Amendments of 1990[EB/OL]. http://thomas. loc. gov/cgi-bin/query/z?c101: H. R.7. ENR.

②Carl D. Perkins Vocational and Applied Technology Education Act Amendments of 1998 [EB/OL]. http://www.gpo. gov/fdsys/pkg/PLAW-105publ332/pdf/PLAW-105publ332. pdf.

③ Carl D. Perkins Career and Technical Education Improvement Act of 2006[EB/OL]. http://www.gpo. gov/fdsys/pkg/BILLS-109s250enr/pdf/BILLS-109s250enr. pdf.

④ Melissa Brevetti. (2014). Reevaluating Narrow Accountability in American Schools: The Need for Collaborative Effort in Improving Teaching Performances. The Delta Kappa Gamma Bulletin.

和中等教育法案》（Elementary and Secondary Education Act, ESEA）最为彻底的改革，它重新界定了联邦政府在 K-12 教育中的角色，力争缩小弱势群体和少数族裔学生与其同龄人之间的成绩差距。《不让一个孩子掉队法案》主要基于如下四个基本原则：实施强有力的结果导向的问责、提高灵活性和地方控制、增加父母的选择，以及强调有效的教学方法。由此，"实施强有力的结果导向的问责"成为 21 世纪美国教育改革的重要手段之一。当然，问责并不仅限于 K-12 教育阶段，在高等教育阶段，"几乎所有的州都有某种形式的法定高等教育问责计划，绩效报告、绩效预算和绩效拨款是最常见的形式，它们构成了美国公立院校的新型州问责制"①。美国高等教育政策研究的趋势也能在一定程度上佐证高等教育领域问责制的实施，"问责、经济承受能力/负担能力、入学机会和公平"②已经成为最近几年美国高等教育政策研究的最新趋势。

马丁·特罗（Martin Trow）曾把问责阐释为："教育组织按照法律和道德的要求有责任向他人汇报、解释、证明和回答教育资源如何使用，效果如何。其主要问题是：谁要负责，负有何种责任，向谁负责，通过何种手段和方法，结果如何。"③尽管这一阐释从外在上较好地描述了问责这种复杂的理念与实践活动，但客观地说，问责的内涵非常复杂，在不同的教育语境中，会体现出非常多样化的内涵，诸如"责任、制度、绩效评价和管理、信息流动"④等。而对于实施绩效管理的美国教育管理来说，问责在更多意义上具有"工具性"价值，即问责是美国生涯与技术教育持续改革的一种手段和工具。布什于 2002 年 9 月所说的一段话或许能更好地说明问责的这种工具性价值："人

① 王淑娟. 美国公立高等教育的州政府问责制度[J]. 清华大学教育研究，2008（6）.

② Thaddieus W. Conner, Thomas M. Rabovsky. (2011). Accountability, Affordability, Access: A Review of the Recent Trends in Higher Education Policy Research. The Policy Studies Journal, Vol.39, No. S1.

③ Martin Trow. (1996). Trust, Markets, and Accountability in Higher Education: a Comparative Perspective, Research& Occasional Paper Series CSHE[R]. p.114. 转引自冯遵永. 美国高等学校问责制形成动因及启示[J]. 煤炭高等教育，2006（6）.

④ 王淑娟. 对美国教育语境中问责含义的考察[J]. 比较教育研究，2007（2）.

们不应该害怕问责。他们应该欢迎的问责制是确保《不让一个孩子掉队法案》的有用工具，一个确保他们所在校区和学校做出创建性改革的有用工具。"①

从上述四个大的背景来看，推动美国职业教育政策监测与评估的最直接动力显然更多的是来自教育系统外部，特别是在整个社会都强调问责和绩效的文化背景下，教育系统通过自身法律法规的强化和约束，使得教育系统愈来愈重视自身的绩效表现，愈来愈多地通过监测与评估这一手段和工具，实现自身绩效的提高，满足公众和社会的需求和期望。可以看出，对问责和绩效的强调成为推动美国职业教育政策监测与评估发展的最重要的两种力量。

二、美国职业教育政策监测与评估的运行机制：以《全国生涯与技术教育评估》为例

如前所言，在上述大背景下，美国职业教育领域也开展了联邦层面、州层面、学区层面、学校层面等不同层面的"评估"实践，尽管不同层面的评估实践在实施的机构、评估的内容和方法等方面存在一定的差异，但不同层面的评估的运行机制存在一定的共性。那么，美国的职业教育政策监测与评估的运行机制是怎样的呢？我们以美国2013年最新发布的《全国生涯与技术教育评估》政策中期报告为例②，分析其职业教育政策监测与评估的运行机制。

（一）监测与评估的实施机构

2006年的《卡尔·D. 帕金斯生涯与技术教育改革法案》直接指出：由教育部长实施"一个独立的、法案中生涯与技术教育项目的评

① George W. Bush, Remarks on Implementation of the No Child Left Behind Act of 2001 (2002) in the American Presidency Project (John Wooley & Gerhard Peters eds.) [EB/OL]. http://www.presidency.ucsb.edu/ws/index.php?pid=73078.

② U.S. Department of Education, Office of Planning, Evaluation and Policy Development, Policy and Program Studies Service. National Assessment of Career and Technical Education: Interim Report, Washington, D. C., 2013[EB/OL]. http://www.ed. gov/about/offices/list/opepd/ppss/reports.html#ve.

价和评估，包括法案的实施”[①]。随着新法案的颁布，由国会授权，美国教育部长直接任命美国规划、评估和政策发展办公室（Office of Planning, Evaluation and Policy Development, OPEPD）实施全国生涯与技术教育评估（National Assessment of Career and Technical Education, NACTE）。从职责和定位来看，美国规划、评价和政策发展办公室负责监管美国教育部的规划、评估、政策制定和预算等事务，并就上述事务与教育部主要办事处，以及外部机构如国会、管理和预算办公室、州教育机构等进行协调。[②]由此，国会授权的要调查《卡尔·D. 帕金斯生涯与技术教育改革法案》中某些法律条款的实施情况，以及美国生涯与技术教育效果等从根本上驱动了全国生涯与技术教育评估的评估议程。2013 年 5 月，由美国教育部，美国规划、评估和政策发展办公室，以及美国政策和项目研究服务处（Policy and Program Studies Service, PPSS）三家联合发布了《美国生涯和技术教育评估中期报告》（National Assessment of Career and Technical Education Interim Report）。值得一提的是，其中的“政策和项目研究服务处”专注于教育政策分析和项目评估，其主要职责是：分析当前和拟议的教育政策；通过政策分析、绩效测量和评估研究，为立法建议和项目重新授权方面的政策提供指导；设计、执行和报告关于项目执行情况和结果的评估，以促进项目发展；在发展、建模、预测和趋势分析方面提供专业技术；为国内和国际的特定项目提供技术和分析支持。[③]

（二）监测与评估的方法

教育或教育政策评估有多种方法可以使用，而且不同的评估方法之间也可相互结合使用。但不管运用一种或几种、简单或复杂的评估方法，都必须坚持一个基本原则，即评估一定要结合各种具体情境，

① Carl D. Perkins Career and Technical Education Improvement Act of 2006[EB/OL]. http://www.gpo. gov/fdsys/pkg/BILLS-109s250enr/pdf/BILLS-109s250enr. pdf.

② The Office of Planning, Evaluation and Policy Development[EB/OL]. http://www2. ed. gov/about/offices/list/opepd/index.html.

③ Policy and Program Studies Service[EB/OL]. http://www2. ed. gov/about/offices/list/opepd/ppss/index.html.

来选择运用不同的评估方法，评估方法的针对性和适用性是评估有效性的前提和保障。由于美国联邦政府在职业教育发展中的作用相对有限，各个州、地方政府和学区的职业教育政策差异较大，因此，要评估全国范围内职业教育整体发展的现状，需要评估主体采用多样化的方法，以更好地与这种多元且具有差异性的职业教育实践相契合。

从评估方法来看，全国生涯与技术教育评估（NACTE）主要采用了量化调查和质性分析等多种评估方法，以契合自1988年以来美国联邦职业教育政策强调的核心目标：改善生涯与技术教育中的学术教育和技术教育质量。从评估的整个实践来看，全国生涯与技术教育评估发起了一系列内在相关联，但又相互独立的研究，并提出整个评估议程要用多样化的数据收集以及分析方法，以凸显和满足国会的要求。其采用的评估方法主要有：质性案例研究、全国范围内的州和地方教育机构的调查、全国纵向研究和横向研究数据库的数据分析、州和地方行政管理机构数据库的数据分析、专家小组等。这些方法既是一种自然实验法（如在选择生涯与技术教育学校方面），同时还是对全国与地方项目效果的经济计量学评估。诸如，全国生涯与技术教育评估实施的调查主要有：对州生涯与技术教育主管进行的关于资助和技术准备情况的调查；对州生涯与技术教育主管和当地法案资助接受者进行的关于生涯与技术教育中学术教育和技术教育整合情况的调查；对雇主进行的关于用人单位参与情况与满意度调查；对州生涯与技术教育主管和地方的法案资助接受者实施的学习项目（Programs of Study）和问责情况的调查等。除此之外，全国生涯与技术教育评估还对诸多已有数据库或研究数据进行了深度分析，如对全国教育统计中心的数据和报告进行的关于教职员工情况的分析，对生涯与技术教育教师的SAT分数进行的分析，对经合组织数据中关于学生参与生涯与技术教育的数据分析等。当然，全国生涯与技术教育评估还开展了一系列的案例分析和研究，如对选择的州、学区、学校和中等后教育机构实施的关于学术教育和生涯与技术教育整合的案例研究，对中等CTE（Career and Technical Education）的网络技术和远程教育的文献综述，专家顾问团对州学习项目（Programs of Study）评价中关于学术教育和技术教育整合情况的分析，对州、学区、学校和中等后教育机构组织的学习项目（Programs of Study）进行的案例分析等。显然，上述评估方法凸显了美国职业教育的地方性、不同州及学区的差异性等方面的特征，与美国职业教育发展的多元性、层次性特征相契合。

（三）监测与评估的内容及策略

从全国生涯与技术教育评估的评估内容来看，评估主要包括如下内容。第一，中等和中等后教育阶段学生在生涯与技术教育项目中的注册、参与情况是如何变化的？该评估内容主要是通过对全美教育统计中心（National Center for Education Statistics, NCES）实施的一系列纵向研究数据分析得来的。全美教育统计中心作为美国教育部所属教育科学研究所的研究和统计中心之一①，近年来实施了一些针对美国高中毕业生的中等及中等后教育经验的纵向追踪研究，特别是对 1982 年、1992 年和 2004 年这三年高中毕业班进行的纵向追踪研究。这三项研究分别是：针对 1982 年高中班的"高中及高中后纵向研究"（High School and Beyond Longitudinal Study, HS & B）、针对 1992 年高中班的"1988 年全美教育纵向研究"（National Education Longitudinal Study of 1988, NELS: 88）、针对 2004 年高中班的"2002 年教育纵向研究"（Education Longitudinal Study of 2002, ELS: 2002）。②除此之外，还包括对全国教育进展评估（National Assessment of Educational Progress, NAEP）的"高中成绩单研究"（High School Transcript Studies），以及"中等后教育数据集成系统"（Integrated Postsecondary Education Data System, IPEDS）等研究的数据分析。第二，参与生涯与技术教育的学生是否实现了其教育的或就业的利益？该评估内容主要包括对"2002

---

① 注：美国教育研究所作为美国教育部的主要研究结构，主要包括四个研究和统计中心：全美教育统计中心（NCES）、全美教育研究中心（NCER）、全美教育评估和援助中心（NCEE）、全美特殊教育研究中心（NCSER）。

② U.S. Department of Education, National Center for Education Statistics, High School and Beyond Longitudinal Study of 1980 Sophomores (HS&B-So: 80/82), "High School Transcript Study"; National Education Longitudinal Study of 1988 (NELS: 88), "Second Follow-up, Transcript Survey, 1992"; and Education Longitudinal Study of 2002 (ELS: 2002), "First Follow-up, High School Transcript Study, 2004".

年教育纵向研究”（ELS: 2002）的中等教育数据分析，以及对费城和圣地亚哥地区的地方管理数据、佛罗里达州管理数据进行的自然实验和准实验分析。第三，《卡尔·D. 帕金斯生涯与技术教育改革法案》的资金是如何分配和使用的？该评估内容包括：资金被授予者的财政数据分析；州、学区和中等后教育机构的调查；选择的州、学区、学校和中等后教育机构的案例研究。第四，《卡尔·D. 帕金斯生涯与技术教育改革法案》的问责数据在何种程度上是有效的、可信的，以及可比较的？政策决策者在何种程度上使用这些数据？该评估内容包括：州、学区和中等后教育机构的调查；选择的州、学区、学校和中等后教育机构的案例研究；对《卡尔·D. 帕金斯生涯与技术教育改革法案》绩效数据系统的分析。第五，资金的被授予者满足以整合学术和技术内容为目的的学习项目（Programs of Study，POS）的要求了吗？该评估内容包括：对州、学区和中等后教育机构的调查；专家顾问团对州“学习项目”的评论；选择的州、学区、学校和中等后教育机构的案例研究。上述评估内容在全国生涯与技术教育评估中期评估报告中主要体现为：《卡尔·D. 帕金斯生涯与技术教育改革法案》颁布之前学生参与生涯与技术教育的趋势评估、生涯与技术教育的效果评估，以及生涯与技术教育的国际比较评估等几个方面。

（四）监测与评估的模型

评估模型是系统化地、形象化地描述系统要素应如何相互作用以带来预期结果的方法。为了进行独立的生涯与技术教育评估，通过对《卡尔·D. 帕金斯生涯与技术教育改革法案》中的关键要素、对要素之间相互作用的结果及因果关系假设、对需要采取行动的诱因和要求等因素的确认，NACTE 开发了一个评估模型（见图 3-1），该评估模型为 NACTE 在评估法案预期效果达成情况时，为评估的内容提供方向性的指导。

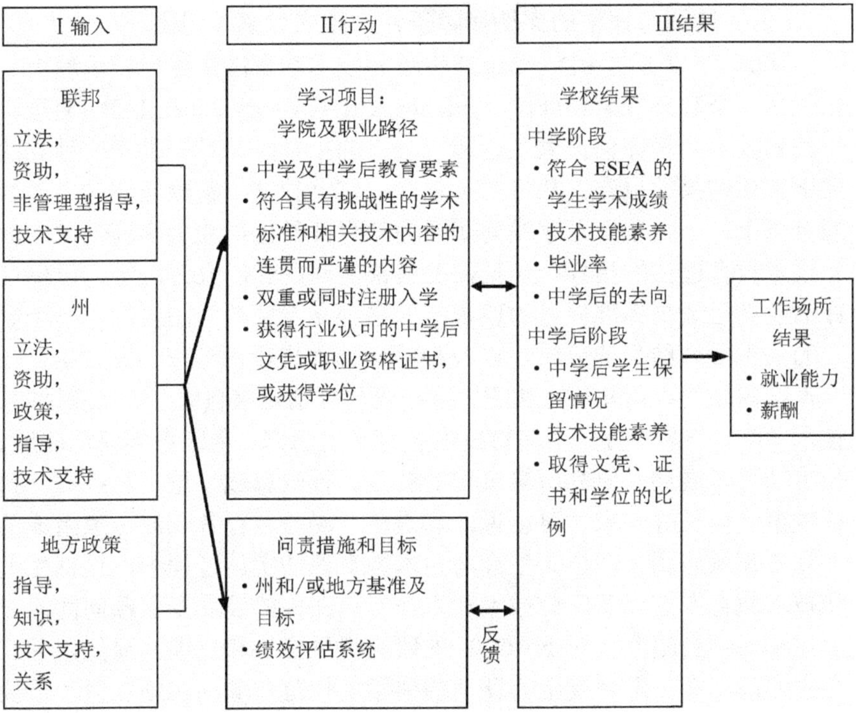

图 3-1　NACTE 开发的评估模型

资料来源：U. S. Department of Education, Office of Planning, Evaluation and Policy Development, Policy and Program Studies Service. National Assessment of Career and Technical Education: Interim Report, Washington, D. C., 2013.

需要说明的是，上述评估模型的确立是基于两方面前提假设：一是假定《卡尔·D. 帕金斯生涯与技术教育改革法案》中着重强调的“学习项目”能改善学校教育和职场工作的结果；二是假定一个有效的、可信任的问责体系应提供关于 CTE 效能、持续改进、反馈等多方面的信息。正是基于这两个假设，NACTE 确立的评估模型中的行动主要涉及“学习项目”和“问责体系”两个领域，而结果主要涉及“学校结果”和“职场结果”。

（五）监测与评估的支持保障条件：独立专家顾问团

2006 年《卡尔 · D. 帕金斯生涯和技术教育法案Ⅳ》要求教育部长任命一个独立专家顾问团（Independent Advisory Panel, IAP）为全国生涯和技术教育评估提供主题和方法上的指导，并且提供一个独立的关于评估结果的报告。从目的上来看，这个独立专家顾问团的主要目的有两个：一是独立专家顾问团要为教育部长提供关于实施全国生涯和技术教育评估的指导，包括需要解决的问题和研究方法等，以保证评估能满足最高标准质量的要求；二是独立专家顾问团要准备一个独立的关于研究结果的分析，以及根据评估而提出的建议。从 NACTE 专家顾问团的人员构成上来看，这些成员分别是来自大学、社区学院、技术学院、州教育厅、生涯与技术教育学生组织、全国青年就业联盟、州劳动力发展局及研究所等机构的教授、行政总裁、董事总经理、执行董事、校长等专家。可以说，这是一个涵盖各行各业的专家组成的独立专家顾问团。在全国生涯与技术教育评估实施过程中，包括生涯和技术教育专家以及研究技术和方法专家在内的独立专家顾问团，先后在华盛顿会晤四次对 NACTE 的研究提供指导和反馈。显然，独立专家顾问团在一定程度上为评估的科学、规范和顺利实施提供了重要保障。

三、经验与启示

（一）积极推进我国职业教育的绩效管理实践，倒逼政府的绩效立法进程

“绩效管理是一个具有丰富内涵的历史性概念，是一个由计划、管理、提升、评价和奖励构成的系统性过程。它是一个动态的发展过程，利用观察、反馈以及其他工具和方法最大限度地提高组织绩效。”① 作为对学校组织进行标准化、科学化管理的一种技术工具和手段，绩效管理可以在很大程度上清晰定位组织战略发展目标，最大程度减少

① University Of TEXAS. What is performance management? [EB/OL]. https://www.utsystem.edu/offices/employee-services/performance- management.

和防范问题的发生，并使学校组织在公平、效益、质量和效果方面做出更好的战略决策。从目前我国教育实践来看，许多大学组织正在推行绩效管理，也积累了一些宝贵经验，但就职业教育领域而言，绩效管理实践仅限于对职业院校教师实施绩效管理这一领域，尚未将职业教育组织绩效目标的制定、组织绩效管理过程的推进、组织绩效目标考核等作为绩效管理的内容，也就是说，尚未将绩效管理作为一种标准化和科学化的技术手段真正应用于职业教育机构中。因此，笔者认为，在国家大力发展职业教育，特别是2014年《关于加快发展现代职业教育的决定》颁布的大背景下，积极推进职业教育领域的绩效管理，是切实实现职业教育领域公平与效益的重要“杠杆”，以此可以撬动职业教育的“市场”基因，使其在职业教育发展过程中真正激发学校组织和个人的内在动力，使绩效管理在职业教育领域常态化和制度化。当然，积极推进职业教育领域的绩效管理实践，除了可以提高职业教育组织的效益、提升质量、促进公平之外，更重要的是还可以在某种意义上倒逼政府尽快将绩效立法提上日程，使绩效管理真正成为促进政府及各级社会组织机构管理改进的重要制度依托和法律保障。

（二）建立并实施职业教育问责机制，培育职业教育“问责文化”

进入21世纪以来，我国职业教育不仅在招生人数、在校生人数、毕业生人数等几个关键指标上急剧增长，迅速实现与普通教育“平分天下”之势，而且在职业教育的院校数、职业教育经费投入等方面也呈现急剧增多之势，颁布的职业教育政策越来越多，实施的变革项目越来越名目繁多。可以说，我国职业教育在最近十多年的发展中投入了巨大的人力、物力，那么，职业教育的发展是否契合了社会和公众对职业教育的期望呢？客观地讲，目前职业教育面临诸多挑战，例如社会和公众对职业教育的不满、对职业教育组织机构运行效率及资金投入效益的质疑等。因此，我国应尽快建立和实施职业教育问责制，制定相应的法律法规，搭建职业教育发展的信息公众平台，健全职业教育问责机构，规范职业教育问责行为，建立相应的奖惩机制，而其中最关键的，是要培育一种职业教育问责文化，使问责成为职业教育组织机构和个人的一种自觉意志与行为，最终实现提高职业教育组织效益和质量、激励个体发展，以及使职业教育更好满足公众和社会需求的目的。总之，通过实施问责，使其成为促进我国职业教育内涵式发展的“紧箍咒”，从而发挥其激励和约束功能，在整体上提升我国职业教育的质量。

具体而言，我国职业教育政策监测与评估要实现如下两个方面的改革。

1. 我国职业教育政策执行亟须加强“问责式”的监测与评估

最近十年以来，我国政府对职业教育的投入增幅巨大。以 2011 年为例，2011 年全国职业教育经费投入为 2810.08 亿元，与 2010 年的 2336.98 亿元相比，增长了 20.24%。全国高职高专学校教育经费投入为 1250.79 亿元，比上一年度增加了 18.95%；全国中等职业学校教育经费投入为 1559.29 亿元，与 2010 年的 1285.49 亿元相比，增长了 21.30%，其中，中等专业学校增长了 24.65%，职业高中增长了 21.30%，技工学校增长了 9.33%。[①]再以 2018 年为例，全国教育经费总投入为 46135 亿元，其中，中等职业教育经费总投入为 2463 亿元，比上一年增长 6.17%，普通高职高专教育经费总投入为 2150 亿元，比上一年增长 6.16%。[②]

除了职业教育经费的投入不断增长之外，为了提高职业教育质量，我国职业教育领域还先后出台政策，发起和实施了多项职业教育改革项目。其中，最引人注意的是“国家示范性高等职业院校建设计划”“中等职业教育改革创新行动计划”“国家中等职业教育改革发展示范学校建设计划”“双高计划”“产教融合型企业建设项目”等。以“国家示范性高等职业院校建设计划”为例，根据《国务院关于大力发展职业教育的决定》《国家中长期教育改革和发展规划纲要（2010—2020 年）》，教育部、财政部在“十一五”和“十二五”期间联合实施

① 注：数据均来源于 2011 年和 2012 年《中国教育经费统计年鉴》和《2012 中国统计年鉴》。

② 教育部关于 2018 年全国教育经费统计快报[EB/OL]. http://www.gov.cn/xinwen/2019-04/30/content_5387918.html.

了“国家示范性高等职业院校建设计划”[①]，参与该项目的院校达 200 所，可以说，“国家示范性高等职业院校建设计划”项目历时整个“十一五”改革发展时期，并将继续贯穿整个“十二五”发展阶段，不管从该项目投入的人力、物力和财力，还是从该项目牵涉的政府、学校和教职员工的广度，都可以说是一项“巨大的工程”。据统计资料显示，“至 2009 年，中央财政已分期投入 25.5 亿元专项资金，带动地方财政投入 60 余亿元，以及行业企业投入近 15 亿元”[②]。“十二五”期间，“100 所国家骨干高职院校全面启动建设，中央财政投入 20 亿元，拉动地方政府、行业企业和建设院校投入 58.3 亿元。”[③]除此之外，“‘十二五’期间，教育部、财政部联合启动实施职业学校骨干教师素质提高计划，高职院校培训对象原则上为全国非示范（骨干）高职学校专业骨干教师。2012 年度高职骨干教师国家级培训项目 748 个，完成国内培训、企业定岗培训和境外培训 3636 人次”[④]。在 2019 年 4 月先期重点培育的“产教融合型企业”建设计划中，“国务院常务会议决定，对产教融合试点企业兴办职业教育符合条件的投资，落实按投资额 30%抵免当年应缴教育费附加和地方教育附加的政策”[⑤]。

那么，职业教育的这些巨大的财政投入是否能达成其预期的效益？名目繁多的教育改革项目和改革试点，其实施过程是否按照预期计划进行？项目执行所涉及的资金是否被合理地分配和使用？项目实施的效果如何？是否应对未达成政策预期的、花费巨额资金投入的职

---

① 教育部，财政部. 教育部、财政部关于进一步推进“国家示范性高等职业院校建设计划”实施工作的通知[EB/OL]. http://www.moe.gov.cn/publicfiles/business/htmlfiles/moe/s3876/201008/xxgk_93891.html.

② 教育部高等教育司. 中国高等职业教育年度报告（2009 年）：第一篇高等职业教育概览[EB/OL]. http://wenku. baidu.com/link?url=bqsIzaOXumxL24cCPdIR9fOTTgwFEdB1RxtPHRd1JajZLu0j3RoEZmILzaeK1Fw0WpYsHberzh6HefD9kR7w32AbXTnLwhYU6blX8Hk4wLG.

③上海市教育科学研究院，麦可思研究院.2013 中国高等职业教育人才培养质量年度报告[M]. 北京：外语教学与研究出版社，2013：20.

④上海市教育科学研究院，麦可思研究院.2013 中国高等职业教育人才培养质量年度报告[M]. 北京：外语教学与研究出版社，2013：21.

⑤ http://www.moe.gov.cn/jyb_xwfb/xw_zt/moe_357/jyzt_2019n/2019_zt11/mtbd/201904/t20190428_379810.html.

业教育项目实行问责机制？如果要实施问责，应按什么样的问责机制去实施问责？这些现实问题都倒逼我国对职业教育进行“问责式”评估。问责是在法律设定的义务范围内，行为主体要对违反法律法规的行为承担责任，除了要对直接的行为过错承担责任，还要对不作为形成的过错承担责任，尤其是要对那些关系到国计民生的重大决策失误进行追究，对重大项目经费流失进行责任追究，对那些违背政府意志和违背纳税人意志的行为进行问责。始于 20 世纪 80 年代的西方国家的“问责制”确实可以在一定程度上提高行为主体对资金分配使用、政策和项目的效果和效益等的关注。例如，美国的公立大学每年都要发布本校的年度“问责报告”（Accountability Report），该报告主要用来回答政府与公众对高校的期待是否达成，是否满足了社会对高校的需求。对于公立大学来说，接受政府和公众的问责是一项不可推卸的义务。另外，各州政府、各学区和各学校也要按照各法案要求提交年度问责报告，这极大地保障了美国各级各类教育的质量和政策实施。相比较而言，我国目前职业教育领域实施的评估还主要以“达标”性评估为主，缺少“问责式”评估，这也是导致我国不断出台新政策、不断推出新的改革项目和措施，但政策效果和改革项目效果却并不理想的一个根本原因。因此，加强对政策制定的评估、加强职教政策执行的评估，特别是加强“问责式”评估已成为当前促进职业教育发展亟须关注的问题。

2. 坚持评估的独立性、专业性和科学性是未来我国职业教育政策执行评估的一种诉求和期待

我国教育部从 2003 年开始启动高职高专院校人才培养工作水平评估，至今已有 10 余年的时间。但分析这些评估实践可以发现，“政府主导型”高职院校评估已成为当前我国职业教育政策评估的一种主要形态，在这种“政府主导型”职业教育政策评估中，政府是职业教育政策评估的主要组织者和实施者，国家层面的职业教育政策评估主要由教育部组织实施，省级层面的职业教育政策评估主要由各省政府及其教育行政部门组织实施。因此，职业教育政策评估有不可克服的“行政化”倾向：评估的主要实施者由各级政府机构、本科院校、高等

教育研究机构、高职高专院校的行政管理者或校领导来担任，评估专家库中的评估专家几乎都有行政职务，专业评估机构、企业及行业的评估专家很少或几乎没有。[①]因此，职业教育政策评估在很大程度上演变为各级政府及其教育行政部门依据一定的评估指标体系对职业教育进行检查、评判的一种具体行政行为。显然，这种评估模式难以规避“既是运动员又是裁判员”之嫌。而由上述美国职业教育政策评估的经验可以看出，实施独立的、专业的和科学的评估是保证职业教育政策评估质量、保证职业教育效率和效益的重要基础和前提，因此，加强我国职业教育政策评估的独立性、专业性和科学性是未来我国职业教育政策评估的重要诉求和期待。

① 教育部高等教育司. 关于成立高职高专院校人才培养工作评估专家库及举办 2003 年高职高专院校评估工作培训班的通知[EB/OL]. http://www.moe.gov.cn/publicfiles/business/htmlfiles/moe/A08_sjhj/201109/xxgk_124758.html.

第四章　我国职业教育政策执行监测与评估的价值选择

第一节　价值与职业教育政策价值

比起其他任何一个概念，价值的概念是所有社会科学的核心概念。它是文化、社会和人性研究的主要因变量，是社会态度和行为研究的主要自变量。对我来说，很难想象社会科学家会对不涉及人类价值的任何问题感兴趣。[①]

一、价值的本原、本质与内涵

什么是价值？从价值的本原、价值的本质到价值的内涵界定都存在多种观点，说明价值本身极为复杂。

关于价值的本原，有人认为是价值是伴随着人类的出现而出现，是由人类的主观意识来定义的，“对象”有无价值，主要在于它能否引起快感，价值是一种“有效”的观念，是主观假定、主观满足、主观兴趣或占有情感的表达，价值是个人自由选择的结果，价值是主观的、相对的。例如，新康德主义的文德尔班认为，“美和有用这些价值，都只取决于主体的情感和意志的估计、态度和目的，而与事物本身，与客观必然性没有任何联系”[②]。也有人认为价值是一种超现实的规范或理想，是上帝的创造物；还有人认为价值来源于自然界，随着人类

① 转引自[美]威廉・N. 邓恩. 公共政策分析导论（第四版）[M]. 谢明，伏燕，朱雪宁，译. 北京：中国人民大学出版社，2011：189.

② 李连科. 哲学价值论[M]. 北京：中国人民大学出版社，1991：30.

的进化而进化，随着人类社会的发展而发展，价值的终极本原只能是运动着的物质世界和劳动着的人类社会，因而价值是客观的。马克思主义价值论既反对主观主义的主体需要论，又反对客观主义的客体属性论，认为价值来自客体属性满足主体需要的现实的实践活动，是主客体之间的一种关系。价值来源于客体，外部世界是人生存和发展的客观条件，具有满足人的需要的属性；价值又取决于主体，任何客体的属性只有与人的需要联系起来，才能成为有价值的属性，没有主体的需要，就不会有价值；价值最终产生于人们实践的过程，在具体的现实的实践过程中实现主体与客体的统一，建立主体需要与客体属性的关系，即价值关系。价值是主观性与客观性的统一，是绝对性与相对性的统一。[①]上述多样化观点为我们认识价值的本原提供了一定的视角。

关于价值的本原，众说纷纭，莫衷一是。从目前来看，有如下几种观点："本性说"，即我们赖以生活的价值是天生的，是人类本性固有的；"情感说"，即价值的源泉在于情感，价值不能测量或计算，只能通过感觉经验或感知领会；"抽象说"，即价值是抽象的信念、理想、规范、标准、关系等，看不见、摸不着，但却时时处处支配人的行动；"奥妙说"，即价值是一个深奥的、微妙的概念，包容量大且含义模糊，其内涵和外延难以把握，其精神实质难以领悟；"关系说"，即价值是一种关系范畴，表示客体与主体之间的相互联系；"需要说"，即价值是一种关系范畴，表示客体对主体的意义，客体满足主体需要的关系；"效用说"，即价值是指客观事物的一种有用属性；"主体性说"，即价值是主体根据自己需要自觉地、有意识地赋予客体的属性，反映了主体对客体的态度；"劳动量说"，即价值就是劳动价值，由劳动者所付出的劳动量来决定；"时间说"，即价值是事物的价格 P 与其价格存在时间 T 的乘积（PT）决定等。其中，"关系说"是较有代表性的一种价值本质学说，"文德尔班把价值当作是一种联系和关系，并认为是诸

① 桑新民. 呼唤新世纪的教育哲学：人类自身生产探秘[M]. 北京：教育科学出版社，1993：146-150. 李连科. 哲学价值论[M]. 北京：中国人民大学出版社，1991：83-87.

事物之间的联系和关系，而不是专指人类与客观世界的联系和关系，即任何有联系的事物之间都可能存在价值，这样，价值就成了联系和关系的代名词，从而混淆了主体与客体之间的本质区别”[①]。可见，价值的本原及本质极为“复杂”。

从价值内涵来看，也存在多种观点。马克思认为，“‘价值’这个普遍的概念是从人们对待满足他们需要的外界物的关系中产生的”[②]，“是人们所利用的并表现了对人的需要的关系的物的属性……表示物对人的有用或使人愉快等的属性”[③]。马克思基于政治经济学视域提及的价值，强调价值实际上表示物为人而存在，凸显了物的属性与人的需要之间的关系。从哲学的层面来看，价值被定义为，“是现实的人同满足其某种需要的客体的属性之间的关系。价值同人们的需要有关，但它不是由人的需要决定的，价值有其客观基础，这种客观基础就是各种物质的、精神的现象所固有的属性，但价值不单纯是这种属性的反映，而是标志着这种属性对个人、阶级和社会的一定的积极意义，即满足人们对某种属性的需要，成为人们的兴趣、目的所追求的对象”[④]，“主体需要与客体属性之间的满足与被满足的现实关系”[⑤]。显然，价值包含三个关键的要素：主体及其需要、客体及其属性、主客体价值关系。

二、职业教育政策的价值要素

职业教育政策的价值要素主要包括职业教育政策的价值主体及其需要、职业教育政策的价值客体及其属性、职业教育政策价值关系三个方面。

（一）职业教育政策的价值主体及其需要

从广义上来说，职业教育政策的价值主体与职业教育政策的主体

① MBA 智库百科. 价值[EB/OL]. http://wiki. mbalib.com/wiki/%E4%BB%B7%E5%80%BC.
② 马克思恩格斯全集（第 19 卷）[M]. 北京：人民出版社，1965：406.
③ 马克思恩格斯全集（第 26 卷）（第 3 册）[M]. 北京：人民出版社，1974：139.
④ 中国大百科全书 • 哲学卷. 北京：中国大百科全书出版社，1987：344-345.
⑤ 李连科. 哲学价值论[M]. 北京：中国人民大学出版社，1991：70.

是一致的，因此，明晰职业教育政策主体是了解职业教育政策价值主体的前提（关于职业教育政策主体详情请见第五章第一节）。

第一，职业教育政策制定主体，包括政府及其机构和官员等，也是职业教育政策价值主体，一般来讲，政策制定主体追求职业教育领域的国家利益和公共利益。在社会利益系统中，国家利益、公共利益往往与个人利益或团体利益之间存在一定的冲突和矛盾，而政策制定者往往运用一定的公共权力，通过职业教育政策活动实现对职业教育资源、权力和利益的分配，并通过职业教育政策来规范和约束人们实现自身利益的行为，以更好地实现公共利益。

第二，职业教育政策的执行主体，包括政府机构、教育组织（例如各中高职院校及职业培训机构）等，同时也是职业教育政策价值主体，这些主体的主要角色是执行和落实上级政府的职业教育政策。其中，教育组织是最主要的政策执行主体。一方面，教育组织要执行和落实职业教育政策，实现公共利益诉求；另一方面，教育组织还代表某一特定的人群或团体，通过职业教育政策活动，实现团体或组织自身的群体利益。职业教育组织（中高职院校与职业培训机构）要实现职业教育领域的公共利益需要借助法律法规赋予的权力，以在职业教育组织内部控制和分配教育资源，并通过这些权力管理和规范组织内部各种与公共利益相冲突的个人利益行为。另外，职业教育组织（中高职院校与职业培训机构）要实现组织利益，需借助组织拥有的权力，对组织内部教育资源进行分配，规范那些与组织利益相冲突的维护个人利益的行为，以实现职业教育组织目标。

（二）职业教育政策的价值客体及其属性

职业教育政策的价值客体是指职业教育政策实践活动及其属性，职业教育政策实践活动主要包括职业教育政策制定活动和职业教育政策执行活动。其中，职业教育政策制定活动是价值选择和价值确认的过程，即职业教育政策制定反映了政策制定者的价值诉求；职业教育政策执行活动则是实现价值的过程，通过一系列的活动满足职业教育政策价值主体的需要和利益诉求。

从本质上来看，职业教育政策活动的根本属性即是价值主体（即行动者）控制职业教育资源、配置职业教育的各种人力、资金等资源，并通过对职业教育资源的控制、分配等手段来实现价值主体的需求和利益诉求。政府及其官员必须合法地代表国家行使教育权力才能实现对职业教育资源的控制、分配，解决某些公共职业教育问题；同样，教育组织也是通过政府赋予的各项权力对一定范围内的职业教育资源进行控制和分配，实现价值主体的利益诉求和需求。

（三）职业教育政策价值关系

职业教育政策价值关系表现为职业教育政策主体对职业教育政策活动中资源配置、权力行使等属性的偏好，职业教育政策活动本身能满足政策价值主体的某些公共利益、团体利益抑或个人利益的诉求，价值主体与政策活动两者之间的满足与被满足的现实关系就构成了职业教育政策价值关系。

三、职业教育政策执行监测与评估中的“价值”

正如前文所言，尽管从本质上来讲，“价值”存在于事物本身，是事物本身的一种属性，“教育价值是一种内含于教育活动中的好的属性”[①]，但“价值”一词更是一个关系范畴，即“价值是普遍存在的，但并不是独立自存的，而是存在于事物之间的相互联系之中，其基础在于事物的相互依赖性，归根到底在于一个事物对于另一个事物的有用性”[②]。从这个意义上来分析，“职业教育政策执行监测与评估价值”也是一个关系范畴，反映的是政策评估者对职业教育政策执行的系列活动是否满足政策目标群体及利益相关者的需要以及需要程度，特别是对于政策执行系列活动对个体及社会发展需求的满足程度的一种事实判断和价值判断。

由此可得出，“职业教育政策执行监测与评估价值取向”是指职业教育政策执行监测与评估主体在面对或处理评估中的各种矛盾、冲突、关系时所持的基本价值立场、价值信念、价值态度以及所表现出

① 王坤庆. 教育价值论[J]. 海军院校教育，2002（1）.

② 赵斌. 关于价值问题的几点思考[J]. 山东省经济管理干部学院学报，2002（1）.

来的价值倾向性。可见，职业教育政策评估价值取向反映的是职业教育政策执行监测与评估活动所追求的一种应然状态，反映了人们对于职业教育政策执行监测与评估的期望、信念和理想。同时，职业教育政策评估价值还是评估活动的灵魂和旨归，对于整个职业教育政策执行监测与评估过程和实践起着基础性、导向性和前提性的作用。值得注意的是，人是一切价值的主体，是价值产生的根据、标准和归宿，也是价值的创造者、实现者和所有者。所以，“人”的尺度就成为评判、衡量一切事物价值所在的标准和尺度。因此，价值取向就是主体企图“达到某目标或满足某种需要”的一种立场或态度。

需要说明的是，职业教育政策评估的价值取向与职业教育本身的价值有着不可分割的、内在的一致性和关联性。根据研究者的观点，“职业教育价值”主要指：“作为价值客体的职业教育，通过对社会各种职业、各种岗位所需要的人进行职业知识、技能和态度的教育和培训，达到国家规定的各类职业资格标准，符合就业准入制度，满足作为价值主体的人（包括就业者和从业者）的求职、就业、转业、再提高的需要，满足作为价值主体的人获得相关职业资格和人力资本提升的需求，进而最终满足人的全面发展和社会可持续发展的根本需要。”① 也就是说，职业教育的价值在于其满足人的能力和素质全面发展以及社会可持续性发展等需求的程度。而职业教育价值的这种意义和属性，在进行职业教育政策执行监测与评估时必须予以关照。

第二节　我国教育政策执行监测与评估的价值选择

在一个价值多元化的社会，职业教育政策执行监测与评估应坚持的价值取向是多样的，但最基本的价值取向应包括以人为本的价值取向、教育公平价值取向、可持续发展价值取向。

① 周志刚，米靖. 职业教育价值论[J]. 中国职业技术教育，2009（27）.

一、以人为本的价值取向

联合国教科文组织在《教育——财富蕴藏其中》一书中提出，“教育不仅仅是为了给经济界提供人才：它不是把人作为经济工具而是作为发展的目的加以对待的。”[①]也就是说，促进“人”的发展是教育的最根本目的，也是教育的终极目的。以人为本的价值追求不仅是人类哲学思想历史发展的内在逻辑，而且还是现代教育发展的必然逻辑。

当前，以人为本的教育理念愈来愈成为教育发展和变革中的一个重要理念。诸多研究者对以人为本做了不同视角的解读，例如有的研究者侧重教育要以人的主体性、人的健康成长和幸福为本，“在教育领域贯彻落实以人为本的科学发展观，就是要确立人在教育中的主体性和教育在社会生活中的主体性，以每一个学生的健康成长和终身幸福为本”[②]。还有的研究者侧重教育对“人”的生命的关爱和尊重、对“人”的个性的培养等，“关爱和尊重每个学生的生命本性是教育以人为本的起点和基石，培养学生丰富的社会属性与鲜活的个性是教育以人为本的核心内涵，观照学生的全面持续发展是教育以人为本的终极目的”[③]。概括而言，这种以人为本的价值取向实际上是教育发展，乃至人类社会发展的最高层次的价值目标，其终极目标是实现教育过程中的“人”自由、全面、和谐发展，这是人类（包括教育在内）的一切社会实践活动所遵从的最高价值选择。“我们把‘以人为本’理解为‘以人的发展特别是作为教育对象的具体的个人的和谐、完善的发展为根本’。”[④]

职业教育作为教育的一种特殊类型，虽然它与社会生产、生活紧密相连，但是它的最高使命仍然是“促进人的全面、自由、和谐发展”，这是由其本质决定的一种内在价值。由此，在进行职业教育政策评估时，也要用以人为本的基本价值取向来评估职业教育政策的过程和结

① 联合国教科文组织. 教育——财富蕴藏其中[M]. 北京：教育科学出版社，1996：70-119.

② 杨东平. 试论以人为本的教育价值观[J]. 清华大学教育研究，2010（2）.

③ 姚姿如，杨兆山. “以人为本”教育理念的意蕴[J]. 教育研究，2011（3）.

④ 刘复兴. 教育政策的价值分析[M]. 北京：教育科学出版社，2003：188-189.

果，即要评估职业教育政策的过程及结果是否坚持以“促进‘人’的发展”为本位、是否以职业教育政策过程中的“人”的全面、自由、和谐发展为最终旨归和意趣。具体而言，以人为本的发展价值观作为职业教育政策执行监测与评估的基本价值取向，就是要看在职业教育政策执行过程中，职业教育政策的理念、职业教育政策的实践活动是否以不断满足“人”的发展需求、不断激发“人”的潜能、不断提升“人”的生活品质，使每一个生活在职业教育中的个体感觉到生命的价值和意义，进而实现职业教育过程中的每个个体全面、自由的发展为依据和标准进行事实评判和价值判断。

以人为本的职业教育政策执行监测与评估价值取向，要求在进行职业教育政策执行监测与评估时，要坚持如下几点：首先，评估职业教育政策的过程和结果是否坚持了“尊重和保护每一个需要接受职业教育政策的‘人’的尊严和权利”，职业教育过程中的任何一个个体的尊严和权利不受侵犯，是评判职业教育政策质量水平的基础；其次，评估职业教育政策的过程和结果是否坚持了“尊重和保护每一个需要接受职业教育政策的‘人’的个性”，尊重和鼓励个体的差异性、发展个体的个性是评估职业教育政策质量水平的重要标志；最后，评估职业教育政策的过程和结果是否坚持了“尊重和保护每一个需要接受职业教育政策的‘人’的主动性”，只有真正激发受教育者个体内在的发展潜能和空间的职业教育政策，才是高质量的教育。

二、教育公平价值取向

教育公平理念已成为教育现代化进程中的一种重要理念。“教育公平是指处于同一社会的个体，在入学机会、教育过程及受教育的结果上都应该是平等的，任何受到区别对待或条件不均等都被视为教育机会的不均等。”[①]教育公平理念表达的是一种应然状态，一种理想的诉求。一般意义上，教育公平包括教育起点的公平、教育过程的公平

① 郑淮. 略论我国的社会分层变化及其对教育公平的影响[J]. 华南师范大学学报（社会科学版），1999（2）.

和教育结果的公平。"'教育机会均等'就理论意义而言，是指不同人群所获得的教育机会与其在总人口中所占的比例是大致相等的，教育机会的获得不因性别、种族、地区、阶层而不同。"[①]教育起点的公平体现的是有教无类的思想，教育起点公平是实现教育公平的前提和基础；教育过程公平是指个体受到平等的教育过程的对待，它是教育公平的核心因素；而"教育结果公平的本质，并不是需要每个来自不同背景的学生在学业成绩上完全的平等，而是将教育无法控制的那部分变量排除了之后，只考虑教育系统自身的变量对学习成绩所造成的影响是平等的，这部分的平等才是真正意义上的教育结果的公平"[②]。

职业教育政策评估的教育公平价值取向，意即在评估职业教育政策时，要看职业教育政策在发展、变革和实践的过程，以及高等教育的结果是否坚持了如下几点。首先，要评估职业教育政策是否倡导面向人人、为所有有志于接受职业教育政策的个体提供了公平的教育机会。当然，这种机会的公平，由于受教育资源的稀缺和受教育者能力差异等因素的影响，职业教育政策倡导的机会公平很难做到绝对意义上的同质公平，而更多地意味着一种以程序公平为保障的机会公平，即应当给予所有人以同样的评价标准和同等的被选拔的机会。其次，要评估职业教育政策执行的过程，诸如职业教育执行过程中资源的调配、拥有等方面是否坚持了公平的执行过程。例如，我国出台了一系列针对职业院校技能大赛的政策，但这些政策是否倡导了对所有学生公平的理念？这些政策在执行过程中，是否确实落实公平理念？在面对技能大赛的资源拥有、使用、训练过程中是否被公平地使用？当前许多高等职业院校为了在职业院校技能大赛中取得好的成绩，将部分教学资源只对参赛的学生开放，而其他学生则相对被剥夺了平等使用教育教学资源的权力，严格意义上来讲，这是教育政策执行过程中的一种不公平，在进行职业教育政策执行监测与评估时，应予以关注。

---

① 杨东平，周金燕. 我国教育公平评价指标初探[J]. 教育研究，2003（11）.

② 辛涛，黄宁. 教育公平的终极目标：教育结果公平——对教育结果公平的重新定义[J]. 教育研究，2009（8）.

最后，要评估职业教育政策的结果是否实现了教育结果的公平，即来自不同背景的学生是否有针对他们的适合的职业教育政策，职业教育政策是否激发了不同个体发展的最大潜能和发展空间。

三、可持续发展价值取向

可持续发展思想最早起源于 1987 年的联合国大会，大会通过了由布伦特兰夫人负责起草的报告《我们共同的未来》，在该报告中，布伦特兰夫人系统地论述了人类面临的重大经济、社会和环境问题，并提出可持续发展就是“既满足当代人的需要，又不对后代人满足其需要的能力构成危害的发展”①。此后，可持续发展思想被应用于教育领域，可持续发展教育也就成为学界关注的热点，但教育界一直对可持续发展教育存在诸多解读和分析。例如，奈杰尔·鲁姆（Nigel Roome）和安德里亚·奥茨（Andrea Oates）认为，可持续发展教育的含义包括三个方面：“可持续发展教育应该结合当前实际的思想和理解，但是必须超越实证主义对当前实践应该是什么标准理由的描述和解释；要求教育者、学生充实他们的技能、知识、世界模式和价值观，为更可持续的世界做贡献；要求教育的组织、结构和实践与社会其他领域的变革一样，进行根本的变革。”②强调教育要不断超越当下，教育要为社会的可持续发展做出贡献以及教育要变革等思想是奈杰尔·鲁姆和安德里亚·奥茨所重点强调的。我国的一些研究者则侧重教育要培养具有可持续发展的人以及教育要促进社会的可持续发展，“狭义的可持续发展教育是用可持续发展方面的科学知识、科学思想对受教育者进行教育与训练，使他们形成可持续发展思想与相关知识及能力的过程。广义的可持续发展教育是指，为了可持续发展并且以可持续发展为导向，对现行教育进行重新定位与创新，从而有利于促进经济、社会的可持续发展”③。

---

① 国际环境与发展研究所.《我们共同的未来》读者指南[M]. 北京：中国环境科学出版社，1990.

② 田道勇，赵承福. 关于可持续发展教育概念的解析[J]. 教育研究，2009（3）.

③ 史根东. 可持续发展教育的理论研究与实践探索[J]. 教育研究，2003（12）.

我们认为，职业教育政策执行监测与评估的可持续发展价值取向，是指在进行职业教育政策执行监测与评估时，应评估职业教育政策的过程及结果是否以“促进职业教育政策中的‘人’具备可持续发展的思想和能力”以及“职业教育政策的理念和实践以促进社会的可持续发展为最终鹄的”，作为评估的基本价值取向来进行职业教育政策执行监测与评估。一方面，职业教育政策对“人”的可持续发展思想和能力的促进评估，主要是评估职业教育政策对于个体未来发展所需的价值观念、行为和生活方式、思考能力、发展能力和全球发展的责任意识等方面的发展和促进作用。正如2005年联合国发布的《联合国可持续发展教育十年（2005—2014）国际实施计划》中所提到的，“首先，教育必须激发这样的信念，即我们每个人都有能力和责任实现全球性的积极变化。其次，教育是可持续发展变革的主要手段，增强人们把想法变成现实的能力。再次，‘可持续发展教育’是一个学习过程，学习如何做决策，考虑所有社区平等、经济和生态的长期未来。最后，教育培育面向未来的思考能力”①。当然，这里的职业教育政策中的“人”，不仅包括职业教育政策所培养的人才——技术技能型人才，而且还包括身处职业教育政策情境中的其他重要个体，如职业教育政策中的教师、管理者等。另一方面，职业教育政策对社会的可持续发展作用评估，主要是评估职业教育政策对社会的经济发展，特别是区域性经济发展以及技术技能更新等方面持续发展的作用。

需注意的是，职业教育政策评估的可持续发展价值取向，最直接和最重要的方面还是评估职业教育政策的过程及结果是否坚持促进“人”的可持续性发展方面。而在这方面，法国职业教育政策评估为我们提供了非常好的经验，例如，“法国高职评估总则是看高职教育能否立足于法国市场，面向世界培养高质量、高素质的技术人员。因此，高职院校培养的人才的就业率高低、市场对人才满意程度的高低只是

① UNESCO. (2005). United Nations Decade of Education for Sustainable Development (2005—2014): International Implementation Scheme［EB/OL］. http://unesdoc. unesco. org/images/0014/001486/148654e.pdf.

评估高职院校的因素之一，更多的是考查培养的人才是否具有法兰西精神，是否有宽广的知识，是否有较强的人际关系和表达动手能力，是否有团队合作精神，等等”①。同样，美国教育质量评估价值取向的重大转变——“从以资源和声誉评估为主导转变到以学生为中心的教育实践评估”②，也印证了评估中“人”的价值的重要性。显然，真正落脚于高职教育中“人”的发展，才是高职教育评估的最终落脚点。

尽管我们提出了职业教育政策执行监测与评估的三种最基本的价值取向，但任何一个现代社会的价值观都是多元的，因此，哪些价值观应得到考量和如何协调这些不同的价值观将成为评估中最重要的问题。所以，基于某种特定的评估情境，协调上述多元价值取向，是职业教育政策评估所应遵守的基本原则。

① 熊华军. 析法国高职教育评估[J]. 世界教育信息，2004（12).

② 余东升. 评估一流的本科教育：路径与价值——美国的经验及其意义[J]. 高等工程教育研究，2012（3).

第五章　职业教育政策执行监测与评估主体及其职业伦理

第一节　我国职业教育政策执行监测与评估的主体

一、我国职业教育政策执行监测与评估的多元化主体

从广义上来说，职业教育政策执行监测与评估主体与职业教育政策的行动者（主体）是一致的。

（一）政策行动者（政策主体）

“政策主体（政策活动者）一般可以界定为直接或间接地参与政策制定、执行、评估和监控的个人、团体或组织。”①因为各国的政治制度、经济发展状况及文化传统存在差异，所以各个国家政策主体也存在差异。美国政策学者詹姆斯·E. 安德森（James E. Anderson）将政策制定分为官方和非官方两类主体，官方政策制定者是指“那些拥有合法权威制定公共政策的人（当然，他们中的一些人事实上可能会受制于其他人的影响，如党魁或压力集团）。这些人包括国会议员、政府首脑、行政人员及法官”②，包括立法机关（Legislatures）、行政决策机关（the Executive）、行政执行机构（Administrative Agencies）、法院（the Courts）；非官方参与者包括利益集团（Interest Groups）、政党（Political Parties）、研究组织（Research Organizations）、大众传媒

① 陈振明. 政策科学——公共政策分析导论（第 2 版）[M]. 北京：中国人民大学出版社，2003：56.

② [美]詹姆斯·E. 安德森. 公共政策制定[M]. 谢明，译. 北京：中国人民大学出版社，2009：55.

（Communications Media）、公民个人（the Individual Citizen）。政策学者陈振明认为政策活动者即政策主体，并将政策主体分为官方的政策活动者及非官方的政策活动者，官方政策活动者包括立法机关、行政机关、执政党、司法机关，非官方政策活动者包括利益团体、公民、大众传播媒介。[①]

弗朗西斯·C. 福勒（Frances C. Fowler）认为美国教育政策的行动者主要包括政府内的行动者和非政府领域的政策行动者两类。其中，政府内的行动者主要包括四类：（1）立法机关，包括立法机构（51个立法机关，即美国国会和50个州议会）、立法机关工作人员、立法机关的重要行动者；（2）行政机关，包括州长、州教育委员会；（3）司法机关（美国50个州的法院系统、州法官）；（4）地方政府内的行动者（地方学校委员会、督学）。除此之外，非政府领域的政策行动者包括：（1）利益集团（例如实业团体、政府团体、社会名流团体、各类联盟等）；（2）教育利益团体（诸如全美教育协会、全美教师联合会、全美学校委员会、美国学校管理者协会、家长教师协会等）；（3）非教育领域的利益集团（实业界利益集团，诸如贸易协会、商业联席会、制造商协会、贸易圆桌会议等）；（4）政策网络（全美州际教育协会、全美企业联盟代表美国大型企业）；（5）政策规划机构（智囊团、政策承包商）；（6）大众传媒。[②]

（二）我国职业教育政策行动者（职业教育政策主体）

在我国职业教育政策领域，政策主体主要由如下几类主体构成：立法机关、行政机关、利益集团、公民、大众传播媒介、智库。

1. 立法机关

立法机关主要指全国人民代表大会，全国人民代表大会是我国最高权力机关，也是我国政策制定及立法的主要机关，同时还是政策执行和监测的制约机构。立法是全国人民代表大会的首要职权，全国人

① 陈振明. 政策科学——公共政策分析导论（第2版）[M]. 北京：中国人民大学出版社，2003：84-100.

② [美]弗朗西斯·C. 福勒. 教育政策学导论（第二版）[M]. 许庆豫，译. 南京：江苏教育出版社，2007：129-145.

民代表大会有权制定和修改教育法、职业教育法等基本法律，并制定和颁布决议、命令和条例等；全国人民代表大会所制定的政策（包括职业教育政策）具有两个基本特征：（1）权威性（这些政策是经过法定的程序制定的，是关系职业教育发展的法政方针，因而具有权威性）。（2）强制性（这些政策以国家强制力为后盾，必须得到坚决执行）。除了全国人民代表大会及其常务委员会，地方各级人民代表大会及其常务委员会也有相应的教育立法权限。

2. 行政机关

行政机关及其官员是我国职业教育政策主体的一个重要组成部分。行政机关，即狭义上的政府，是执掌国家行政权、管理国家公共事务的机关，在当代，行政权力扩张，出现了“以行政为中心”的趋势，行政机关在政策过程中的地位和作用日益凸显。在我国，国务院即中央人民政府，是最高权力机关的执行机关，也是最高国家行政机关，国务院享有行政立法权、提案权、监督权等；地方人民政府是地方各级权力机关的执行机关，县级以上的地方各级人民政府享有执行权、制令权、管理权和监督权等。“行政机关按其职能可进一步划分为行政决策机关和行政执行机关两类。行政决策机关的主体是经民选或上级指定的领袖或官员，他们往往被看作‘政治家’或‘政客’，主要负责决策；行政执行机关则指专业文官系统，其成员是专业技术人员，主要负责政策的执行。”①作为政策决策机关，行政机关要依据立法机关制定的教育法律和法规，制定相应的行政管理法规和政策，包括行政法规、行政措施、决定和命令、部门规章，以及其他规范性文件，以处理和解决教育行政管理中经常发生的各种矛盾和冲突。一般而言，行政机关（政府）制定的政策具有具体性和补充性两个特点：具体性意指行政机关制定的教育政策绝大多数是立法机关颁布的法律及政策的具体化，当然，这种具体化要体现立法机关法律及政策的基本精神，不能违背；补充性意即对立法机关法律及政策涉及的领域，行政机关有权制定出一些补充性的政策规定，以防止出现政策空白。作为政策

① 范国睿，等. 教育政策的理论与实践[M]. 上海：上海教育出版社，2011：50.

执行机关，行政机关要负责执行同级立法机关和上级行政机关的政策。在行政官僚体系中，下一级政府必须对上一级政府负责，因此，需要行政机构要及时、准确、高效地执行上级行政机构传达的政策执行任务。另外，行政机关还有对其下级行政机关进行监督执行的权力，以确保各种教育法律、法规和政策的贯彻执行。

上述两类政策主体属官方主体，在我国，官方政策主体除了这两类主体之外，政党也对政策有一定的影响，“党的政策常常以党的代表大会和中央全会通过的政策性文件，以及党的主要领导人发表重要讲话的形式成为政策”①。中共中央与国家机关联名发布了多项涉及教育的政策，例如 1983 年中共中央和国务院发布的《关于加强和改革农村学校教育若干问题的通知》、1985 年中共中央发布的《关于教育体制改革的决定》、1985 年中共中央发布的《关于改革学校思想品德和政治理论课程教学的通知》、2010 年中共中央和国务院发布的《国家中长期教育改革和发展规划纲要（2010—2020 年）》等。

3. 利益团体

我国经济学家厉以宁在《转型发展理论》一书中提及：“利益集团是一个不明确的概念，它是以经济利益目的相联系的一种无形组织。所谓利益集团是指这样一些人，他们彼此认同，有着共同或基本一致的社会、政治、经济利益的目的。因此他们往往有共同的主张和愿望，使自己的利益得以维持或扩大。”②利益团体往往是基于共同的利益、共同的价值，或者是某种职业和行业而形成的正式或非正式团体，其目的是向国家公共权力机构施加影响以维护团体的自身利益。他们可以采用提议案、社会舆论、游说、公益行动（如募捐、资助）等方式，直接或间接地对政策的制定或执行产生影响。

众所周知，国家教育资源是有限的，而任何职业教育政策的制定都是对有限的职业教育资源进行重新配置的过程，因此，这势必会引起不同利益团体间的利益冲突，也就意味着，任何职业教育政策的制

① 范国睿，等. 教育政策的理论与实践[M]. 上海：上海教育出版社，2011：53.

② 厉以宁. 转型发展理论[M]. 北京：同心出版社，2006：18.

定及其执行都是不同利益团体之间的利益冲突、博弈的过程。“以我国现阶段实施的教材审定与发行政策为例，涉及的利益集团就包括各大出版社、教育刊物、国营和民营的图书经销商、师范大学、地方教研室，以及物流系统、培训系统等，利益集团虽共同构成了一个利益链条，但各利益集团谋求利益的性质、大小、手段等不尽一致，即便是同类型的利益团体，也会有不同的利益来源和利益诉求，因此，利益冲突在所难免。”[①]所以，职业教育政策制定者必须运用政策来协调和解决不同利益团体之间的冲突，理顺各利益团体之间的关系，否则，不仅职业教育政策制定难以顺利进行，而且，即使是制定出来也会难以贯彻执行。对于任何一项职业教育政策来说，如果能使大多数利益团体都可以接受，就表示达到了一种利益均衡状态，政策也就成为大多数利益团体冲突和博弈的产物。需说明的是，由于我国在计划经济时期缺乏国家权威的自治的社会发展空间和条件，因此，利益团体发展得较晚。随着我国社会民主化进程的推进和多元化格局的形成，各种利益团体不断形成和发展，并成为影响我国职业教育政策制定和执行的一种重要的社会力量，各种行业职业教育集团的日趋成熟就是一个很好的例证。

4. 公民

公民是一种最广泛的，但对政策制定及执行又很有影响的非官方政策主体，公民是一种政治身份，“公民依法享有参与国家政治生活、管理国家以及在政治中表达个人见解和意见的权利”[②]。公民在政策制定及执行过程中，一般发挥着“参与并影响”政策的作用。政策学者陈振明提出，在现代民主国家，公民影响或决定政策的途径有：“以国家主人或主权者的身份，对某些重大政策问题直接行使主权，如对宪法的修订、领导人的选举、基本国策或重要的地方性政策采取直接投票的方式来加以决定；用间接或代议的方式，选出自己的代表制定或修改并执行公共政策；使用各种威胁性方式（如请愿、示威游行、

① 范国睿，等. 教育政策的理论与实践[M]. 上海：上海教育出版社，2011：54.

② 许崇德. 中华法学大辞典（宪法学卷）[M]. 北京：中国检察出版社，1995：788.

罢工、罢课等）去反对某些政策，迫使政府将问题提上议事日程；通过参加利益集团，借助团体的力量去影响政策，或通过制造舆论或游说的方式去影响政策；对政府通过并实施的政策采取合作或不合作的态度，以此影响政策结果等。”[①]目前，我国公民参与并影响职业教育政策的途径，往往还只局限于提合理化建议等方式，公民参与政策制定的方式尚需进一步多样化，参与度尚待进一步提高，毕竟公民政策参与是我国现代国家治理不可或缺的重要手段，对推动我国治理走向民主化与科学化具有重要价值。

5. 大众传播媒介

大众传媒“系指在传播路线上用机器做居间以传达信息的报纸、书籍、杂志、电影、广播、因特网等诸形式”[②]。大众传媒以其信息容量大、传播方式多样、传播速度快、传播面广而被称为与立法权、行政权、司法权并列的“第四种权力”，特别是大众传媒与社会政治之间的互动日益紧密，使大众传媒成为实现政治社会化的重要手段。当今，大众传媒不仅揭露社会问题、推动社会问题成为政府关注的政策问题，而且还对政策的宣传、政策的实施都起到重要的作用。具体而言，大众传媒对政策制定的影响与作用表现在以下几个方面。首先，大众传媒可以提高公众对政策问题的认知程度。大众传媒能及时反映社会所发生的公共问题，并能将这些公共问题迅速、及时地传递给公众，吸引公众的注意力，强化公众对公共问题的认知程度。其次，大众传媒能促成公共问题上升为政府关注的政策问题。一方面，大众传媒对社会公共问题的持续报道、追踪报道，会形成一些焦点效应，并形成一些社会舆论压力，促使政策决策者关注社会公共问题和公众诉求，并将解决公共问题纳入政策制定视野；另一方面，大众传媒的迅速性、广泛性特点，能在一定程度上为政府制定政策提供良好的公众支持环境，有利于公共问题的解决。最后，大众传媒可以提高公众参

① 陈振明. 政策科学——公共政策分析导论（第 2 版）[M]. 北京：中国人民大学出版社，2003：84-100.

② 沙莲香. 传播学[M]. 北京：中国人民大学出版社，1990：115.

与度，公众可以通过大众传媒公开表达自己的诉求，特别是网络环境下，大众传媒可以帮助无法直接与政策决策系统对话的公众直接与政策决策者进行沟通与对话。例如我国每年的“两会”期间，大众传媒架起了公众与政府决策者之间的桥梁，公众的诉求可以通过大众传媒直接传递到决策者。

6. 智库

根据《牛津英语词典附录》，“智库（think tank）”一词最早始于19 世纪末 20 世纪初，当时是英国俚语，含义等同于大脑。而智库一词作为军事术语库中的短语，用以描述供军队思考或计划的安全地点，早在第一次世界大战时就已开始使用，然而直到第二次世界大战期间才在美国军队中普及。20 世纪 50 年代，智库一词通常用来描述军事研究机构。而到了 60 年代早期，随着肯尼迪和约翰逊总统身边的知识分子受到的关注度日益增加，这个词的使用范围得到了扩展。同时，从 20 世纪 60 年代开始，媒体也偶尔使用诸如“大脑银行”“思想工厂”等说法。20 世纪六七十年代，研究机构的数量激增，“智库”一词的使用范围在美国及海外得到了进一步扩展。[①]美国学者迪克逊（P. Dickson）认为，智库是“一种稳定的相对独立的政策研究机构，其研究人员运用科学的研究方法对广泛的政策问题进行跨学科的研究。在与政府、企业及大众密切相关的政策问题上提出咨询”[②]。

目前，美国有超过 1000 家的私立非营利智库，布鲁金斯学会、传统基金会、兰德公司等都是老牌知名智库，这些智库已深入西方社会政治生活的方方面面，是西方公共政策不可或缺的有力助手。智库的主要职能一方面能直接填补掌权者的职责与实际能力之间的差距，另一方面，间接起到政府职能作用，为政府机构的有效运行，特别是政策出台和执行提供服务。“智库发挥着重要的提供政策建议（为政府的政策提供智力支持或科学依据）、宣传政策（通过出版各种出版物、

① ［美］. 詹姆斯·艾伦·史密斯. 思想的掮客［M］. 李刚，译. 南京：南京大学出版社，2017：4.

② Dickson P. Think Tanks［M］. New York: Athenaeum, 1971: 1-3, 47.

召开各种会议等方式宣传政策，营造一种引发决策者反应、提出建议并实践新思想的良好环境）、多向沟通（利用独特的思想武器，在中央政府与地方政府之间、各党派之间、政府与公民之间架起沟通桥梁）等重要作用。”①除了为政府提供政策建议，充当咨询参政机构之外，智库往往还为社会提供政策结果信息，充当政策评估机构。“思想库一般注重评估政府各种政策和计划，在政治生活中起着一种‘社会医师’的作用。思想库通过对政策进行检查、评估和衡量，来评判政府政策的利弊得失，是否有效运转，是否符合政策制定规则，是否影响或改变了政治体系所面临的政策问题。从中不断寻找和发现存在的问题，提出解决问题的方案，从而影响政府政策实施的持续时间和范围，改进了政策的实施战略和程序、强化政府施政能量。”②

上述利益集团、公民、大众传播媒介、智库四类主体都是政治体制外的、不直接行使公共权力的政策行动者。

二、“专业导向”的职业教育政策执行监测与评估主体构建

从应然状态上看，职业教育政策执行的监测与评估的主体应是多元的，不仅包括政府部门，还包括非政府部门，“很多政策评估是由非政府部门做出的。比如大众传媒、大学的学者与研究中心、私人研究组织（如布鲁金斯学会、城市研究所和美国企业协会等）、压力团体和公共利益组织等，如同道会、奥特朋社团、拉尔夫·纳德以及他的‘突击队（一个公共利益激进主义者团体）’”③。

总体上看，职业教育政策是一个涉及不同层级、不同内容的复杂的政策系统，因此，概括而言，职业教育政策执行的监测与评估的主体应是多元的，但多元主体在监测与评估过程中的地位及所起的作用并不尽相同。

① 范国睿，等. 教育政策的理论与实践[M]. 上海：上海教育出版社，2011：58.

② 陈振明. 政策科学——公共政策分析导论（第 2 版）[M]. 北京：中国人民大学出版社，2003：110.

③ [美]詹姆斯·安德森. 公共政策[M]. 谢明，译. 北京：华夏出版社，1990：304.

（一）职业教育政策的执行者

职业教育政策的执行者处于政策活动的中心位置。一般而言，他们组织或参与整个职业教育政策执行的过程，也就意味着，这些个体能较为全面地了解政策执行过程的全部信息，因而他们也是最有发言权的个体。因此，由他们充当职业教育政策执行过程的监测和评估者，能在很大程度上将职业教育政策的执行过程与政策的监测与评估过程密切联系起来，客观上保证监测与评估过程的真实性、全面性。政策学家卡尔·帕顿（Carl Patton）等人分析了这种现象："在实践中，政策的实施和评估经常由相同的主体来进行，也就是政府官员。他们一边行动一边观察，一边观察一边行动，把计划的执行与对结果的理解相结合，以便加强或改变计划的内容……政策过程的参与者既是他们所实施计划的评估者，又是他们所评估计划的实施者。"①就我国的各级各类职业教育政策来说，这些执行者涉及不同层级的教育行政部门、各级学校组织及学校中的教师和学生。但同时，也正是因为这些不同层级的执行者"既是运动员，又是裁判员"，因此，当职业教育政策执行者担任监测与评估者时，还需规避职业教育政策执行的监测与评估过程中的"维护自身利益"现象。

（二）专业机构

职业教育政策执行的监测与评估的专业机构主要指一些职业教育政策的专业组织（包括第三方社会组织）和专业研究机构。职业教育政策执行的监测与评估是一项专业性极强的活动，需要具备专业机构、专业人员、专业方法、专业知识和技术、专业程序等一系列要素，才能对职业教育政策执行过程进行全面、科学的监测与评估。对于当前国家为落实《国家中长期教育改革和发展规划纲要（2010—2020年）》（以下简称《纲要》）而出台并实施的一些职业教育政策来说，更需专业机构的有效介入，对这些职业教育政策的执行进行专业的、科学的监测与评估。目前，国内尚缺乏专门的职业教育政策执行的监测

① [美]卡尔·帕顿，大卫·沙维奇. 政策分析和规划的初步方法[M]. 孙兰芝，等译. 北京：华夏出版社，2001：357.

与评估机构，已有的一些教育监测组织，其监测与评估范围并不仅限于对职业教育政策的监测与评估，还涉及教育质量的监测与评估等内容，诸如教育部基础教育监测中心、基础教育监测站、教育部基础教育质量监测中心等组织，[①]且这些组织以主要监测基础教育阶段相关政策的实施为主。因此，目前国内尚缺乏专门对不同层级、不同类型职业教育政策执行情况进行监测与评估的专业组织。相对而言，国内一些大学和研究院成立的职业教育政策研究中心、研究所或研究室，能在很大程度上弥补我国职业教育政策执行监测与评估专业机构的缺失问题。

（三）行政部门和立法机关

行政部门监测与评估主要是指各级政府职能部门实施的职业教育政策执行的监测与评估，包括各级政府的教育督导部门、教育行政部门等。受我国政治体制的影响，国内行政部门对职业教育政策的监测与评估具有一些独特的优势，诸如在获取资源和信息方面、熟知政策主体内部情况方面、把握政策执行过程中问题敏感性方面等，较之监测与评估的专业机构来说具有较大优势。立法机关是职业教育政策制定的最重要主体，同时也是享有最高监控权威和效力的职业教育政策执行的监控和评估主体。正如伍德罗·威尔逊（Woodrow Wilson）所言："一个有效率的、被赋予统治权力的代议机构，应该不只是像国会那样，仅限于表达全国民众的意志，还应该领导民众最终实现其目的，做民众意见的代言人，并且做民众的眼睛，对政府的所作所为进行监督。"[②]在我国，立法机关对职业教育政策执行的监测与评估，主要指全国人大常委会（或各省人大教科文卫委员会）对某项职业教育政策执行的监测与评估。对于"十二五"期间我国制定出台的职业教育政策来说，立法机关（主要指全国人大常委会）及各级行政机关可以采取"听取、质询、视察、审查、决议、撤销"等不同的方式对这些职业教育政策的执行进行监测与评估，并及时将监测与评估结果向

① 范国睿. 职业教育政策的理论与实践[M]. 上海：上海教育出版社，2011：167.

② [美]威尔逊. 国会政体：美国政治研究[M]. 北京：商务印书馆，1986：164.

社会公布。例如，在2011年12月30日召开的十一届全国人大常委会第二十四次会议上，全国人大常委会专题询问国务院关于实施国家中长期教育改革发展规划纲要工作情况，这是2011年全国人大常委会对纲要落实情况举行的第三次专题询问。①

（四）社会监测与评估

社会监测与评估主要是指公众监测与评估以及大众媒体监测与评估。在我国，公众通过政治参与实现对职业教育政策执行过程的知情权、批评权和监督权，也就是说，公众享有对职业教育政策，特别是职业教育政策执行的批评、建议、申诉、检举等权力，从而实现对职业教育政策执行的监测与评估。除此之外，公共舆论也是公众监测与评估职业教育政策执行的一种重要形式，“公共舆论确定了公共政策的基本范围和方向”②，通过公共舆论，公众表达自己的愿望和诉求。一般而言，公众往往以自己的利益诉求为基础，凭借着职业教育政策执行过程中的亲身感受和期望值，对职业教育政策的执行情况进行各种形式的监测与评估。客观地说，尽管公众是职业教育政策执行过程中的重要主体，但由于其对职业教育政策执行过程的监测与评估受个人生活环境、价值观及期望值的影响较大，因而政策监测与评估的主观性也较大，诸如仅凭小道消息做出的监测与评估、因个人利益受到侵害而采取的热线电话投诉式监测与评估等。

近年来，誉有“第四种力量”之称的大众媒体以广播、电视、报纸、网络等方式强势介入职业教育政策特别是职业教育政策执行的监测与评估过程中。大众媒体在职业教育政策活动中具有较特殊的地位，正如托马斯·R. 戴伊（Thomas R. Dye）所言，“新闻媒介的真正功能在于他们能够决定将被决定的事”③。特别是信息时代，大众媒体能利用其特殊的渠道较快地获取各种信息，传播事件的真相和内幕，

① 新华网. 全国人大常委会专题询问国务院关于实施国家中长期教育改革发展规划纲要工作情况[EB/OL]. http://www.moe.gov.cn/publicfiles/business/htmlfiles/moe/moe_1485/201112/128907.html.2011-12-30.

② [美]詹姆斯·安德森. 公共政策[M]. 谢明，译. 北京：华夏出版社，1990：95.

③ [美]托马斯·戴伊，哈蒙·齐格勒. 民主的嘲讽[M]. 北京：世界知识出版社，1991：16.

并通过自身的直接评估间接影响政府和公众对某项职业教育政策的总体性或局部性评估，特别是对公众比较关注的教育热点事件、焦点事件，大众媒体能通过对政策的评论、专题采访等形式实现对公众和政府的导向性作用。总体来看，对于职业教育政策执行来说，公众和大众媒体对其执行过程的监测与评估具有及时、直接、迅速、参与主体众多等特点，可以与其他监测与评估主体实现合作，有效地弥补其他监测与评估主体的不足。

（五）跨部门的职业教育政策监测与评估委员会

上述监测与评估主体可以对不同层面、不同内容、不同类型的职业教育政策执行情况进行不同的监测与评估，具有较广泛的意义。除此之外，还可通过成立跨部门的、专门针对某些特定职业教育政策执行的监测与评估委员会，实现对某些特定职业教育政策执行的监测与评估。例如，美国为了应对航天发展的新挑战和新环境，布什政府曾在 2002 年 6 月颁布《国家安全总统令》，并成立一个跨部门的委员会，专门对美国航天政策进行阶段性评估。[①]因此，就我国当前的具体情况而言，可通过成立跨部门的“职业教育政策监测与评估委员会”，对当前一些特定职业教育政策的执行情况进行监测与评估。例如，对《纲要》提出的 20 项重大改革项目和改革试点进行实时监测与评估，可由教育部、财政部、人事部等部门组成“国家重大职业教育政策监测与评估委员会”。需注意的是，委员会对这些重大项目的监测与评估不仅要涉及项目的启动、项目的组织实施、项目结果的显现等纵向过程的监测与评估，而且还要涉及这些重大项目的政策目标、政策对象、政策内容、权利责任和业务性质等横向结构的监测与评估，通过对这些重大项目不同侧面的监测与评估活动，可以对这些项目的实施提出修改、巩固或终结建议。

需说明的是，尽管上述职业教育政策执行的监测与评估主体是多元的，但由于区域的经济发展水平、区域文化环境、区域教育发展状

① 国家航天局. 布什政府颁发国家航天政策评估总统令[EB/OL]. http://www.cnsa.gov.cn/n615708/n620172/n677078/n751579/59464.html.

况存在一定差异，再加上不同监测与评估主体对职业教育政策执行过程中的利益的关切度不同，因此，从总体上看，职业教育政策执行的监测与评估主体及其发挥的实际监控效力具有明显的差异性、层次性和变动性。

第二节 我国职业教育政策执行监测与评估主体的职业伦理

政策评估主体在进行政策执行评估时，面对的是复杂而现实的人、事、利益关系，自然也就会面临职业伦理的问题。政策评估者的职业伦理与其在评估中的角色定位息息相关，"威尔逊定律"或许能在一个侧面说明：站在不同立场、角色定位不同的政策执行评估者，其往往都难以规避自己在评估中的利益倾向。

哈佛大学教授詹姆斯·Q. 威尔逊（James Q. Wilson）曾提出了两条适用于对政策效果各种情况进行社会科学研究的通用定律："威尔逊第一定律：如果政策研究是由执行政策的人或他们的朋友所实施，所有干预社会问题的政策都会产生预期效果。威尔逊第二定律：如果政策研究是由独立的第三方，特别是那些对政策持怀疑态度的人所实施，没有一项干预社会问题的政策会产生预期效果。"① 显然，在威尔逊看来，政策研究者（包括评估者）基于不同的立场和视角，不管政策的效果如何，其所得出的结论都将是"有利于"其所代表的群体的利益的。威尔逊"所有""没有一项"等用词，甚至颇有点"愤世嫉俗"的感觉，但威尔逊否认他的定律是愤世嫉俗的。相反，他做了如下推论："符合第一定律的研究，将采用政府机关自己提供的关于政府在干什么以及产生什么效果的数据；给予一段时间（或长或短）以最大可能地观察到预期的效果；并且尽可能不寻求可以解释观察结果的其他

① James Q. Wilson. On Pettigrew and Armor. The Public Interest 31 (Spring 1973). 132-134. 转引自[美]托马斯·R. 戴伊. 理解公共政策（第十二版）[M]. 谢明，译. 北京：中国人民大学出版社，2011：299.

变量。符合第二定律的政策研究，将收集一些独立于政府机关的数据，在一个短时间段，使预期的结果出现的可能性最小化；如果出现了预期的效果，就会有人争辩说，这种结果是‘暂时’的，还可能归因于‘霍桑效应’（这种反应正是他们作为实验一部分的真实反映）；并且最大可能的寻求能够解释所观察结果的其他变量。”[①]可见，在政策执行评估中，尽力规避评估者维护自身利益的任何可能性就成为必需，而这需要评估者具备一定的职业伦理。

一、“职业伦理”及“政策执行监测与评估的职业伦理”

“伦理”二字最早见于我国秦汉时期的《礼记》，许慎在《说文解字》中认为：“伦，从人，辈也，明道也；理，从玉也。”伦理一词原意是指人与人之间微妙复杂而又和谐有序的辈分关系，其后进一步演化，泛指处理人与人、人与社会、人与自然之间各种关系的原则与规范，是一系列指导行为的观念和关于是非对错问题的哲学思考。职业伦理属于应用伦理学或专业伦理学的范畴，是指特定的职业者基于职业需求和职业逻辑而应当遵循的行为准则。职业伦理往往同人们的职业实践活动紧密相连，是符合职业特点要求的价值准则和行为规范的总和，并且，职业伦理往往只适用于特定的群体，是职业群体在职业实践活动中的产物，对该职业群体成员具有一定的规范和约束力，因此，也被称为职业的“内部立法”。“任何职业都拥有道德法典，要求其所有成员遵守它，违反者将可能被开除出职业。”[②]不同的职业，其职业伦理的内涵和要求存在一定的差异，这取决于个体或群体在职业生活中的角色定位。例如学术职业伦理是关于学术职业道德的完整体系，是规范学者从事学术活动的道德准则与行为规范。再如，公务员有公务员的职业伦理、医院有医务人员的职业伦理、检察院有检察官的职业伦理等等。

---

① James Q. Wilson. On Pettigrew and Armor. The Public Interest 31 (Spring 1973). Pp.132-134. 转引自[美]托马斯·R. 戴伊. 理解公共政策（第十二版）[M]. 谢明，译. 北京：中国人民大学出版社，2011：299.

② 转引自朱景文. 现代西方法社会学[M]. 北京：法律出版社，1994：103.

严格意义上，职业教育政策执行监测与评估职业伦理属于职业伦理的一种具体情境应用，是一种特殊的职业伦理，主要是指职业教育政策监测与评估者（职业教育政策行动者或政策主体，见前文分析）在监测与评估职业教育政策执行过程中应遵循的行为准则、应坚守的职业道德要求及规范等，它涉及公共责任与公共利益的实现问题。职业教育政策监测与评估职业伦理是一种复杂的职业伦理，既包括职业教育政策监测与评估者个人的道德品质，诸如公正、诚实、正直等，也包括职业教育政策监测与评估者的职业行为道德要求和规范，如权利、义务、职责、程序等，更关键的还在于职业教育政策监测与评估者要具有科学的政策价值观。

职业教育政策执行监测与评估职业伦理本身是一种复杂性和特殊性的职业伦理，其复杂性和特殊性表现在很多方面。我们以责任伦理为例来对这种复杂性和特殊性作一说明。库珀将“责任”视为行政伦理学的核心问题，“当我们遇到应该做什么的问题时，需要在行政角色中界定我们的责任，其中有两种责任：客观责任和主观责任。客观责任产生于法律、组织和社会对行政者角色的需要，而主观责任基于一种信仰、价值和癖好组成的内在驱动来指导我们如何去做”①。当进行政策的监测与评估时，监测与评估者必然会遇到冲突性的、竞争性的责任选择，这就需要政策监测与评估者不仅要恪守外部客观的法律、政策及规章制度所提倡的公共价值精神与责任伦理，而且还要求政策监测与评估者运用来自内部的价值观、信仰，以及内在的伦理自主性，自觉抵制来自外部的不道德的组织和不负责任的行为。当然，这种来自政策监测与评估者内部的价值观、信仰等内部资源控制方式，有时也不是完全可靠的，因为当政策监测与评估者将其价值观、信仰等应用于政策监测与评估时，难以保证其不会以满足自我利益的方式行事，毕竟价值观等都是内隐的，他者难以以其行为对其价值观进行完全的审视和判定。通格（R. Tong）在《伦理学和政策分析：责任问

---

① ［美］卡尔·帕顿，大卫·沙维奇. 公共政策分析和规划的初步方法（第二版）［M］. 孙兰芝，译. 北京：华夏出版社，2002：26-27.

题》一文中也提出了类似的观点："分析家们正学习着在雇佣他们的机构的外部性物品和吸引他们的实践的内部性物品之间寻找平衡，在权利、权威、金钱和尽可能地做最好工作的满足感之间寻找平衡。"[①]当然，通格是基于顾客导向的政策分析[②]而做出的判断，他进一步提出，政策分析家要问自己如下问题："我向顾客提供建议是因为它反映现实还是因为他或她想听？我运用某一方法论是因为它被我所在组织的当权者接受还是因为它能够提供最准确的结果？我使顾客信任是因为这样做能升值吗？对我而言，出人头地比尽可能做好本职工作更重要吗？"[③]显然，仅就"责任"这一职业伦理而言，政策监测与评估者不仅要面临来自客观的、外部的责任挑战，而且还面临来自主观的、内部的责任选择问题，在专业性与迎合顾客需求之间做出责任方面的选择，这足以说明，政策执行监测与评估的职业伦理极其复杂和特殊。

需说明的是，目前政策学界探讨"政策分析的职业伦理"或"政策专家的职业伦理"的比较多，广义的"政策专家包括政策分析专家和政策评估专家，前者着重于政策执行前的规划分析工作；后者则着重政策执行后的评估工作"[④]。但在多数政策实践中，政策专家往往兼顾这两者角色，因此，本书所提的"政策执行监测与评估者的职业伦理"更趋向取广义上的政策专家伦理之意。因为在实践中，政策执行监测与评估专家的工作往往与之前的政策规划密切相关，有时很难完全界分，因此，后文分析中部分内容借鉴已有关于政策专家的相关研究成果，故作此说明。

---

① 转引自陈振明. 政策科学——公共政策分析导论（第 2 版）[M]. 北京：中国人民大学出版社，2003：593.

② 注：顾客导向的政策分析意即政策分析者不论是从事事前的政策分析还是事后的政策评估，都是以服务某些特定的顾客为宗旨。此意义上的政策分析与本书倡导的专业导向的政策监测与评估在意蕴及价值取向上都较为一致。

③ 转引自陈振明. 政策科学——公共政策分析导论（第 2 版）[M]. 北京：中国人民大学出版社，2003：593.

④ 李允杰，丘昌泰. 政策执行与评估[M]. 北京：北京大学出版社，2008：283.

二、政策执行监测与评估者类型及职业伦理关系模式

（一）政策执行监测与评估者的类型

政策执行监测与评估既是一项涉及专业性技术的实践活动，又是一项涉及某种政治取向的政治技术实践活动。监测与评估者在进行政策监测与评估时，往往会表现出不同的取向和偏爱，从而形成了不同的监测与评估者类型。

阿诺德·梅尔兹纳（Arnold J. Meltsner）根据政策分析中的技术与政治技术两个指标，将政策专家分为三种类型：技术型的政策专家、政客型政策专家、企业家型的政策专家。技术型的政策专家通常是由知识分子（科学家、学者、工程师等）来充当，他们在进行政策分析时，往往把分析与政治分开，强调对最佳政策而非最受欢迎政策的追求，因此，他们在政策分析时通常不考虑政治层面因素，呈现为“分析技术能力高、政治技术低”的政策分析特征；与此不同，政客型政策专家则“政治技术较高、分析技术则较低”，其热衷的是政策的推销，以最受欢迎的政策而非最佳政策为追求目标，这一类型政策专家比较重视与顾客维持良好的关系；与上述两种类型政策专家都不同，企业家型的政策专家在分析技术及政治技术两方面均较高，他们一方面追求政策分析的品质，另一方面还重视如何争取顾客的信任及推销政策，试图将政策分析的专业性与实用性结合起来。

与上述分类略有不同，韦默尔（Wermer）和维宁（Vining）则把政策专家分为客观的技术家、顾客的拥护者、议题倡导者三种类型。客观的技术家与前文技术型专家类似，重视政策分析中的忠诚取向；顾客的拥护者则强调对顾客的负责、忠诚，多以顾客的政治利益为主要考量要素；议题倡导者则多以某种意识形态或理念为指导，借政策分析以实现某种理念。

依据上述梅尔兹纳、韦默尔、维宁的观点，我们认为，在实际的职业教育政策监测与评估实践中，往往也会存在不同的类型。第一种是技术型政策监测与评估者（又称专业型政策监测与评估者）。该类型的政策监测与评估者往往以政策执行监测与评估的专业性为追求目

标，强调监测与评估本身的技术性特征，以描述和提出最佳或最理想的政策执行为主要追求目标。该类型的监测与评估者往往具有专业的监测与评估技能、知识和实践能力，以各领域的专家、学者与政策研究者为主。第二种是政治利益相关者类型。该类型的政策监测与评估者往往以政治利益相关者的利益需求为导向，在政策执行的监测与评估中，他们对政治因素考量较多，往往以最有利于政治利益相关者政策（得到公众认可）的监测与评估结果为追求目标。换句话说，那些政治利益相关者是政策监测与评估的委托者，是某种意义上的顾客。因此，该类型的政策监测与评估者以取得政治利益相关者这一顾客群的最大满意度为基本选择取向。该类型政策监测与评估者的政治技术较高，相对而言，政策分析的专业技术较低。该类型中的政治利益相关者主要是指与政策利益直接相关的民意代表、政府官员、利益团体，这些政治利益相关者多半是政治领域中的参与者或政策利害相关人，他们往往直接参与政治博弈过程，政策监测与评估的结果也往往直接与他们的政治利益密切相关。因此，该类型的政策监测与评估者一旦与政治利益相关者建立委托关系，就难以远离政治是非旋涡，必然面临是非抉择与道德伦理等职业伦理考验。第三种是介于上述两种政策执行监测与评估者类型之间，我们称之为兼顾型。该类型的政策监测与评估者显然是既考量委托者（政府等政治利益相关者）的利益需求，又兼顾政策监测与评估的技术性，该类型试图融合专业性、技术性与政治性等为一体，在政策执行的监测与评估中，既强调专业职能，又兼顾与委托方关系。

（二）顾客导向的监测与评估职业伦理关系模式

前文我们分析了监测与评估者的几种类型，不管哪种类型，从目前的趋势来看，顾客导向是当前政策执行监测与评估的一种重要特征，因此，政策执行监测与评估者和顾客关系的问题，是分析政策执行监测与评估者职业伦理的重要基础之一。

迈克尔·D. 贝勒斯（Michael D. Bayles）建立了五种政策专家与顾客关系的模式：一是代理模式（agency model）。专家扮演工具性的角色，顾客往往有足够的知识来指导专家该怎么做，或者有足够的权力来限制专家，最明显的例子是政府内部的研究机构。二是权威模式（paternalism model）。该模式强调专家权威，政策专家在公共问题及政策建设上拥有绝对的权威，而顾客或决策者相当依赖政策专家的意见。三是朋友模式（friendship model）。政策分析的结果并非由顾客或政策专家任何一方所片面决定，而是由二者共同负责政策分析的建言，政策专家与决策者之间应具有密切合作与互信的关系。四是契约模式（contract model）。此模式与朋友模式最大的差别在于政策专家与决策者不在平等地位分享政策制定权力，决策者可在合约中明确地列出授权范围，通常政策专家被授权处理的问题属于技术性较强的议题。五是受委托者模式（fiduciary model）。此种模式中政策专家与决策者的关系就如同医生之于患者或律师之于委托客户，顾客充分信任政策专家的专业能力，而政策专家则竭尽所能为顾客分析政策问题、提出政策建议。此种模式的运作基础一方面在于政策专家的专业知识、能力与专业道德值得顾客的信任，另一方面顾客也充分尊重专家在分析工作上秉持的客观与诚实原则。①

从目前我国职业教育政策监测与评估的实践来看，代理模式、受委托者模式显然占据主导地位，许多的政策监测与评估往往都是由政府内部的研究机构做出来的，而委托者模式日益成为政策监测与评估的新选择。

三、职业教育政策执行监测与评估职业伦理的基本内容

关于政策监测与评估者职业伦理的内容，不同的研究者有不同的观点。韦默尔（Wermer）和维宁（Vining）建议政策分析家在其职业生涯的行为中要考虑三种价值，“分析上的诚实、对顾客的负责以及对其个人有关美好社会观念的坚持”。另外，韦默尔和维宁主张发扬如下职业精神，“作为政策分析的教师和实践者，我们应该明确认识到我们有义务维护他人的基本权利，支持我们宪法中的民主程序，促进分析和个人诚实。这些价值应在我们的伦理评估中普遍支配我们对顾客的

① 李允杰，丘昌泰. 政策执行与评估[M]. 北京：北京大学出版社，2008：287-288.

职责。尽管如此，我们应该对顾客选择解决不同价值间冲突的方式表示理解，而且我们应该对我们分析的预测能力保持一种现实的谦虚态度”[①]。显然，诚实、责任及良善等基本品质和价值，是政策分析者职业伦理的重要内容。迈克尔·D. 贝勒斯和唐氏（Tong）均认为政策专家至少应具备如下美德：诚实、正直、能力、勤奋、忠实和慎重。李允杰和丘昌泰提出了“关于个人利益问题”“关于实施与价值区分问题”“关于价值判断的问题”，以及“关于民众的参与”等四个方面伦理责任，提出避免个人私利、不把个人价值视为理所当然的前提假设、避免将价值当事实来陈述、价值判断过程经得起审视、要强化公众的广泛参与等职业伦理内容。

本书采用政策学者陈振明关于职业伦理内容的基本观点，他认为，职业伦理应包括三个方面：道德品质要求、行为选择要求、价值判断要求。[②]

（一）道德品质要求

康德曾言，世界上唯有两样东西能让我们的内心受到深深的震撼，一是我们头顶上灿烂的星空，一是我们内心崇高的道德法则。显然，德是立身之本。对于政策监测与评估者而言，“德”要求其既要具备一般社会成员的道德品质，又要具备作为政治角色的职业伦理。“面对权贵，直言不讳”（speaking truth to power），可以说是政策分析者具有公正和勇气等优秀品质的表现之一。

首先，政策监测与评估者要具有公正的精神追求与道德品性。“公正”一词的英文是“justice”，而“justice”一词体现了一种“非个人关系”（impersonal relation），即在价值判断中排斥个人的感情色彩，体现出不分敌友亲疏，对任何人与事采取同一尺度的公平性特征。汉语中的“公正”的含义是“公平正直，没有偏私”[③]，公正不仅是规

① [美]卡尔·帕顿，大卫·沙维奇. 政策分析和规划的初步方法[M]. 孙兰芝，等译. 北京：华夏出版社，2001：357.

② 陈振明. 政策科学——公共政策分析导论（第 2 版）[M]. 北京：中国人民大学出版社，2003：594-597.

③ 现代汉语词典[M]. 北京：商务印书馆，2015：360.

范着人的道德生活的个体道德行动准则，也是规范着涉及公共关系的权利与义务、利益与负担的社会准则，要求个体在处理社会关系时能用同一尺度对待一切人和事，因此，公正的核心就是处理好个人利益与公共利益的关系。具体到政策领域，要求政策监测与评估者在对政策执行信息进行收集、整理、分析和判断的过程中，秉持公平与正义等价值尺度，能将个人利益积极纳入公共利益范畴，基于公共利益的立场和视角对相关客观信息做出选择和主观判断。

其次，政策监测与评估者要具有勇气，“勇气”意味着“敢作敢为的气魄”[①]。作为一种政治美德，勇气兼具正义与勇敢这两种美德的意涵。具体到政策领域，勇气有多种形式，其中之一即表现为在政策执行的监测与评估时，能坚持原则，一视同仁，特别是在监测与评估结果可能会对不同利益集团产生重要影响时，能够坚持原则，不受任何利益集团压力的影响，对政策执行的监测与评估做出客观、公正的评判。

最后，政策监测与评估者要具有责任意识和能力。正如前文分析，责任是行政伦理学的核心问题，也是政策监测与评估这一领域对监测与评估者的核心道德品质要求。“责任伦理本身是规则规定，其特征是责任的分辨。职业伦理本身就是一种责任伦理。责任伦理并非是一种整体的目的伦理，它并非需要一个个人德行作为伦理起点，也非需要一个宇宙天地性目的作为终极追求，而是一种受到职业或专业界线限定的伦理，目的性必须在一定范围内的职责中去寻找，在一定的知识中去认定。”[②]在政策监测与评估中，必然面临冲突性和竞争性的责任伦理选择，这就需要政策监测与评估者能够运用内心的信念与是非善恶标准，对政策执行过程中各种责任认定、责任承担等进行分辨，并做出恰当的评判。

（二）行为选择要求

政策执行的监测与评估从本质上说涉及价值、行为选择和过程与

① 现代汉语词典[M]. 北京：商务印书馆，2015：1279.

② 龚群. 当代中国社会伦理生活[M]. 成都：四川人民出版社，1998：183.

结果，选择本身既是一种价值认识活动，又是一种价值创造活动，体现的是主观和客观、目的与手段的统一。

监测与评估者在进行政策执行的监测与评估时，要以政策行为是否有利于公共利益为评判标准，并积极协调各方利益需求。政策的监测与评估的价值取向、评估过程及评估结果都会直接影响政策涉及的各方利益主体。因此，监测与评估者在多方利益冲突中做出的选择，一定要秉持“政策行为是否有利于维护、坚持公共利益”为衡量标准，同时，政策监测与评估者还要在监测与评估中兼顾协调各方利益关系。

政策监测与评估者的选择要具有前瞻性。这意味着政策监测与评估者在做出选择时既要考虑现实情况，基于各种现实情况做出价值判断，同时还要考虑政策问题发展的需要，以及政策环境的各种变化，特别是政策问题面对的经济发展、文化变迁、制度创新等外在环境因素的变化。因此，在对某项政策的执行情况做出价值判断时，要着眼于未来，能适应环境的变化，敢于创新。

政策监测与评估者的选择应坚持目的与手段的统一。目的往往反映着个体的认识、观念，而选择达成目的的手段需要与目的相契合，特别是手段的选择上应兼顾社会性，即政策监测与评估从本质上来讲并不是个体随意的选择，而是受到来自社会因素的制约，特别是社会的物质条件、社会规范及传统和习俗的限制，是在现有的现实社会关系基础上做出的价值选择和判断。

（三）价值判断要求

价值判断要以政策执行过程的信息、事实为依据，做到事实判断和价值判断的统一。任何一项政策都包含事实要素和价值要素，两者的结合是政策监测与评估的基础，这要求政策监测与评估者要把“实然”与“应然”有机结合起来。从实质上来讲，要对政策执行过程进行监测与评估，就必须对政策过程的政策执行主体信息、政策执行行为、政策执行带来的变化等事实信息进行伦理上的估量和预测，并在此基础上对政策执行情况进行价值判断和评价。

价值判断要以公共利益为重。从本质上来看，政策是各种利益关系的调节器，公共政策是对社会利益的权威性分配，“分配利益是一个动态过程，在增进社会利益的前提下，分配的基础是选择利益和整合利益；分配的关键是利益落实。从社会利益中，由利益选择到利益整合，由利益分配到利益落实，这是一个完整的过程”[①]。当然，界定公共利益并不是一件容易的事，甚至有人认为要提出一个能得到普遍接受的客观准确的公共利益概念几乎是不可能的，但埃米特·S. 雷德福德（Emmett S. Redford）教授提出了三条判断公共利益要素的途径：“一是看那些存在大量集团利益冲突的政策领域，如农业、劳动关系、能源以及运输领域。在这些领域，有时某个集团的直接利益会占上风并被认为是公共利益。第二个途径是寻求那些广泛的和共享的利益，基于以上特征，这些利益被称为公共利益。这里，公共利益是作为公共需求而出现的。第三个决定公共利益的途径是看组织和程序是否能满足表现并平衡利益，解决争议，在政策的制定中达成妥协以及有效执行公共政策的需要。”[②]因此，政策监测与评估应以公共利益所追求的价值，诸如正义、公平、民主等为最终追求目的，反映、解决公共问题，实现社会公共利益。

① 陈庆云. 公共政策分析（第二版）[M]. 北京：北京大学出版社，2011：7-8.

② [美]詹姆斯·E. 安德森. 公共政策制定[M]. 谢明，译. 北京：中国人民大学出版社，2009：161-162.

第六章　我国职业教育政策执行监测与评估标准与指标体系构建——基于中美两国的政策个案

第一节　政策评估标准的历史变迁与多元化观点

“政策评估标准既是公共政策评估系统的有机组成部分，也是政策评估的基本依据。只有参照一定的标准才能对公共政策做出科学、有效的评价，因此价值中心或价值焦点是政策评估的核心特征之一。”[①]

一、政策评估标准的历史变迁

政策评估标准随着历史的发展也经历了一个变迁的过程，从最初的强调技术标准，逐步发展为技术标准与政治标准兼顾的多元复合型标准，影响这一变迁过程的因素比较复杂，一些著名的政策学者在其中起到了至关重要的作用。

（一）早期强调“技术”的“3Es+1A”政策评估标准

第二次世界大战后，特别是20世纪60年代以后，大量涉及社会发展的公共政策被颁布和实施，由于制定和执行这些政策的成本高昂，公众开始关注这些公共政策的执行效果，由此催生了第一代政策评估理论，代表性的政策学者及著作有卡罗尔·韦斯的《评估研究：方案效果的评估方法》、罗西与威廉姆斯的《评估社会规划》、瑞肯与波尔的《社会实验：规划与评估社会参与的方法》、本奈特与鲁斯戴恩的《评

---

① [美]威廉·N. 邓恩. 公共政策分析导论（第2版）[M]. 谢明，译. 北京：中国人民大学出版社，2002：435.

估与试验：评估社会规划的若干关键问题》等。这一时期的政策评估思想深受逻辑实证主义的“事实与价值两分”的观点的影响，“价值判断只是情感的表达，它无真假可言，因而不可能得到理性的辩护和证明”①。他们反对将价值分析标准作为政策评估标准的一个组成部分，主张政策评估应当是价值中立或价值祛除的，价值判断势必会影响政策评估的科学性，认为政策评估应当将重点放在对政策效果的施政测量或科学预测上，而不是进行主观性的价值判断，也就是说，政策评估处理“是”的问题，而不处理“应当是”的问题。因此，强调政策评估的“测量”，而不是“评判”成为早期政策评估界的主流观点。此时期的诸多政策学者都认为，政策评估就是严格按照“投入—产出”分析模型，以公共政策效果（effectiveness）、效率（efficiency）、效能（efficacy）及其充分性（adequacy）为标准来评估公共政策，即“3Es+1A”政策评估标准。

（二）从强调技术性到强调政治性的政策评估标准变迁

20 世纪 70 年代，政策学者白瑞与雷伊从政治学的角度提出了政策评估的政治标准（political evaluation）问题。在他们看来，如果仅仅使用单一的技术标准去评估公共政策，忽视政策评估的规范分析与价值判断，那么，政策评估必然会陷入技术操作的泥潭中无法自拔。如果忽视政策评估中的政治原则，那么政策评估在讲求效率、效能的同时会迷失方向，而迷失方向的政策评估所导致的后果很可能是灾难性的。②白瑞和雷伊的观点不无道理，“3Es+1A”政策评估标准在现实中也遭遇了尴尬：只关注政策效能、效率，但却忽视了政策本身是否是真正民意的表达（也就是说政策目标是否恰当的问题）；只关注政策效率和效能，可能对政策带来的社会公正问题有所忽视，甚至可能还会进一步加剧不公平，带来更为严重的社会问题。这样就引发了人们对“3Es+1A”政策评估标准的反思。

---

① 冯平．价值判断的可证实性——杜威对逻辑实证主义反价值理论的批判[J]．复旦学报（社会科学版），2006（5）：112-119.

② B. Bary & D. W. Rae. Political Evaluation[A]. F. I. Greenstein & N. W. Polisy. Handbook of Political Science[C]. Melon Park, California, Aanderson Wesley.1975.

对强调技术的政策评估标准的反思，也促成了政策评估理论和实践的重大转向。事实上，无论评估政策结果，还是评估政策执行过程，都无法回避一个根本性的问题：评估是为谁服务？是为政策制定者服务，还是为政策执行者服务？抑或是为公众服务？政策评估是为了满足政策主体的利益需求，还是为了满足公众利益需求、增进公共利益？答案似乎是无可争议的，即政策要为公众服务，要满足公众利益需求。显然，政策评估不是在科学的外衣下为决策者唱赞歌，而是要关照到政策的公共维度，澄清政策所倡导的公共价值，明晰政策的正当性和公平性等问题。基于此，关注政策评估中的政治性就成为此时期政策评估标准的一个重要选择。政策学者豪斯（E. R. House）也明确地表达了政策评估的政治特性："政策评估基本上是一种政治活动。其在为决策者提供服务的同时，主要目的是推动资源与利益的再分配。评估不应当只是真实的，它应当是正义的，目前的评估架构不论其真实价值如何，都应在不同的程度上回应正义，更何况，正义本身就是政策评估应该考虑的一项重要标准。"[①]例如，罗森布鲁姆（Rosenblum）就提出了"代表性""反应度"和"责任"三个政策评估标准。其中"代表性"强调民众（特别是利益相关者）在政策执行决策上的参与；"反应度"则注重政府对民众需求的反应究竟是灵敏的还是迟钝的；"责任"是要明确政府部门对该政策所应负的责任。显然，这三个标准都明显是强调政策评估的政治性。鲍斯特（Poister）在《公共项目分析：应用方法》一书中提出了政策评估的七个标准：效能、效率、充分性、适当性、公平性、反应度和执行能力，其中，适当性、公平性、反应度和执行能力这四者皆属于政治性标准。美国政策学者斯图亚特·内格尔（Stuart Nagel）则基于政治学的视角提出了"3Ps"标准：公众参与度（participation）、可预测性（predictive）、程序公正性（procedural fairness）。其中，公众参与度标准指在政策制定中，目标群体、政策利益相关者及公众参与的程度；可预测性标准指在正式做出一项决策前，其结果可能被预测的程度；程序公正性标准指在政策制定过程中必须

① E. R. House. Evaluating with Validity. Beverly Hills: Sage, 1980: 121.

保证各个政策利益相关者，特别是其利益可能受到政策不利影响的群体有机会表达自己的意见。尽管“3Ps”标准是针对政策制定过程而言的，但对于政策执行过程及结果评估同样具有重要意义，特别是公众参与度标准和程序公正性标准，同样适用于政策执行及其政策结果的评估。

事实上，从来就没有这种可能，即政策评估是完全客观的或者没有偏见的，反之，政策评估的整个过程可能处处体现一定的政治性。一方面，参与政策评估的各方主体的期望，决定了政策评估者优先选择哪些政策信息、优先关注哪些必须予以关注的问题，而这些期望和关注都会带有价值偏好；另一方面，对搜集的政策信息和资源的解释与应用，更体现了评估者所带有的某种政治倾向性。正如 1997 年出版的《21 世纪的教育评价》一书中提出的，评估之所以具有政治含义，主要原因有三个：第一，接受评价的政策和政策系统都是政治过程的产物；第二，评估报告影响着政治领域发生的一切，包括一项政策是否应该持续、应该获得多少拨款；第三，许多人的职业生涯、专业声望和教育利益取决于评估结果。①因此，政策评估中的政治性无法规避。

二、多元化的政策评估标准观点

评估标准是“政策评估者在政策评估过程中据以对政策方案和政策效果进行优劣判断的准则”②。关于政策评估标准，国内外政策学者观点众多，国内学者的观点大多是对国外学者观点的本土化改造。

（一）国外政策学者的政策评估标准观点

美国政策学者威廉 · N. 邓恩提出了政策评估的标准：效果（结果是否有价值）、效率（为得到有价值的结果付出了多大代价）、充分性（有价值结果的获取在多大程度上解决了问题）、公正性（成本和效益在不同集团之间是否等量分配）、回应性（政策结果是否能满足特定集团的需求、偏好和价值）、适当性（所需结果/目标是否真正值得或有

① [美]弗朗西斯 · C. 福勒. 教育政策学导论（第二版）[M]. 许庆豫，译. 南京：江苏教育出版社，2007：289.

② 陈振明. 政策科学——公共政策分析导论（第二版）[M]. 北京：中国人民大学出版社，2003：471.

价值）（见表 6-1）。

表 6-1　威廉 · N. 邓恩的政策评估标准及指标[①]

标准类型	问题	说明性指标
效果	结果是否有价值？	服务的单位数
效率	为得到有价值的结果付出了多大代价？	单位成本、净收益、成本-收益比
充分性	有价值结果的获取在多大程度上解决了问题？	固定成本、固定效果
公正性	成本和效益在不同集团之间是否等量分配？	帕累托标准、卡尔多-克斯标准、罗尔斯标准
回应性	政策结果是否能满足特定集团的需求、偏好和价值？	与民意测验的一致性
适当性	所需结果（目标）是否真正值得或有价值？	公共项目应兼顾效率与公平

另外一位政策学者卡尔 · 帕顿（Carl Patton）和大卫 · 萨维奇（David Sawicki）则主要基于对政策设计目标产生较大影响的四类制约性因素——技术可行性、政治可行性、经济和财政可行性、行政可操作性，提出了政策评估的标准（见表 6-2）。

表 6-2　卡尔 · 帕顿和大卫 · 萨维奇的政策标准

标准类型	问题	衡量标准
技术可行性	政策产出是否达到了预期目的？	效力、充分（适度）
经济和财政可行	政策成本是多少？政策收益是多少？	净资产变更、经济效益、成本效力
政治可行性	政策方案能否被政策利益相关者所接受？	可接受性、适当性、反应、法定、公正
行政可操作性	实施既定政策有多大的可能性？	权威、制度的约定、能力、组织支持

① [美]威廉 · N. 邓恩. 公共政策分析导论（第四版）[M]. 谢明，伏燕，朱雪宁，译. 北京：中国人民大学出版社，2011：249.

从整体上看，邓恩、帕顿、萨维奇等人关于政策评估的标准都涵盖技术性标准和政治性标准。其中，邓恩提出的评估标准中的效果、效率、充分性属于技术性评估标准，而公平性、回应性、适宜性则属于政治性标准；而帕顿和萨维奇的评估标准中的技术可行性、经济和财政可行性、行政可行性均属于技术性评估标准，而政治可行性则属于政治性评估标准。

（二）国内政策学者的政策评估标准观点

政策学者陈庆云提出了八个方面的公共政策评估标准："（1）投入工作量。在政策执行过程中所投入的各项资源的质与量以及分配状况。（2）绩效。依据具体明确的目标，分析政策对客观事物与政策环境所造成的实际影响，绩效既包括政策推动的结果，又含有民众心目中认定的满意程度。（3）效率。即投入工作量与绩效之间的一种比例关系。（4）充分性。即满足人们需要、价值或机会的有效程度，它反映了绩效的高低。（5）公平性。即公共政策所投入的工作量以及产生的绩效在社会不同群体间公平分配的程度。（6）适当性。即公共政策目标和所表现出的价值偏好，以及所依据的假设是否合适。具体地说，公共政策追求的目标是否是社会期望的，公共政策的成本与利益分配是否公平、公正。（7）执行力。即探求影响公共政策失败的原因，进而导致因果模型的构建。（8）社会发展总指标。即对社会状态与发展的数量进行描述与分析，既反映过去的动向，又可作为社会现状的说明，其特征是以描述性指标为主。"①

政策学者陈振明提出了五个政策评估标准："生产力标准（是政策评估的首要标准）、效益标准（以实现政策目标的程度作为衡量政策效果的尺度）、效率标准（政策效益与政策投入之间的比率）、公平标准（政策执行后，导致与该政策有关的社会资源、利益及成本在社会不同群体间公平分配的程度）、政策回应性（政策实施后对特定团体需

① 陈庆云. 公共政策分析（第二版）[M]. 北京：北京大学出版社，2011：208.

求的满足程度）。”[①]关于教育政策评估的标准，有研究者提出了“3E+3F+3C”评估标准。其中，“3E”指效率（efficiency）、效果（effect）和公平性（equality）；“3F”指可行性（feasibility）、可预测性（foreseeability）、程序公正性（procedural fairness）；“3C”指兼容性（compatibility）、简明性（conciseness）、满意度（contentment）。[②]

另外，政策学者张金马提出的政策评估标准包括：有效性、效率、公平性、可行性（政治可接受性、经济可承受性、社会可接受性、管理可行性）[③]；政策学者宁骚提出了七个政策评估标准：政策效率、政策效益、政策影响、回应性、社会生产力的发展、社会公正、社会可持续发展[④]。

从整体上看，国内政策学者所提的政策评估标准并未对国外学者所提的政策评估标准有大的突破，创新性不多，基本上仍属于技术性政策评估标准和政治性政策评估标准范畴之内。职业教育政策执行评估标准是公共政策评估标准的下位概念，包含于公共政策评估标准范畴之内，本书对职业教育政策执行评估标准的构建是以公共政策评估标准为基础来进行的。

第二节　美国《卡尔·D. 帕金斯生涯和技术教育法案》执行监测与评估标准及指标体系——基于绩效与问责的视角

美国的教育政策包括职业教育政策监测与评估体系相对而言比较健全和完善，其政府部门、研究机构、第三方评估机构（包括非营利性社会组织）等多元化政策评估机构和组织，针对任何一项即将要

① 陈振明. 政策科学——公共政策分析导论（第二版）[M]. 北京：中国人民大学出版社，2003：471-472.

② 胡伶. 教育政策评估标准体系的架构研究[J]. 教育理论与实践，2008（34）.

③ 张金马. 公共政策分析：概念·过程·方法[M]. 北京：人民出版社，2004：461-462.

④ 宁骚. 公共政策学[M]. 北京：高等教育出版社，2003：257、421-424.

颁布、已经颁布或已经执行的教育政策，都会有不同的机构和组织在政策颁布之前、颁布之后对教育政策进行监测与（或）评估，即通常意义上的事前审核及准入条件评估、事中执行情况评估、事后效果评估，因此，程序化、规范性、权威性是美国教育政策评估的重要特点。笔者以事后效果评估为分析对象，从绩效与问责的视角来审视美国职业教育法律监测与评估标准与指标体系问题，或者说，在某种意义上，美国绩效与问责的标准与指标也是其法律法规与政策执行监测与评估的标准与指标。

一、"绩效"与"问责"推动下的美国职业教育政策执行的监测与评估

（一）法制化的绩效治理从根本上推动了美国职业教育政策执行监测与评估的顺利实施

如前文所述，美国 1993 年的《政府绩效和结果法案》是美国政府绩效改革浪潮中具有里程碑意义的代表性立法，依据之后该法案的修订版《政府绩效和结果现代化法案》（GPRA Modernization Act of 2010, GPRAMA），美国联邦政府教育部在每个财政年度要向国会递交其在每个财政年度战略目标完成情况及关键绩效措施等信息。可以说，法制化绩效治理为顺利推动美国职业教育政策执行监测与评估提供了前提基础及重要保障，同时也形成了一种倒逼机制，敦促政策执行的过程更加科学。

在美国教育部每年递交的绩效报告中，生涯与技术教育绩效报告是其重要的构成内容，特别是最近几年，美国教育部和生涯、技术与成人教育办公室[①]以及学术和技术教育司三个部门，每年都会联合向美国国会递交《"2006 卡尔 · D. 帕金斯生涯和技术教育法案"年度州绩效报告》，该绩效报告是就上一年度州绩效预算计划的完成情况进行

① 注：2014 年 1 月 18 日，美国联邦教育部"职业与成人教育办公室（the Office of Vocational and Adult Education，OVAE）正式更名为"生涯、技术与成人教育办公室"（the Office of Career, Technical, and Adult Education, OCTAE）。

全面评估。例如，2013 年 4 月 10 日，美国教育部和财务总监办公室发布《2012 财年年度绩效报告和 2014 财年年度绩效计划》，提出“中等后教育、生涯与技术教育和成人教育”的绩效目标是：“通过改善高等教育和终身学习机会为年轻人和成人增加大学入学机会、提高质量和毕业率。”[①]除此之外，按照《卡尔・D. 帕金斯生涯和技术教育法案Ⅳ》要求，美国各州与教育部就“每一项指标及可定期更新的目标”达成双方一致认可的目标进行协商，各州必须将其年度绩效数据在每一个项目年结束六个月后、12 月 31 日前报告给教育部。显然，作为定量评估教育系统实施过程及结果的绩效，不仅能提供各教育机构及其计划的进展情况、教育者是否完成其教育教学目标等方面的有用信息，而且还可用于决定各种教育计划是否需要改进以及如何改进。从上述美国联邦政府对生涯与技术教育进行绩效管理的事实可以看出，美国联邦政府的绩效立法为全面、客观评估美国生涯与技术教育进展情况，以及对生涯与技术教育的改革和发展提供了重要前提和法律保障。

（二）问责：美国职业教育政策执行监测与评估的重要旨归

除了加强绩效治理之外，对问责的重视，也是促发美国教育政策执行监测与评估的重要诱因之一。正如前文提及的，具体到美国生涯与技术教育，早在 1998 年的《卡尔・D. 帕金斯生涯和技术教育法案》中就要求联邦和州承诺实施绩效标准和问责。2006 年的《卡尔・D. 帕金斯生涯和技术教育法案》提出了更加明确的问责目的：“建立和支持州及地方绩效问责制，以评估州在实现整个州生涯与技术教育进步中的有效性，优化联邦基金在生涯与技术教育活动中的投资回报率。”[②]除此之外，2006 年的法案还对问责的核心指标做了规定。2012 年 4 月，美国教育部发布《投资美国未来——生涯与技术教育改革蓝图》

① U.S. Department of Education. (2013). FY 2012 Annual Performance Report and FY 2014 Annual Performance Plan, Washington D. C., 2013［EB/OL］. http://www.ed. gov/about/reports/annual/index.html.

② Carl D. Perkins Career and Technical Education Improvement Act of 2006［EB/OL］. https://www2. ed. gov/policy/sectech/leg/perkins/index.html.

（以下简称《改革蓝图》），作为对《卡尔 · D. 帕金斯生涯和技术教育法案Ⅳ》的修订提案，《改革蓝图》提出 CTE 改革的四个基本原则，即对接（Alignment）、合作（Collaboration）、问责（Accountability）和创新（Innovation），针对其中的“问责”这一原则，《改革蓝图》提出了“基于共同定义和明确绩效指标表现的、以改善所有学生在 CTE 计划中的学术成绩和增强就业技能为目的的有意义的问责”[①]。

二、美国《卡尔 · D. 帕金斯生涯和技术教育法案》绩效与问责框架变迁

《卡尔 · D. 帕金斯生涯和技术教育法案》的问责框架已经发展了几十年，每一次重新授权都会增加要求，以强调国家政策优先事项（见表 6-3）。

表 6-3 《卡尔 · D. 帕金斯生涯和技术教育法案Ⅱ、Ⅲ、Ⅳ》绩效与问责框架变迁一览表

要求	《帕金斯Ⅱ》	《帕金斯Ⅲ》	《帕金斯Ⅳ》
绩效指标	· 要求各州建立学习及能力获得的标准，至少四分之一的标准要有明确具体的绩效措施 · 允许各州制定标准时参考《社会保障法》和《就业培训合作法》	· 制定了中学教育及中学后教育的四个核心指标 · 如果与法定的标准一致，允许各州替代其他现存的州绩效标准 · 给予各州选择其他绩效指标的权力	· 制定了中学教育的六个核心指标和中学后教育的五个核心指标 · 将中学教育的三个核心指标与 ESEA[②]的绩效标准一致起来 · 如果与法定标准一致可以替代现存指标，继续给予各州这种选择权 · 为那些未能将技术准备教育与基础资助资金整合的州设立技术准备教育的分类指标体系
绩效指标界定	· 允许各州制定本州数据收集和报告方法	· 允许各州制定本州数据收集和报告方法 · 要求技术技能的熟练程度与州制定的职业技术技能标准相一致	· 允许各州制定本州数据收集和报告方法 · 如果可用和合适的话，增加技术技能熟练程度与行业认可的标准相一致的要求 · 给绩效结果报告的有效性和可靠性增加参考文献

① U.S. Department of Education, Office of Vocational and Adult Education, Investing in America's Future: A Blueprint for Transforming Career and Technical Education, Washington, D. C., 2012.

② 注：“ESEA”指“the Elementary & Secondary Education Act of 2001”。

续表

要求	《帕金斯Ⅱ》	《帕金斯Ⅲ》	《帕金斯Ⅳ》
报告	· 没有要求各州向教育部报告绩效	· 要求各州报告所有 CTE 学生，包括特殊群体学生的发展情况 · 特殊群体界定中增添了单亲家庭学生和流离失所家庭学生	· 要求各州报告所有 CTE 学生，包括特殊群体的分类数据，特殊群体指那些中等教育阶段移民学生，以及消除个体及其他障碍达到教育成就的学生 · 增加报告与 ESEA 要求的相一致的分类数据
绩效目标与制裁	· 无绩效目标与制裁	· 要求各州制定绩效目标，如果绩效目标没有实现要实施州改进计划 · 对未实施整改计划或实施整改计划一年内没有改善或连续两年以上未改善的州实施制裁	· 要求各州制定绩效目标，假如未达成 90% 绩效目标，则实施州改进计划 · 补充规定，如果目标未达成，地方可以和教育部商谈绩效目标并实施地方改进计划 · 对未实施整改计划或实施整改计划一年内没有改善或连续三年以上未改善的州延长制裁期限

可以看出，《卡尔 · D. 帕金斯生涯和技术教育法案Ⅱ》[①]要求各州要制定绩效标准体系，“各州要建立学习及能力获得的标准，并且至少四分之一的标准要有明确具体的绩效措施”。虽然《卡尔 · D. 帕金斯生涯和技术教育法案Ⅱ》并未真正要求各州向美国教育部报告其绩效结果，也并未提及对那些未完成相关绩效计划的州实施惩治的措施，但要求各州广泛灵活地建立绩效标准，并允许各州制定适合本州的数据收集方法，在一定程度上给各州很大的自由度和空间。整体来看，《卡尔 · D. 帕金斯生涯和技术教育法案Ⅱ》中提出的建立绩效标准要求，从根本上奠定了之后美国各州所实施的问责制的基础。

与《卡尔 · D. 帕金斯生涯和技术教育法案Ⅱ》相比，《卡尔 · D. 帕金斯生涯和技术教育法案Ⅲ》[②]在核心绩效指标的制定、绩效结果的报告、惩治措施等方面均有所突破。特别是《卡尔 · D. 帕金斯生涯和技术教育法案Ⅲ》制定了中学及中学后教育的四个核心指标，这成

① Carl D. Perkins Vocational and Applied Technology Education Act Amendments of 1990 [EB/OL]. http://thomas. loc. gov/cgi-bin/query/z?c101: H. R.7. ENR.

② Carl D. Perkins Vocational and Applied Technology Education Act Amendments of 1998 [EB/OL]. http://www.gpo. gov/fdsys/pkg/PLAW-105publ332/pdf/PLAW-105publ332. pdf.

为各州在制定本州绩效计划及报告绩效结果时必须涉及的核心内容；在绩效报告方面，《卡尔·D. 帕金斯生涯和技术教育法案Ⅲ》要求各州均要向教育部报告本州所有 CTE 学生发展情况，包括特殊群体学生。另外，对于未完成绩效目标的州，《卡尔·D. 帕金斯生涯和技术教育法案Ⅲ》突破性地提出了惩治措施，例如，未完成绩效目标的州必须实施整改计划，如实施整改计划仍未达到绩效目标，教育部将对其采取惩罚措施。

与上述《卡尔·D. 帕金斯生涯和技术教育法案Ⅱ》和《卡尔·D. 帕金斯生涯和技术教育法案Ⅲ》相比，2006 年的《卡尔·D. 帕金斯生涯和技术教育法案Ⅳ》①重新修订了绩效与问责要求。首先，对绩效与问责的核心指标进行了界分，分别制定了中学教育阶段和中学后教育阶段的 CTE 核心绩效指标，同时在核心绩效指标的数量上分别有所增加，即制定了六个中学教育阶段的核心指标和五个中学后教育阶段的核心绩效指标，增加了与 ESEA 要求相一致的两个核心指标（技能熟练程度和毕业率）。其次，在绩效报告方面，《卡尔·D. 帕金斯生涯和技术教育法案Ⅳ》要求各州必须报告所有 CTE 学生整体及在种族、民族、性别和特定学生群体等人口统计学变量方面的绩效结果（残疾学生；家庭经济困难学生，包括寄养儿童；为非传统领域做准备的学生；单亲家庭，包括单亲孕妇；流离失所学生；英语受限学生；中学阶段移民学生）；另外，《卡尔·D. 帕金斯生涯和技术教育法案Ⅳ》还要求各州报告与 ESEA 报告中使用的相一致的分类数据，《卡尔·D. 帕金斯生涯和技术教育法案》中特别列出的“特殊人群”除外；同时，《卡尔·D. 帕金斯生涯和技术教育法案Ⅳ》还进一步增大了州和地方教育机构在问责和绩效报告要求方面的灵活性和选择权，其更适合各州和地方的实际情况。再次，《卡尔·D. 帕金斯生涯和技术教育法案Ⅳ》对绩效报告中数据的有效性和可信性寄予了一个更高的期望。最后，《卡尔·D. 帕金斯生涯和技术教育法案Ⅳ》首次增加了对地方

① Carl D. Perkins Career and Technical Education Improvement Act of 2006［EB/OL］. http://www.gpo. gov/fdsys/pkg/BILLS-109s250enr/pdf/BILLS-109s250enr. pdf.

受助者同一水平问责的层次，必须采用与各州绩效水平相适应的或与各州商定的分类绩效目标问责。如果没有达到一致认可的绩效目标的90%，州和地方都必须制定改进计划。如果州和地方没有实施改进计划、计划实施的一年内没有明显改善或连续三年没有在一个单一指标上满足商定目标的90%，这些州和地方将可能面临财政制裁。

当然，除了上述绩效与问责框架的变迁之外，在2012年4月发布的《投资美国未来——生涯与技术教育改革蓝图》修订提案中，还对绩效与问责提出了具体的改革建议：一是通过州内竞争的方式分配帕金斯经费，增加州的选择权，资助对区域劳动力需求做出积极回应的高质量项目；二是采用统一的参与和绩效指标来创建高质量的数据系统，这些数据系统能够对公平差距进行有意义的比较和鉴别；三是激励高绩效，激励并奖励超过绩效目标的教育机构。[①]可见，强调竞争、奖励、高质量、高绩效、创建数据系统成为美国职业教育绩效与问责关注的新动向，而上述改革建议也是对《卡尔·D. 帕金斯生涯和技术教育法案Ⅳ》中绩效与问责框架的进一步发展。

三、美国《卡尔·D. 帕金斯生涯和技术教育法案》绩效与问责的核心指标

职业教育绩效与问责的指标是绩效与问责实施的核心和关键。2006年的《卡尔·D. 帕金斯生涯和技术教育法案Ⅳ》分别从中学和中学后两个教育阶段制定了绩效与问责的核心指标，这也是自2006年以来，美国各州报告其绩效的主要核心指标，各州政府及美国教育部也依据这一核心绩效指标对各州CTE绩效情况进行问责。

（一）中学教育阶段生涯与技术教育核心绩效与问责指标

《卡尔·D. 帕金斯生涯和技术教育法案Ⅳ》规定，每一合格机构应确定对中学教育阶段生涯与技术教育学生来说有效和可靠的州生涯与技术教育核心绩效指标，最低限度应包括如下指标。

---

① U.S. Department of Education, Office of Vocational and Adult Education, Investing in America's Future: A Blueprint for Transforming Career and Technical Education, Washington, D. C., 2012.

1. 学生学术成绩。与州采用的 1965 年《初等和中等教育法案》中学生学术成绩要求相一致，包括阅读、语言艺术、数学等达到具有挑战性的学术内容标准和学生学业成绩标准。

2. 学生技术技能熟练程度。如果某领域的行业认可标准是可用、合适的，那么学生要获得与行业认可标准相一致的学生技能评价成绩。

3. 学生在如下方面的完成率：

① 中学毕业证书；

② 普通教育发展（General Education Development, GED）证书，或其他州认可的同等学力（包括被认可的残障人士的替代性标准）；

③ 与中学文凭相关联的技能熟练程度证书、资格证或学位（如果由州提供的这样的证书或学位与高中文凭相关联）；

4. 学生毕业率，与 1965 年《初等和中等教育法案》规定相一致，即在正常修业年限内获得文凭的学生的百分比；

5. 学生在中学后教育或高级培训、军队服役、就业等方面的安置情况；

6. 学生参与并完成非传统领域生涯与技术教育项目情况。[①]

（二）中学后教育阶段生涯与技术教育核心绩效与问责指标

《卡尔·D. 帕金斯生涯和技术教育法案Ⅳ》规定，每一合格机构应确定对中学后教育阶段生涯与技术教育学生来说有效和可靠的州生涯与技术教育核心绩效指标，最低限度应包括如下措施。

1. 学生技术技能的熟练程度。如果某领域的行业认可标准是可用、合适的，那么学生要获得与行业认可标准相一致的学生技能评价成绩。

2. 学生获得行业认可的证书、资格证或学位。

3. 学生在中学后教育中的滞留情况或转学至学士学位课程情况。

4. 学生在军队服役或学徒制计划中的安置情况，学生就业安置或滞留情况，包括在高技能、高工资、高需求职业或专业领域中的安置

---

① 注：非传统领域生涯与技术教育项目主要是指从传统意义上来看不适合学生性别等情况的职业项目。

情况。

5. 学生参与和完成非传统领域生涯与技术教育项目情况。

四、2014 年美国《卡尔·D. 帕金斯生涯和技术教育法案》绩效与问责效果

绩效与问责的效果可从多种维度来审视，笔者仅以 2014 年美国职业教育绩效与问责结果为例来做一说明。2014 年 9 月，美国教育部和美国规划、评估和政策发展办公室，以及美国政策和项目研究服务处三家联合发布了最新的《美国生涯与技术教育评估最终报告》（National Assessment of Career and Technical Education Final Report, NACTEFR），①报告显示，在 2011—2012 年，就每一个核心绩效指标而言，四分之三以上的州在中等及中等后阶段均完成了至少 90%的绩效目标。

（一）2014 年美国中学教育阶段绩效与问责结果

评估报告显示，2011—2012 年，在中学教育阶段，至少 28 个州（55%）完成或超额完成各项核心绩效指标，也就是说在每一核心指标上，完成或超额完成各项核心指标的州的数量均在 28 个州以上。其中，多达 45 个州在“学生毕业率”指标上完成或超额完成绩效目标。同时，至少 39 个州（76%）在某项指标上完成其至少 90%的绩效目标，即完成 90%的各项核心指标的州的数量均在 39 个州以上。其中，在“学生毕业率”指标上，全部 50 个州和哥伦比亚特区均完成了 90%的绩效目标。总体来看，在所有中等教育阶段的 8 个核心指标中②，依据核心指标的不同，28～45 个州均完成或超额完成其绩效目标；39～49 个州都完成至少 90%的绩效目标。例如，在学生学术成绩（阅读/语言艺术）核心指标上，31 个州完成或超额完成《卡尔·D. 帕金斯生涯和技术教育法案Ⅳ》的绩效目标，44 个州完成了至少 90%的绩

① U.S. Department of Education, OPEPD, PPSS. National Assessment of Career and Technical Education Final Report [EB/OL]. http://www2. ed. gov/about/offices/list/ovae/pi/cte/index.html.

② 注：这八个核心指标不包括“留级或转学”指标。

效目标。（见表 6-4）

表 6-4 2011—2012 年达成或超过、达成 90%绩效目标的州的数量[①]

核心指标	中学教育阶段		中学后教育阶段	
	达成或超过目标	达成至少目标的 90%	达成或超过目标	达成至少目标的 90%
学生学术成绩——阅读/语言艺术	31	44	—	—
学生学术成绩——数学	28	41	—	—
学生技术技能熟练程度	35	47	34	50
完成率	40	49	21	38
毕业率	45	51	—	—
留级或转学	—	—	25	46
就业	31	46	20	43
参与非传统职业项目	32	44	35	45
完成非传统职业项目	31	39	32	41

资料来源：Perkins Consolidated Annual Reports. http://cte.ed.gov/accountability/reports.cfm.

（二）2014 年美国中学后教育阶段绩效与问责结果

在中学后教育阶段，2011—2012 年，至少 20 个州完成或超额完成各项核心指标，至少 38 个州在一项指标上完成至少 90%的绩效目标。其中，在技能熟练程度指标上，多达 50 个州完成了 90%的绩效目标。整体上看，在整个中学后教育阶段 6 个核心指标中[②]，20～35 个州完成或超额完成其绩效目标，并且 38～50 个州完成了至少 90%的绩效目标（见表 6-4）。

显然，根据《卡尔 · D. 帕金斯生涯和技术教育法案Ⅳ》的绩效与

① 注：有三个州的数据缺失，密西西比州（中学教育阶段的“完成非传统职业项目”指标），华盛顿州（中学后教育阶段的“技能熟练程度”和“完成率”指标），威斯康星州（中学教育阶段的“就业”指标）。

② 注：这六个核心指标不包括“学生学术成绩——阅读/语言艺术”和“学生学术成绩——数学”两个指标。

问责框架，上述未达成绩效目标90%的州将按照要求实施改进计划，对未实施整改计划或实施整改计划一年内没有改善或连续三年以上未改善的州将延长使用制裁，而这一制裁将直接决定各州CTE绩效基金获得的多少。

第三节　我国《职业教育法》与政策执行监测与评估标准及指标体系分析——以《职业教育法》及“国家示范性中等职业院校建设计划”政策为例

从严格意义上来说，为了能与美国《卡尔·D. 帕金斯生涯和技术教育法案》执行的监测与评估指标体系相对照，应以分析我国《职业教育法》的监督和落实指标体系为分析对象，但由于目前能查到的公开的关于《职业教育法》检查落实情况的资料较为有限，因此，本部分内容尝试从两个方面分析：一是《中华人民共和国职业教育法》贯彻落实的监测与评估的标准及指标体系分析；二是《国家中等职业教育改革发展示范学校建设计划》实施的监测与评估标准及指标体系分析。

一、《中华人民共和国职业教育法》监测与评估指标体系

（一）《中华人民共和国职业教育法》监测与评估机制

“为促进《职业教育法》的贯彻实施，推动我国现代职业教育加快发展，今年3月至5月，全国人大常委会执法检查组先后到8个省（区、市）对《职业教育法》实施情况开展了执法检查，同时委托23个省（区、市）人大常委会按照执法检查工作方案对本省（区、市）《职业教育法》实施情况进行检查，使执法检查做到全覆盖。这是《职业教育法》施行19年来全国人大常委会第一次就此开展执法检查。张德江委员长担任执法检查组组长。这是全国人大常委会委员长第一次

带队进行执法检查。”[①]

从对《职业教育法》执行情况监测与评估的机制来看，这次执法检查先是由全国人大教科文卫委员会根据先期调研提出执法检查的工作方案，并成立执法检查组，组长由委员长担任，3 位副委员长和主任委员担任副组长，20 余位常委会委员及专门委员会和部分人大代表为组员，工作以执法检查组召开会议、执法检查组奔赴 8 个省份实地检查、召开多场次座谈会等形式推进，对于没有实地覆盖的省份通过委托地方 23 个省（区、市）人大常委会，依照“执法检查工作方案”对本省（区、市）职业教育法实施情况进行自查。

从《职业教育法》执法检查的参与者来看，除了上述提及的执法检查组，涉及职业教育发展的利益相关者也被纳入执法检查对象，主要包括教育部、人力资源和社会保障部、发展改革委、财政部等多个部委，各省（区、市）人大常委会负责人、各地方政府及有关部门、职业培训机构、实训基地、人力资源市场和企业、职业院校等机构和部门，另外还有上述机构和部门的直接的政策执行者，诸如职业院校的校长及教师、企业及技能鉴定机构的负责人、人力资源市场负责人等。

（二）《中华人民共和国职业教育法》监测与评估标准及指标体系

依据“全国人民代表大会常务委员会执法检查组关于检查《中华人民共和国职业教育法》实施情况的报告”[②]，《中华人民共和国职业教育法》执法检查的主要内容即标准及指标包括：

1. 制定配套法规、政策情况和发展职业教育的情况；
2. 促进就业、提升劳动者技能以及人力资源开发的情况；
3. 保障职业教育经费和改善办学条件的情况；

① 张德江做关于检查《职业教育法》实施情况的报告——十二届全国人大常委会第十五次会议举行第三次全体会议[J]. 中国培训，2015（11）.

② 全国人民代表大会常务委员会执法检查组. 关于检查《中华人民共和国职业教育法》实施情况的报告[EB/OL]. http://www.npc.gov.cn/npc/c30834/201908/f5b70bfd15fd4548a241d35ff25c7c42.shtml.

4. 加强职业教育教师队伍建设的情况；

5. 面向农村、贫困和民族地区的职业教育发展情况以及资助家庭经济困难学生的情况；

6. 推进校企合作和企业、行业组织发挥作用的情况，毕业生就业情况等。

从上述标准及指标体系来看，主要包括如下重要的监测与评估的关键点：配套法规与政策、职业教育改革创新发展、职业教育保障条件、职业教育师资队伍建设、农村和贫困及民族地区职业教育发展、校企合作、毕业生就业等。上述监测与评估指标体系中，有的监测与评估标准及指标包含内容比较多，有的标准及指标包含的内容则相对较少。从《中华人民共和国职业教育法》的具体条款来看，共包括总则、体系、实施、保障、附则五个部分的四十个条款，这四十个条款涉及的"点"比较多，诸如职业教育体系建立、残疾人职业教育、普通中学职业教育课程开设、社会组织举办职业教育及职业培训、国家及省市县人民政府职业教育管理职责、职业教育科学研究、职业教育经费、违背职业教育法的处罚等。可见，上述《职业教育法》执法检查的监测与评估标准及指标并未涵盖全部的《职业教育法》条款涉及的"点"。

（三）《中华人民共和国职业教育法》执法检查结果①

根据公示结果，《中华人民共和国职业教育法》在如下执法检查标准及指标上获得积极的监测与评估结果，主要包括以下几个方面。

1. 职业教育法律法规和制度逐步完善

首先，国务院及有关部门积极推进《职业教育法》的配套政策，特别是在如下方面推出了一系列法规、规章及政策：加强职业培训促进就业、建立现代职业教育体系、加强高技能人才队伍建设、高职生均拨款、开展现代学徒试点等。例如，2014 年，国务院发布了《关于

① 本部分内容主要借鉴参考：全国人民代表大会常务委员会执法检查组. 关于检查《中华人民共和国职业教育法》实施情况的报告[EB/OL]. http://www.npc.gov.cn/npc/c30834/201908/f5b70bfd15fd4548a241d35ff25c7c42.shtml.

加快发展现代职业教育的决定》，教育部等六部门编制了《现代职业教育体系建设规划（2014—2020）》；2004 年，教育部等六部门建立了职业教育工作部际联席会议制度；各地方也出台了许多中央职业教育法规及政策的配套法规和政策，有 21 个省（区、市）制定了职业教育条例、实施办法，有 4 个省制定了中等职业教育条例。

2. 实施了一系列职业教育改革创新发展举措

“一是教育部联合有关部门和行业组建了 59 个行业职业教育教学指导委员会。二是颁布并修订了中等和高等职业院校专业目录，制定了专业标准，重点建设实训基地。三是积极探索集团化办学、企业办校、校办企业等校企合作模式和机制。吉林、河南、江西、广西、四川通过以奖代补、购买服务等方式，支持校企合作。四是努力构建多元化的职业教育体制。河南省在 110 多所职业院校开展了公办民助、民办公助、股份制等办学体制改革试点，取得积极效果。五是积极开展企业职工、农村转移就业劳动者、农民、失业人员、未就业高校毕业生、退役士兵、残疾人等各类职业培训，初步建立起面向城乡全体劳动者的职业技术教育和培训体系。六是职业院校广大教职员工积极参与教育教学改革创新，探索科学的教学和管理方式方法，为学生创造健康向上的学习和成长环境，成为职业教育不断取得新成绩的重要推动力量。”

3. 职业教育保障条件明显改善

第一，各级政府不断加大财政投入。“2006—2013 年，全国职业教育经费总投入由 1141 亿元增加到 3450 亿元，年均增长 17.1%，财政性职业教育经费从 525 亿元增加到 2543 亿元，年均增长 25.3%，占职业教育总投入的比例从 46%提高到 74%，带动地方和社会投入近 300 亿元。”

第二，生均拨款制度逐步得到落实。“截至 2014 年底，有 20 多个省（区、市）制定了高等职业院校生均（公用经费）拨款标准。20 个省（区、市）、4 个单列市制定了中职生均（公用经费）拨款标准。”

第三，中职办学基本条件得到改善。“中等职业学校生均校舍面积从12.8平方米增长到15.2平方米，年均增长2.5%。生均仪器设备值从1890元增长到3741元，年均增长10.3%。”

第四，示范校项目及示范实训基地建设项目改善了职业院校办学条件，“已建成1200所示范性职业院校、近5000个实训基地”。

第五，中等职业教育免学费政策和国家助学金政策逐步健全。“2009年起实行的中职免学费政策，共投入514亿元，惠及3460万人次，覆盖面近90%。中职学校助学金覆盖面达40%，高职学校奖学金、助学金分别覆盖近30%和25%以上学生。”

4. 职业资格证书制度不断健全

国家建立健全了由初级、中级、高级、技师、高级技师构成的国家职业技能资格体系。对1200多个技能类职业中的900多个职业制定了国家职业技能标准，初步建立了以职业能力为导向、以工作业绩为重点、注重职业道德和职业素养的评价体系，形成了社会化职业技能鉴定、企业技能人才评价和院校职业资格认证相结合的多元评价机制。

5. 职业教育服务经济社会发展能力不断增强

1996—2014年，中等职业教育在校生从1268万人增至1803万人，连续9年就业率在95%以上。高等职业教育在校生从123万人增至1007万人，毕业半年后就业率达90%。政府补贴性培训的规模，由1998年每年300万人上升到现在每年2000余万人。19年来，职业院校共培养超过1.3亿名毕业生，成为我国中高级技术技能人才的重要来源。

6. 农村、贫困和民族地区职业教育得到加强

“十一五”以来，年均培训进城农民工2000多万人，累计有4000多万农村新生劳动力在接受职业教育后进入城镇工作。大力加强民族地区职业教育事业发展，在编制国家“十二五”社会发展项目规划中，将支持西藏、新疆、四省藏区职业教育作为重点领域优先保障。中央财政投入资金12.87亿元，支持南疆地区中职学校的建设。

尽管在上述监测与评估指标上，《职业教育法》的贯彻落实得到较为积极的肯定，但执法检查组仍提出在一些指标上存在诸多问题，

尤其是职业教育法的贯彻落实态度上不够坚决、职业教育仍不能满足社会对技术技能人才的需求、职业教育经费增长机制不健全、职教师资队伍质量仍亟待提高、企业办学作用未充分体现、职业技能培训难以满足需求等。

二、中职示范校政策监测与评估标准及指标体系

除了上述《职业教育法》执行的监测与评估之外，本书还选择了前文分析的典型政策——《国家中等职业教育改革发展示范学校建设计划》，把这一政策在执行过程中的监测与评估标准及指标体系作为分析对象。需说明的是，因为该政策与前文美国《卡尔·D. 帕金斯生涯和技术教育法案》及《职业教育法》在政策层次、政策类型、政策目标、政策内容等方面皆不同，两者的监测与评估标准及指标体系没有可比性，我们只对政策监测与评估标准及指标体系的考察点做一个分析。

（一）《国家中等职业教育改革发展示范学校建设计划》遴选标准[①]

依据《2010 年度国家中等职业教育改革发展示范学校建设计划项目学校遴选基本条件》，在第一批示范校建设名单遴选时，主要依据如下标准。

1. 学校管理。该标准主要包括：（1）全面贯彻党的教育方针，办学定位准确，发展思路清晰；制定和有效实施了中长期改革发展规划。（2）遵守国家教育方针政策、法律法规和相关文件规定；办学行为规范，近年来在各项办学活动特别是财务管理、学生资助和校企合作等工作中未发生违规违纪现象。（3）领导班子结构合理，具有较强的决策能力、组织能力、执行能力和开拓创新能力；形成了以科学发展观为指导的战略思维和运行高效的组织管理体系。（4）管理制度健全，建立了规范的教学管理、预算管理、学籍管理、资产管理、风险管理等制度和教育教学质量保障体系。

① 本部分分析主要参考《2010 年度国家中等职业教育改革发展示范学校建设计划项目学校遴选基本条件》。

2. 基础条件。该标准主要包括：（1）校园占地面积一般不少于100亩[①]，建筑面积一般不少于7万平方米（生均20平方米）；各种建筑、场地和设施符合国家建设和安全标准，满足学校办学需要。（2）各专业均具有教学必需的校内实训场所和设备设施，设备总值不低于1500万元（生均5000元）；各专业均建立了稳定的校内外实训基地，实训课开出率达95%以上；具有省级以上政府重点支持建设的实训基地。（3）教师队伍结构合理、素质优良。生师比为16∶1～20∶1；从行业企业聘任的教师占专任教师 10%～25%，“双师型”教师占专任专业课教师的80%以上；专任教师（除生产实习指导教师）中本科以上学历的占90%以上，具有硕士研究生学历或学位的占5%以上，正式聘任高级职称的占25%以上。（4）数字化校园建设基础良好。建有功能齐全和运行流畅的校园网、便捷高效的学校管理信息系统；有数字化教学资源库、教学平台和试题库平台；计算机数量满足教育、教学和管理需要，主要教学场所均配备了必要的多媒体设备；骨干专业的主干课程配有数字化教学资源。

3. 校企合作。该标准主要包括：（1）建立了稳定的校企合作关系和有效的合作办学机制。各专业都开展了校企合作办学工作，骨干专业校企合作成效显著；“订单培养”有较大规模；积极参与或牵头开展集团化办学。（2）学生到企业等用人单位实习的管理制度健全，工作机制和配套措施完善；积极落实学生顶岗实习责任保险政策，帮助学生获得相应报酬。（3）建立了聘任企业高技能人才和社会能工巧匠任教的机制；聘请行业企业专家和管理者参与学校建设、教学和管理的关键环节；建立了学校、行业、企业、研究机构和其他社会组织等方面共同参与的教育教学评价机制。（4）充分利用学校教育资源，积极开展面向企业和社会的职业培训以及生产、咨询和技术服务。

4. 教育教学。该标准主要包括：（1）坚持育人为本、德育为先，不断加强和改进德育工作，创新德育内容、方法和途径；组织保障有

① 注：1亩≈666.67平方米。

力，管理机制健全，德育工作队伍素质高；校风校纪好。（2）主动适应当地经济社会发展和企业用人需求，形成了对接产业、企业、岗位的专业建设和动态调整机制；专业结构合理，特色鲜明，骨干专业建设成效明显，有2个省级以上示范（重点）专业。（3）有效推行工学结合的人才培养模式；深入开展项目教学、案例教学、场景教学、模拟教学和岗位教学，专业教学过程对接生产过程；近三年来，毕业生“双证书”取证率达 90%以上。（4）建立了理论与实践相融合、教学内容与岗位需求相适应的课程体系，形成适应新兴产业、新职业、新岗位的校本课程，建立了教材开发、应用和更新机制。（5）建立了教师队伍长效建设机制；专业带头人和骨干教师培养成效显著；落实了专业教师企业实践制度。

5. 办学效益。该标准主要包括：（1）近三年来，年均学历教育在校生规模原则上达5000人以上（新疆、西藏除外）；建立了学生就业服务体系，近三年毕业生就业率达95%以上，就业质量较高。（2）学校对当地经济社会发展贡献大、社会声誉高，已成为相关行业、企业技能型人才培养、培训和输送基地，骨干、示范和引领作用突出。（3）近年来，学校获得过省级以上综合性表彰、学生在相关专业领域技能大赛中获得过省级以上奖励。

分析上述遴选标准，不难看出，在标准的设定上比较注重定位、投入、执行过程及效益等维度。

（二）《国家中等职业教育改革发展示范学校建设计划》评估标准及指标体系

根据《国家中等职业教育改革发展示范学校建设计划》的相关政策，我们发现示范校政策在执行过程中，主要设计了由一级、二级和三级指标构成的指标体系，其中，一级指标和二级指标可以看作是示范校政策执行的评估标准。一级指标包括六个，分别是项目建设基本情况、重点专业建设项目、特色建设项目、建设资金、贡献与示范、建设成果；二级指标包括十个，分别是项目建设总体情况、建设工作机制与举措、人才培养模式与课程体系改革、师资队伍建设、校企合作工学结合运行机制建设、特色项目建设情况、经费投入与支出、贡献、示范、建设成果（见表 6-5）。

表 6-5 “国家中等职业教育改革发展示范学校建设计划”评估指标体系①

一级指标	二级指标	指标内涵
项目建设基本情况	项目建设总体情况	项目建设总体进展、目标完成与学校整体提升情况
	建设工作机制与举措	推进项目建设的人员配备、工作制度、保障措施等
重点专业建设项目	人才培养模式与课程体系改革	对建设进展、任务完成、质量效果、创新示范的综合评价
	师资队伍建设	对建设进展、任务完成、质量效果、创新示范的综合评价
	校企合作工学结合运行机制建设	对建设进展、任务完成、质量效果、创新示范的综合评价
特色建设项目	特色项目建设情况	对特色项目受益学生数量、参与教职工数量、参与企业数量，以及项目进展、任务完成、特色效果的评价
建设资金	经费投入与支出	专项资金投入及时足额到位，资金管理符合《项目管理办法》及相关规定；资金支出能按照项目任务要求使用，支出结构合理，效益显著
贡献与示范	贡献	对区域经济社会发展的贡献
	示范	对其他地区和学校进行示范、带动和辐射
建设成果	建设成果（以典型案例为重点）	对整体建设成果进行综合评价，重点评价典型案例的示范性、创新性和可推广性

另外，示范校的具体评估指标体系如下：

1. 项目建设总体情况包括的指标有：（1）依据《建设方案》和《任务书》中所列工作任务，对照《质量监测指标体系》中的各项数据，

① 注：参见《“国家中等职业教育改革发展示范学校建设计划”检查验收评价指标体系》。

审查学校建设任务的完成比例和质量；（2）评价项目实施进度与《任务书》预期规划的符合情况；（3）各项总结和佐证材料的整理、凝练水平；（4）学校的整体提升情况。

2. 建设工作机制与举措包括的指标有：（1）机构设置和人员配置情况；（2）工作制度及其执行情况；（3）相应保障措施的建设和执行情况，主要体现为组织保障、制度保障、资金保障和过程管理方面；（4）示范校建设管理中信息化技术的使用。

3. 人才培养模式与课程体系改革包括的指标有：（1）建设工作的组织情况：建设团队组建、负责人及分工、工作开展情况。（2）建设内容完成情况及进度安排：对照《任务书》中的中央财政重点支持专业建设进度表，审查任务完成的进程与任务完成比例；对照《质量监测指标体系》中的学校重点专业表，审查学校建设项目的成效。（3）建设成果的质量：审查重点建设专业在基于职业能力培养为目标的校企合作、工学结合人才培养模式和课程体系改革方面的成果。（4）建设成果的创新性、示范性。

4. 师资队伍建设包括的指标有：（1）建设工作的组织情况：建设团队组建、负责人及分工、工作开展情况。（2）建设内容完成情况及进度安排：对照《任务书》中的中央财政重点支持专业建设进度表，审查任务完成的进程与任务完成比例；对照《质量监测指标体系》中的学校重点专业表，审查学校建设项目的成效。（3）建设成果的质量：审查重点建设专业在师资队伍建设方面的成果。（4）建设成果的创新性、示范性。

5. 校企合作工学结合运行机制建设包括的指标有：（1）建设工作的组织情况：建设团队组建、负责人及分工、工作开展情况。（2）建设内容完成情况及进度安排：对照《任务书》中的中央财政重点支持专业建设进度表，审查任务完成的进程与任务完成比例；对照《质量监测指标体系》中的学校重点专业表，审查学校建设项目的成效。（3）建设成果的质量：审查重点建设专业在校企合作、工学结合运行机制建设方面的成果。（4）建设成果的创新性、示范性。

6. 特色项目建设情况包括的指标有：（1）建设工作的组织情况：

建设团队组建、负责人及分工、工作开展情况。（2）建设内容完成情况及进度安排：对照《任务书》中的中央财政重点支持专业建设进度表，审查任务完成的进程与任务完成比例；对照《质量监测指标体系》中的学校重点专业表，审查学校建设项目的成效。（3）建设成果的质量：审查特色项目建设的成果；着重关注特色项目覆盖学生的数量、参与的教职工数量和参与的企业数量。（4）建设成果的创新性、示范性。

7. 经费投入与支出包括的指标有：（1）专项资金投入及时并足额到位。（2）专项经费管理科学规范，着重审查以下几点：①专项经费按财政国库管理制度的有关规定办理支付，纳入了项目学校财务机构统一管理，并设置了单独账簿进行明细核算，专款专用、专账管理。②凡纳入政府采购的支出项目，均按照《中华人民共和国政府采购法》的有关规定，经过招投标、集中采购等规范程序后才进行列支。③项目学校将年度项目收支情况纳入了单位决算统一编报。④凡使用财政性经费形成的资产，均为国有资产。项目学校已按照国家有关规定加强管理，合理使用。（3）经费支出符合规定，着重审查以下几点：①经费使用遵守国家有关财经法律法规。②经费使用符合《国家中等职业教育改革发展示范学校建设计划项目管理暂行办法》的规定。③项目经费全部用于项目建设。④中央财政专项经费没有用于项目学校开办以营利为目的的企业。⑤中央财政专项经费没有用于项目学校偿还贷款、支付利息、捐赠赞助、对外投资、抵偿罚款以及与项目实施无关的其他支出。（4）经费支出结构合理，着重审查以下几点：①用于教师培训进修的费用不得超过中央财政专项经费总额的10%。②用于基础能力建设的费用（主要用于购置中央财政重点支持专业所需的实验实训设备）不得超过中央财政专项经费总额的20%。③各项重点项目经费支出结构合理。（5）经费使用效益显著。

8. 贡献包括的指标有：（1）技能型人才培养的数量（以在校生数量是否低于申报时水平作为重要衡量依据）；（2）毕业生获得双证或多证的比率；（3）毕业生在本地区的就业率和稳定率；（4）开展各类技术服务工作的情况，以及承担本地区社会培训的数量和项目种类；

（5）在文化传承特别是改变社会大众对技术及技术教育的观念等方面的贡献情况。

9. 示范包括的指标有：（1）重点建设专业辐射、引领本校其他专业的发展与建设情况；（2）对本区域及全国中等职业学校发挥引领、示范作用的情况；（3）示范校建设成果通过各种渠道向全社会宣传、发布的情况；（4）构建主动发挥学校引领示范作用的综合管理机制。

10. 建设成果包括的指标有：（1）学校对建设成果的总结和凝练水平，特别是要审查建设成果与学校建设任务的吻合度，审查建设成果与学校示范校建设的实际情况的吻合度；并评价学校建设成果的典型性、示范性和可推广性。（2）评价学校的典型案例，着重关注以下几个方面：①案例要突出典型性。要融入产业、行业、企业、职业和实践等相关要素，反映在建设过程中本校最具特色的改革探索和实践上。②案例要突出操作性。要细化操作过程和方法，便于其他学校学习借鉴。③案例要突出示范性。要体现先进水平，对其他学校能够发挥示范作用。④案例要精心设计，突出简洁性。要描述清晰、文字凝练、叙述简洁。⑤典型案例的数量为 3～5 个。

综合来看，《国家中等职业教育改革发展示范学校建设计划》政策执行过程中所提出的遴选标准及评估时的指标体系，均注重了前期投入、过程中的行动及政策效果等几个重要方面。

但客观分析中美两国在对法律法规及政策监测与评估时依据的标准或指标，仅从指标体系的关注点上而言，还是存在一定差异的。《卡尔 · D. 帕金斯生涯和技术教育法案》中几乎所有的监测与评估指标都以学生为关注重点，其表述皆为“学生如何如何”，而《国家中等职业教育改革发展示范学校建设计划》中几乎所有的监测与评估标准及指标皆指向项目。尽管作为一个以项目式实施的职业教育政策，《建设计划》围绕项目去设计评估指标无可厚非，但其中，对“人”的关注的边缘化，在一定程度上降低了项目或政策本身的价值，毕竟，项目或政策的最终目的仍以追求人的发展、人受到高质量的教育或影响为最终目的。

第四节　我国职业教育政策执行监测与评估标准及指标体系构建

职业教育政策执行监测与评估标准及指标是进行职业教育政策执行监测与评估的重要依据。近些年，随着我国职业教育政策数量日益增加，提高教育政策执行效益和效率问题日益迫切，在此情况下，构建我国职业教育政策执行的评估标准，对于提高我国职业教育政策执行效果有着重要意义和价值。需要说明的是，本书研究的问题是职业教育政策执行监测与评估体系，故既包括职业教育政策执行的监测问题，又包括职业教育政策执行的评估问题，但正如前文所言，笔者认为这两者有很多交叉和交集，仅在个别侧重点上有所差别，因此，在建构职业教育政策执行监测与评估标准时，我们聚焦两者的共性，对于两者差异暂不涉及。

一、教育政策执行监测与评估标准及指标体系研究

目前学界已有相关的研究多是关于教育政策评估标准的探讨，如胡伶提出了教育政策评估的“3E+3F+3C”标准（胡伶，2008），高庆蓬提出教育政策评估标准要“有利于教育政策增进教育利益、公平分配教育利益以及个体自主追求和实现教育利益”（高庆蓬，2008），白贝迩和司晓宏从形式、事实和价值三个维度构建了教育政策评估标准（白贝迩、司晓宏，2015）。相比较而言，对于职业教育政策执行，特别是对于职业教育政策执行评估标准的研究，尚不多见。目前关于教育政策或职业教育政策监测与评估指标体系的研究成果也非常少，仅有少数几篇文献涉及了（职业）教育政策监测或职业教育政策评估标准与评估指标体系问题，

（一）教育政策监测指标体系

有研究者研究了国际组织教育政策监测问题，指出：“监测指标是一种特殊的、可观测、可测量的定量或定性因素或变量；指标体系

的构建要以政策目标为导向，并设定各项指标的预期目标。”[①]并且提出，政策监测主要回答5个关键问题：（1）政策是否按照设计有效实施？实际产出是否与政策预期结果持续相关？（2）政策的受益范围是否覆盖了预期受益者？（3）为确保政策目标的实现，我们可能面临的问题、风险及挑战有哪些？（4）针对政策推行中产生的问题，后续实施工作需要做出哪些调整？（5）我们从该项政策推行中学到了什么？通过监测，管理者不仅可以有效干预政策的实施，还能促使政策制定者、实施者达成一致意见，明确政策实施的工作重心，强化各方责任，使政策所提供的资源在政策覆盖人群中合理配置及有效流动，促使政策目标的实现。[②]

（二）教育政策评估指标体系

研究者李慧仙较早地涉及了教育政策评估指标体系研究，其提出的教育政策评估指标体系涉及从议题评估到结果评估的政策全过程评估。其中，与教育政策执行有关的评估指标体系见表6-6。

表6-6 李慧仙关于教育政策执行评估的指标体系[③]

一级指标	二级指标	内涵说明
执行评估	政策的传达、发动	通过多种途径向政策的目标群体与全社会宣传政策的目标、内容、意义等信息情况
	政策的落实	专门的机构、人员、制度保证政策实施的情况
	政策执行的连续性	政策执行始终如一
	政策资源的实际利用程度	人力、财力、信息、权威资源的实际利用情况
	执行人员间的联系	政策人员分工合理、责权明确及有效的沟通与协调

① 路德维珂·科拉罗，胡咏梅，梁文艳. 国际组织教育政策监测与评价体系的架构及其对中国的启示[J]. 比较教育研究，2011（2）.

② UNDP. Handbook and Book of Planning, Monitoring and Evaluation for Development Results[EB/OL]. http://www.undp.org/eo/handbook. 转引自路德维珂·科拉罗，胡咏梅，梁文艳. 国际组织教育政策监测与评价体系的架构及其对中国的启示[J]. 比较教育研究，2011（2）.

③ 李慧仙. 论我国教育政策评估的全方位改革[J]. 现代教育科学，2004（1）.

续表

一级指标	二级指标	内涵说明
执行评估	执行人员的工作态度、方法、能力	执行人员敬业精神、责任心、组织能力
	政策监督	专门机构对违背政策的行为进行查处、对政策本身的失误进行修订的情况
	偶发事件的影响	非人力可控制因素的影响(如自然灾害、战争等)
结果评估	效果	政策的目标达成度
	效率	政策投入与政策结果得失情况
	影响	政策的当前与长远、区域与全局影响
	满意度	政策目标群体对政策的满意情况

研究者高庆蓬系统地研究了教育政策评估问题，他基于三维框架构建了教育政策评估的指标体系，该评估指标体系如表 6-7 所示。

表 6-7 高庆蓬基于三维框架的教育政策评估指标体系构架①

目标层	标准层	指标层（评估指标）
教育政策评估	教育投入	财政性教育经费占 GDP 比例（%）
		生均预算内公用经费（元）
		财政拨款在三级教育中的分配比例（%）
	工作过程	政策宣传的充分性（等级）
		政策执行措施的有效性（等级）
		政策监督、反馈的完善性（等级）
	教育效率与效益	学校平均规模（人数/校）
		生师比
		各级教育完成率（%）
		人均受教育年限（年）
		教师学历合格率（%）
		办学条件达标率（%）

① 高庆蓬. 教育政策评估研究[D]. 东北师范大学博士学位论文，2008.

续表

目标层	标准层	指标层（评估指标）
教育政策评估	教育公平	生均经费差异（基尼系数）
		入学率差异（基尼系数）
		平均受教育年限差异（基尼系数）
		弱势群体的利益补偿指标（等级）
	教育发展	各级教育普及率（%）
		各级教育入学率（%）
		学生毕业率（%）
		学生学校生活的满意度（%）
	政策目标科学性	目标与问题的契合程度（等级）
		公民对教育的满意度（%）

从整体上看，高庆蓬博士的三维教育政策评估指标体系，是以“以人为本”的教育发展价值观为指导，以评估标准维度、教育政策层次和内容维度、评估类型维度三个维度为基础，构建了一个由评估目标、评估标准和具体评估指标构成的测度教育政策价值和结果的评估体系，该体系由教育投入、工作过程、教育效率与效益、教育公平、教育发展和政策目标的科学性六个评估标准、22个评估指标构成。客观地讲，尽管该评估指标体系在一定程度上兼顾了不同环节、内容等多种要素，并在一定程度上凸显了教育政策评估的完整性和综合性，但正如其自己所提出的，“该通用指标体系是以教育政策的总体价值和结果为基础，以教育政策的评估标准为主轴设计的，有一定的普适性，可以作为不同层次和类型评估指标选择和设计的基础，但其缺陷是针对性不强，某些评估指标还不具体，有待进一步补充改进”①。

（三）职业教育政策评估指标体系

研究者周晶系统构建了职业教育政策评估指标体系②，这也是为数不多的关于职业教育政策评估指标体系的研究成果，其构建的评估

① 高庆蓬. 教育政策评估研究[D]. 东北师范大学博士学位论文，2008：97.

② 周晶. 职业教育政策评估指标体系设计与实施[J]. 职业技术教育，2011（16）.

指标体系中，涉及职业教育政策执行及其效果的指标体系包括两个一级维度：政策执行与政策效果。其中，政策执行维度又包括执行力与执行创新两个二级维度；政策效果维度包括政策目标实现程度和社会公众满意度两个二级维度。

1. 政策执行维度。(1) 执行力，包括六个三级指标：①政策理解（对政策背景的理解程度；对政策目标的理解程度；对政策内容的理解程度）；②政策宣传（宣传主体的层级；一年内频度；宣传媒体传播信息覆盖面；政策目标主体对政策的知晓；宣传目标与政策目标一致性；宣传主客体的明确性；宣传措施的有效性）；③政策数量及配套（配套政策与主体目标一致性，与主政策内容的呼应性；法规、制度内容之间的协调性；反映区域特点的本土化程度）；④执行组织（执行人员数量；执行人员工龄；执行人员业务能力等级；执行人员执行主观能动性；执行组织层级设置；执行人员职责分工；执行人员部门分布情况；执行部门内部协调度；执行部门之间协调度、融洽度；执行部门与目标团体间协调度）；⑤政策执行监督与反馈（经费使用监督；教育问责监督；政策执行主体的反应能力；政策执行主体的纠错能力；有专门机构对违背政策执行的行为进行查处、对政策本身的事物进行修订；监督与反馈制度的完备性）；⑥政策执行成本与效益（人力资源投入方式、水平及使用效益；财力资源投入方式、水平及使用效益；物力资源投入方式、水平及使用效益；信息资源投入方式、水平及使用效益；权威资源投入方式、水平及效益）。(2) 执行创新，包括四个三级指标：①政策理念创新（对职业教育规律性的新认识或认识的深化；对职业教育政策目标、政策内容的新认识或认识的深化；对职业教育政策执行理念的新认识或认识的深化）；②政策功能创新（共识性政策理念拓展为行动纲要；对有效政策措施进行制度化、规范化；将政策文件程序转化为地方法规）；③政策形态及措施创新（政策形态丰富性；政策形式灵活性；政策措施、政策手段、政策工具的创新性、有效性、可操作性程度）；④政策执行机制创新（地方各级立法机构、行政机构、司法机构，政党、利益集团、社会团体、大众传媒、社会公众等在政策执行过程中的权力分配和职责定位；执行信息服务网络平台建立；

信息通报制度建立；信息沟通渠道多元、畅通；信息质量情况；多部门之间的信息沟通协调；执行主体间的信息沟通协调；执行主体与目标群体之间的信息沟通协调）。

2. 政策效果维度。（1）政策目标实现程度，包括两个三级指标：①硬性目标达成度（财政性教育经费投入比例；职业学校校均规模；职业学校办学条件达标率；生师比；“双师型”教师比例；精品课程数量；精品专业数量；职业学校学生就业率；职业学校学生对口升学率；校企合作达标程度；职业教育结构与人才需求层次的对应性；专业设置与产业结构发展的匹配程度；其他政策目标达成度等）；②软性目标达成度（中、短期内问题解决的程度；长期问题解决的预期）。（2）社会公众满意度，包括五个三级指标：①学生满意度（学生对政策的知晓度；学生对政策执行过程的满意度；学生对政策结果的满意度）；②教师满意度（教师对政策的知晓度；教师对政策执行过程的满意度；教师对政策结果的满意度）；③学校满意度（学校对政策的知晓度；学校对政策执行过程的满意度；学校对政策结果的满意度）；④企业满意度（企业对政策的知晓度；企业对政策执行过程的满意度；企业对政策结果的满意度）；⑤政策执行主体满意度（执行主体对政策内容的满意度；执行主体对政策措施的满意度；执行主体对政策结果的满意度）。

上述关于教育政策（执行）监测与评估标准及指标体系的研究，在一定意义上开拓了该领域的研究视野，所提出的标准及指标体系为本研究提供了重要的观点，本书在吸收借鉴上述研究成果观点的基础上，尝试构建职业教育政策执行监测与评估的标准及指标体系。

二、职业教育政策执行监测与评估标准及指标体系内涵

职业教育政策执行是一个复杂的、不确定的、充满利益博弈的过程，职业教育政策执行的有效性直接关系着职业教育政策的成功与失败。那么，职业教育政策的执行过程是否科学、规范？职业教育政策执行结果是否符合政策预期？诸如此类的问题都需依据一定的标准并通过职业教育政策执行监测与评估来予以解释和回答。

职业教育政策执行监测与评估标准是指对职业教育政策执行及

其属性的质的规定，是对职业教育政策执行过程及其结果进行监测与评估时应坚持和遵循的客观的价值尺度，是职业教育政策执行监测与评估时用来判定职业教育政策执行行为及其效果的一系列准则。职业教育政策监测与评估指标体系是依据政策监测与评估标准制定的，是将标准转化为具体的可操作性指标，也只有将政策监测与评估标准转化为具体的指标，才能在实践中应用这些指标进行政策执行的监测与评估。

三、职业教育政策执行的评估标准及指标体系：必要性与复杂性

客观上，职业教育政策评估属于政策评估的下位概念，因此，职业教育政策评估标准也应兼具技术与政治两种特性。在现实中，影响职业教育政策结果的因素非常复杂，一项职业教育政策执行的效率高低、效果好坏、效能充分与否，往往与职业教育政策执行主体及其执行态度和行为关系密切。正如普雷斯曼和怀尔德夫斯基在《执行》一书中所提出的："如果政策评估不衡量执行过程，那么就无法了解政策的实际运作动态，也就谈不上政策评估结果有被接受和使用的可能。因而，政策评估结果要想被决策者接受，并进而用以改善政策制定，就应当致力于政策执行过程评估。"[①]如果职业教育政策评估只关注政策结果的话，那么，这样的评估结果是无法揭示职业教育政策的作用机制的，因此，关注职业教育政策执行过程及执行效果的评估就成为必须。

进一步讲，一项职业教育政策在职业教育政策执行过程中是否得到严格的贯彻执行？职业教育政策是否作用于特定的职业教育目标群体？职业教育政策执行过程中的人、财、物等资源的配套是否到位？职业教育政策执行的效果如何？职业教育政策执行的环境是否发生了变化？诸如此类的问题都需要职业教育政策执行评估来回答，而要回

① Jeffrey L. Pressman, Aaron Wildavsky. Implementation (2nd ed). Berkeley: University of California Press, 1984: 88.

答上述问题，特别是要明晰一项职业教育政策的效果如何、是否达到预期的政策目标，必须首先建立一套评估标准及指标体系。也就是说必须首先建立职业教育政策执行评估的评判尺度，包括事实判断和价值判断的尺度，评估者据以对职业教育政策执行过程及效果进行优劣判断的准则。因此，职业教育政策执行评估标准及指标体系是对职业教育政策执行情况进行测量、评定的参照尺度，选择什么样的政策执行监测与评估标准及指标体系，不仅取决于职业教育政策评估者及其设定的评估目标，而且还取决于职业教育政策执行评估的技术与方法。

职业教育政策执行评估标准及指标体系的制定与实施均体现了"复杂性"这一特征。职业教育政策执行评估标准及指标体系并不是评估者随意设定的，它具有一定的客观性，必须反映社会对职业教育政策及其执行过程及结果的要求。但是，在实践中，职业教育政策涉及的利益相关者众多，影响因素非常复杂，具体如下：首先，职业教育政策目标影响着职业教育政策执行监测与评估标准及指标体系的确定，但有时候某些职业教育政策目标是非常模糊的，政策目标群体比较泛，从而导致职业教育政策执行监测与评估标准及指标体系难以根据政策目标来确定。其次，职业教育政策执行过程是一个极其复杂的过程，影响因素众多。这种复杂性不仅在于政策执行者是多元行动主体，多元行动主体的动机与利益关注存在差异，而且还在于政策执行过程结构本身存在"自上而下""自下而上""网络结构"等多种样态。职业教育政策执行过程的复杂性也恰恰是由多维度影响因素之间这种纵横交错的复杂作用过程所导致。再次，职业教育政策效果有预期效果、附带效果、意外效果、潜在效果、象征性效果等多种，特别是有时政策的潜在效果还是积极的，而这些潜在效果可能在短时期内不能被人们所觉察，但有可能在今后相当长的时间内表现出来，甚至会出现某些职业教育政策实施了却毫无效果，但该政策的投入沉淀到另一项职业教育政策的运行中，在另一种情境中起到一定的作用、解决了一定的职业教育问题的现象。因此，这种政策潜在效果会给职业教育政策执行监测与评估带来挑战。最后，职业教育政策执行评估标准及指标体系本身，也是一个非常复杂的问题，因为按常理来说，职业教育政策执行评估标准及指标体系本身应力求数量化、具体化、客观化，但有时候职业教育执行过程及政策效果和影响却是政策目标群体在认知、态度和心理等主观层面的变化，因此，这些政策效果有时很难设定客观、量化的评估标准及指标体系。可见，要设定统一的职业教育政策执行评估标准及指标体系是非常困难的。尽管如此，尝试从系统论的视角，尽力考量职业教育政策执行评估标准及指标体系的整体性、层次性、综合性，是构建职业教育政策执行监测与评估标准及指标体系的必然选择。

四、基于“技术-政治-人”三维构建职业教育政策执行评估标准及指标体系

与其他公共政策执行不同的是，职业教育政策的执行要兼顾教育性属性，即职业教育政策执行最终要面向职业教育领域中的“人”，要解决的也是职业教育领域的“人”的公共性问题，基于此，我们尝试从“技术-政治-人”三维来构建职业教育政策执行监测与评估标准及指标体系。其中，一维是职业教育政策执行评估的技术标准及指标体系，包括职业教育政策执行的投入、职业教育政策执行过程、职业教育政策效果、职业教育政策效率；一维是职业教育政策执行评估的政治标准及指标体系，包括公平性和回应性；一维是职业教育政策执行评估的人的标准及指标体系，包括政策对人的教育性、可持续发展等。任何一项职业教育政策执行的监测与评估，首先需要依据职业教育政策执行评估的技术标准及指标体系形成对职业教育政策执行的事实判断，然后才能在此基础上对职业教育政策执行的价值取向、利益分配的公正性、政策对目标群体需要或偏好以及价值观念的满足程度等问题进行价值判断，并最终落到政策及其执行的最本质层面——人的发展（见表 6-8）。

表 6-8　基于“技术-政治-人”三维职业教育政策执行评估标准

一级标准	二级标准	标准内涵
技术标准（A1）	职业教育政策执行的投入标准（B1）	职业教育政策执行中投入和使用的人员、资金、物、时间、信息等公共资源
	职业教育政策执行的过程标准（B2）	指整个职业教育政策执行的过程——从职业教育政策执行资源的投入到产生政策效果（或政策产出）的整个过程，是否体现了规范性、科学性、积极性，以及较高的能力水平
	职业教育政策执行的效益标准（政策效果及其“充分性”）（B3）	职业教育政策执行后对政策目标群体及环境所产生的影响和效果，其所描述的是职业教育政策执行行为或活动对相关的各种环境或政治系统所引起的变化；特定的政策效益对该政策问题、政策诉求及其目标人群的需要、价值和机会的契合与满足情况
	职业教育政策执行的效率标准（B4）	职业教育政策执行的资源投入与职业教育政策执行的效益产出之间的比例，这一标准主要用来衡量产生一定政策绩效的政策执行的情况，以及政策执行投入和使用情况是否达到最佳状态
政治标准（A2）	公平标准（B5）	衡量由于特定的职业教育政策执行而引起的权利、机会、资源、价值、收益与成本等在不同社会群体中的分配和配置是否符合公平、正义的原则
	回应性标准（B6）	考察职业教育政策对其特定受益目标群体需要的满足程度
“人”的标准（A3）	以“人”为出发点（B7）	任何的职业教育政策执行都是要解决职业教育中的“人”的问题，特别是关于“人的受教育和人的发展”的公共职业教育问题
	“人”的在场（B8）	需要职业教育政策执行更要关照到“人”的利益需求和利益分配问题，更要以政策执行过程是否有利于职业教育中的“人”的发展为根本标准和尺度
	以“人的发展”为最终归依（B9）	“人是目的”应该成为职业教育政策执行的最终追求结果，尤其是“人的全面、个性化和可持续发展”应成为职业教育政策执行的最终目标和应然状态

（一）职业教育政策执行监测与评估的技术标准及指标体系

技术标准及指标体系主要用于评估执行过程中或政策执行结束后的职业教育政策，即对职业教育政策执行过程中的资源投入和使用情况、职业教育政策执行过程中采取的行动及适切性、职业教育政策效果、职业教育政策效率等进行的衡量和评估。

1. 职业教育政策执行投入标准及指标体系

所谓职业教育政策执行投入，即职业教育政策执行中投入的人员、资金、物等公共资源。之所以要设置该标准及指标体系，主要原因在于职业教育政策执行投入是实现职业教育政策目标、产生政策效果的前提和基础，职业教育政策执行投入与职业教育政策产出之间有着直接关联性。如果没有必要的政策执行资源的投入，政策目标就不可能达成，正如萨茨曼（E. A. Suchman）所言，“如果政策资源投入量相当微薄，呈现消极状况，那么可以合理地推论，在达到政策目标的进程上，执行就会显得软弱无力，无成就可言。”①

职业教育政策执行投入标准及指标体系主要解决以下两个问题。一是，执行职业教育政策时，整体上资源投入情况是怎样的，具体包括人员、资金等的整体情况。另外，这些政策执行资源是如何分配和使用的？例如在执行中央政府职业教育政策时，地方政府配备的人员、配套资金等情况如何？二是，职业教育政策执行中的各种资源投入及资源分配和使用是否符合政策规划的要求？具体来说，主要涉及以下问题：职业教育政策执行整体上投入的资源是否与政策规划要求相一致；职业教育政策执行了一段时间后，资源耗费情况与政策规划要求是否相符；职业教育政策执行动用的资金、器材和设备、配备的政策执行人员，以及政策执行人员的时间、精力的安排等是否符合政策规划要求；政策执行耗费的资源是否符合法定程序等。

2. 职业教育政策执行过程标准及指标体系

职业教育政策执行过程标准及指标体系是指整个职业教育政策

---

① E. A. Suchman. Evaluation Research: Principle and Practice in Public Service and Action Program. N. Y. Ressell Sage Foundation.1967: 61.

执行的过程——从职业教育政策执行资源的投入到产生政策效果（或政策产出）的整个过程，是否体现了规范性、科学性，以及执行主体的积极性和能力水平。之所以设置该标准及指标体系，主要是用来衡量职业教育政策执行机构是否健全，职业教育政策执行机构和政策执行者的工作态度及政策执行人员对职业教育政策的理解和措施贯彻是否符合政策精神及政策要求，职业教育政策执行者是否有违反政策原则、滥用行政自由裁量权或其他导致职业教育政策执行扭曲的现象。

职业教育政策执行过程标准及指标体系主要涉及如下三方面：首先，职业教育政策执行的组织机构标准，包括是否成立或委托专门的职业教育政策执行机构或组织、职业教育政策执行机构设置是否合理、执行机构的人员配备是否合理、各种权力运用是否适当、执行人员的态度和行为是否符合政策要求及是否合法等；其次，职业教育政策运行过程标准及指标体系，包括职业教育政策执行是否按预期计划进行、政策执行的指令是否明确、对政策目标群体的了解和掌握是否充分、职业教育政策的宣传是否达到了最大覆盖面、职业教育政策执行的监测与调控机制是否适当、组织协调是否顺畅、信息反馈与偶发情况的应变是否及时等；最后，职业教育政策执行的时间标准及指标体系，包括职业教育政策执行的时间起点是否恰当、政策效果与政策执行时间的选择之间有何关联性等。

3. 职业教育政策执行的效益标准及指标体系

职业教育政策执行效益主要是指职业教育政策能否实现所期望的政策结果，或者说，政策结果是否有价值。“效益（effectiveness）是指某一特定的方案能否实现有价值的行动结果，即目标。效益常常按产品或服务的数量或它们的货币价值来计算。”[①]职业教育政策执行效益主要用来衡量职业教育政策执行投入资源之后所取得的政策效果，一般通过比较职业教育政策执行的实际效果与政策规划的预期目标之间的差异，来评判职业教育政策目标的完成程度。通常意义上，

① [美]威廉·N. 邓恩. 公共政策分析导论（第四版）[M]. 谢明，伏燕，朱雪宁，译. 北京：中国人民大学出版社，2011：152.

职业教育政策执行效益往往以提供的职业教育公共产品和公共服务（例如职业教育培训、技术技能型人才等）的数量或它们的货币价值来体现。

一般来讲，职业教育政策效益标准及指标体系包含两个层面含义：

（1）职业教育政策执行效果

职业教育政策执行效果一般是指职业教育政策执行后对政策目标群体（诸如各级各类职业院校、职校师生等）及环境所产生的影响和效果，其所描述的是职业教育政策执行行为或活动对相关的各种环境或政治系统所引起的变化，包括职业教育政策对目标群体的影响、对目前和未来职业教育发展的影响、职业教育政策执行所投入的各种直接或间接成本等。任何的职业教育政策执行，都会引起政策目标群体及社会环境状态发生某些变化，通过对这些变化的分析，可以确定一项职业教育政策所产生的效果。例如，我国职业教育培训相关政策降低了劳动力市场中低技能或无技能劳动者的数量，中职免费教育政策降低了中职生流失率等。

需说明两点：第一，职业教育政策执行效果不能等同于职业教育政策输出，职业教育政策输出泛指职业教育政策从事的工作或已经做过的事情，以及与此相关联的一系列统计或经济数字。例如，中职生均教育经费标准、中职学校设置标准等，这些只能向公众描述出政府做过什么，而不能告诉公众政府的政策行为产生了什么结果或影响，因此，属于职业教育政策产出，而不属于职业教育政策执行效果。第二，职业教育政策执行的效果具有多样性，与职业教育政策目标不完全相同，因此，不能将职业教育政策执行效果等同于职业教育政策目标。职业教育政策效果具有多样性，包括预期、非预期效果，长期、短期效果，显性、隐形效果，积极、消极效果等。而任何一项职业教育政策都不可能把所有的可能效果都纳入职业教育政策预期目标，但我们在衡量职业教育政策执行效果时，不能因为职业教育政策目标不包含某些政策效果就不予考虑。基于上述分析，在对职业教育政策执行的实际效果进行判断时，应重点考虑如下问题：职业教育政策执行是否产生了政策效果？如果产生了政策效果，那么这些政策效果表现领域有哪些？在此基础上，进一步分析政策效果的性质：这些政策效果哪些是职业教育政策预期的效果？哪些不是预期的效果？哪些是主要的政策效果？哪些是次要的政策效果？哪些是积极的政策效果？哪些是消极的政策效果？

（2）职业教育政策效果的充分性

职业教育政策效果的充分性是指政策效果在多大程度上解决了需要解决的公共职业教育问题。“充分性（adequacy）是指特定的政策效益对该政策问题、政策诉求及其目标人群的需要、价值和机会的契合与满足情况，它明确了对政策方案和有价值的结果之间关系强度的期望。”[①]也就是指，通过职业教育政策执行解决职业教育政策问题的程度是否达到了该职业教育政策设计的要求。

评估职业教育政策效果的充分性一般按照如下程序。首先，厘清职业教育政策目标。厘清和明晰职业教育政策目标是衡量职业教育政策执行效益的前提和基础，因而，这也就要求被衡量的职业教育政策必须要有明确的政策目标。如果职业教育政策目标模糊或模棱两可，就极易使评估者对政策目标的理解出现偏差，也就无法衡量政策执行效果。例如，中职示范校政策的政策目标是建成一批具有引领和示范作用的创新型中职学校，还是建成一批学校重点专业建设和特色项目建设，抑或是从一所中职学校角度来说获得高达 1000 万的职业教育经费投入？对政策目标理解的不同会直接决定在评估时对政策效果的判断。其次，对比职业教育政策目标与职业教育政策效果，主要评估政策效果是否达到了政策目标要求。例如，中职示范校政策确实取得了某些效果，但在引领和示范方面效果相对来说仍不够明显，这说明政策执行过程可能存在一定的问题。最后，评估职业教育政策目标实现后能够在多大程度上解决要解决的职业教育政策问题。例如，中职生免费教育政策的实施，是否真的解决了困难家庭孩子上中职的问题，或者说解决了中职学校招生难问题？这都需要结合政策目标群体

① ［美］威廉 · N. 邓恩. 公共政策分析导论（第二版）［M］. 北京：中国人民大学出版社，2002：307.

需求进行评估和判断。

4. 职业教育政策执行的效率标准及指标体系

"效率（efficiency）是指为产生特定水平的效益所要付出的努力的数量。效率是指效益和努力之间的关系，后者通常用货币成本计算。效率通常用单位产品或服务的成本，或者单位成本能提供的产品或服务的数量来计算。用最低成本获得最大效益的政策被称为是有效率的。"① 职业教育政策执行的效率标准及指标体系是指职业教育政策执行的资源投入与职业教育政策执行的效益产出之间的比例，这一标准主要用来衡量产生一定政策绩效的政策执行的情况，以及政策执行投入和资源使用情况是否恰到好处。换句话说，职业教育政策执行的效率标准关注的是一项职业教育政策执行取得某种政策效果时所必须消耗的政策执行资源的数量。因此，在多数情况下，效率指标是一组比值或比例指标，并可通过单位成本来衡量。当然，一般意义上，职业教育政策执行的效率标准比较关注"手段"问题，并且这种"手段"往往以货币的形式来加以表述和比较。例如，一项职业教育政策执行需要花费10亿元，帮助100所中职学校进行整体性学校质量提升与发展改革，另外一项职业教育政策执行需要花费20亿元，帮助100所中职学校进行整体性学校质量提升与发展改革，显然，前者比后者政策执行的效率更高。

基于上述分析，职业教育政策执行的效率标准及指标体系应主要关注如下问题：每单位职业教育政策资源的使用究竟能产生多大政策效益？每单位政策效益的产生最低需要多少职业教育政策执行资源的投入？当职业教育政策效益达到一定程度后，能否合理地降低所需的政策成本？有没有其他更好的方式或途径取得相同的政策效益？如果降低职业教育政策执行的成本，是否还能取得相同或类似的职业教育政策效益？

① [美]威廉·N. 邓恩. 公共政策分析导论（第四版）[M]. 谢明，伏燕，朱雪宁，译. 北京：中国人民大学出版社，2011：152.

（二）职业教育政策执行评估的政治标准及指标体系

如果说前文述及的诸多标准及指标体系皆是为职业教育政策执行评估形成事实判断奠定基础，那么，在事实判断的基础上对职业教育政策执行的价值选择取向和利益分配格局等进行价值判断，则涉及职业教育政策执行评估的政治标准及指标体系的范畴。职业教育政策执行评估的政治标准及指标体系主要涉及如下问题：职业教育政策执行过程中的权力、资源等配置是否公平和公正？职业教育政策效果究竟能够说明什么样的问题？职业教育政策效果到底体现了谁的利益需求？职业教育政策（包括执行）到底是成功的还是失败的？职业教育政策（包括执行）成功或失败的原因是什么？职业教育政策执行存在什么问题？这些问题是职业教育政策执行本身的问题，还是职业教育政策系统的问题？如果职业教育政策是失败的，那么导致失败的责任应由谁来承担？

1. 公平标准及指标体系

“公平标准和法律与社会理性密切相关，是指效果和努力在社会不同群体中的分配。一项公平的政策是指效果（如服务的数量或货币化的收益）或努力（如货币成本）能被公平或公正的分配。”[①]也就是说，公平标准及指标体系更多地关注“获益到底是为了谁”？

公平问题一直是哲学、政治学、经济学、伦理学等关注的核心问题之一，同时也是一个敏感而复杂的问题。正如埃德加·博登海默（Edgar Bodenheimer）在对正义探索时所言：“正义有着一张普洛透斯似的脸，变幻无常、随时可呈不同形状，并具有极不相同的面貌。当我们仔细查看这张脸并试图解开隐藏其表面之后的秘密时，我们往往会深感迷惑。”[②]关于公平，观点诸多。其中，功利主义公平观和约翰·罗尔斯主义的公平观是比较有代表性的公平观。功利主义是一种把功利或效用作为人的行为原则的伦理学说，所谓效用就是人们从生

---

① [美]威廉·N. 邓恩. 公共政策分析导论（第四版）[M]. 谢明，伏燕，朱雪宁，译. 北京：中国人民大学出版社，2011：155.

② [美] E. 博登海默. 法理学——法哲学及其方法[M]. 邓正来，姬敬武，译. 北京：华夏出版社，1987：238.

活环境中得到的幸福或满足程度，是人的主观心理作用，而效用最大化就是最大化由所有可能的位置所产生的期望效用，也即社会中所有位置的平均效用。在人数固定的情况下，这也相当于最大化所有社会成员的效用之和，从这个意义上讲，这一标准与帕累托最优在本质上没有太大区别。显然，按照此理论，政府施政的落脚点是“最大多数人的最大幸福”，也就是说，任何公共政策（包括职业教育政策）的应然目标是社会每一个人效用总和的最大化。与功利主义的“个人效用总和的最大化”不同，罗尔斯提出了“合乎最少受惠者的最大利益”理论，其理论是从最少受惠者的地位来看待和衡量任何一种不平等，反映了一种对最少受惠者的偏爱。

尽管无法对“公平观”这一复杂问题进行透彻的分析，但是，可以得出如下结论：依据不同的“公平观”，政策特别是最优政策的选择会面临不同的选择。在现实社会中，几乎所有的教育政策（包括职业教育政策）都会涉及公平问题，职业教育资源投入、资源分配、入学机会、招生政策、免学费政策、招聘政策、就业政策等无不涉及公平问题。因此，设置公平评估标准及指标体系的目的在于，衡量由于特定的职业教育政策执行而引起的权利、机会、资源、价值、收益与成本等在不同社会群体中的分配和配置是否符合公平、正义的原则。一般而言，如果职业教育政策执行存在如下情况，则说明存在不公平性：那些最需要的人并没有得到与他们的人数成比例的服务；最没有支付能力的人却要超出比例地分担成本，或者得益者并未支付成本。依据公平标准，如果一项职业教育政策在实施后，即使达到了当初设定的政策目标，且符合执行过程、政策效益和政策效率等标准，但却造成了不公平的职业教育资源和利益分配，甚至加剧了人们在入学机会、享受权利等方面的差距，那么这一职业教育政策就是不可取的。例如，近些年一直实施的关于职业教育国家级重点校政策、中职示范校政策、高职示范校政策等，其在解决了职业教育办学和人才培养的效率、效益等问题的同时，却导致“不公平性”问题日益凸显，值得政策制定者及公众关注。

2. 回应性标准及指标体系

回应性（Responsiveness）指职业教育政策执行结果满足特定群体的需要、偏好或价值观的程度。回应性标准及指标体系主要用来考察职业教育政策对其特定受益目标群体需要的满足程度。这一标准及指标体系的重要性在于，一项职业教育政策的执行结果可能会满足其他所有的标准——效益、效率、充分性、公平，但却不能对可能从职业教育政策中获益的某个群体的实际需要做出回应，从另一个角度来说，回应性其实也从侧面反映了效益、效率、充分性和公平等标准是否真的反映了特定目标群体的需要、偏好和价值观。

举例说明，2009 年 12 月，财政部、国家发展改革委、教育部、人力资源社会保障部联合发布《关于中等职业学校农村家庭经济困难学生和涉农专业学生免学费工作的意见》，该政策的目标群体主要是农村家庭经济困难学生和涉农专业学生，预设政策目标是希望通过实施该政策能减轻政策目标群体的教育负担，提高中职教育吸引力。但是，这样的政策目标是否真正满足了目标群体的需要、偏好和价值观呢？有调查显示，农村中职免费政策可能在实施过程中有效达成了资助涉农专业的中职学生的政策目标，但却在促进中职招生和资助贫困学生两个政策目标维度上存在严重失灵[①]，并未真正满足目标群体的需求、利益和偏好。也就是说，对于农村家庭经济困难学生，其真正的需要和偏好是什么，是到中等职业学校接受教育，抑或其他？另一项针对该政策实施效果的调查也显示，在被调查的 280 位中职在校生中，“除 2 位学生未表态，共有 127 位学生表示不愿意因为中职优惠政策而放弃进入普通高中的机会，占有效样本总量的 45.7%；99 位学生在两者间很难做出选择，占有效样本总量的 35.6%；28 位学生表示愿意放弃普通高中，仅占 10.1%；另有 24 位（8.6%）学生对两者皆不在乎”[②]。显然，该调查结果提醒我们要关注政策目标群体的需求和价值偏好，

① 陈胜祥. 农村中职免费政策失灵：表现、成因与对策——基于浙、赣、青三省的调查[J]. 教育科学，2011（5）：13-19.

② 郑茹方. 中职免费政策实施效果调查——以江西某中职示范校为样本[J]. 职业技术教育，2012（2）：66-69.

否则，过低的政策回应度，难以激发政策目标群体的热情和积极性，也就无从谈起达成政策目标的问题。

（三）“人”的标准

“人”是职业教育政策执行监测与评估的逻辑起点，同时也是职业教育政策执行监测与评估的最终落脚点，在职业教育政策执行监测与评估活动中，要以“人”为出发点，监测与评估过程也要坚持“人的在场”，并且最终要以是否有利于“人的发展”为最终归依。需说明的是，这里的“人”主要是指职业教育的利益相关者，包括职业教育领域的学生、教师、学校管理者、教育行政部门、行业（企业）及其他与职业教育直接或间接相关的公众。

从职业教育政策逻辑起点来看，任何的职业教育政策都是要解决职业教育中的“人”的问题，特别是关于“人的受教育和人的发展”的公共职业教育问题，并通过“人的受教育和人的发展”问题的解决来促进社会的发展。“教育政策具有‘促进人的发展’这一独特宗旨，以‘人’而非‘营利’为目的，其对公共教育资源的分配是无偿的和非营利的。”①因此，任何的职业教育政策执行都不能违背职业教育政策这一独特宗旨。

从职业教育政策的执行过程来看，其涉及的利益主体较之其他教育政策类型更为复杂和多样，有职业教育领域的学生、教师、学校管理者、教育行政部门、行业（企业）及其他与职业教育直接或间接相关的公众等。这样，主体的多样性带来的利益需求、利益分配就更为复杂。因此，职业教育政策执行就更要关照到“人”的利益需求和利益分配问题，更要以政策执行过程是否有利于职业教育中的“人”的发展为根本标准和尺度。除此之外，“人的在场”还意味着在职业教育政策执行中要极力规避“见物不见人”的政策执行理念，任何政策内容和措施的制定和实施都要考虑职业教育领域中“人”的存在。

从职业教育政策的执行效果或政策结果来看，“人是目的”应该成为职业教育政策执行的最终追求结果，尤其是“人的全面、个性化

---

① 范国睿，等. 教育政策的理论与实践[M]. 上海：上海教育出版社，2011：14.

和可持续发展”应成为职业教育政策执行的最终目标和应然状态。

需说明的是，职业教育政策评估的技术标准及指标体系、政治标准及指标体系与“人”的标准及指标体系三者之间并不是截然分开的，三者之间是一种辩证统一的关系。虽然三者在内容、作用方面各不相同，也不存在必然的一一对应关系，但三者之间相互联系、相互制约。政治标准及指标体系一定程度上决定着技术标准及指标体系，即技术标准及指标体系的设置要体现、服从和服务于政治标准及指标体系；同时，技术标准及指标体系会影响政治标准及指标体系，即技术标准设置得是否科学、合理，直接关系到政治标准及指标体系的设置及其合理性问题；然而，技术标准及指标体系和政治标准及指标体系都终将落脚于“人”的标准及指标体系。

后　记

书稿修改完成之际，正值英国格拉斯哥秋雨瑟瑟之时，不时有冷风袭来，但因为书稿终于可以画上一个句号，内心竟有几分欢悦，虽与家相隔万里，但想到远方的亲人，不禁多了几分暖意。谢谢家人用包容、牵挂、鼓励和默默的付出，始终无私地支持我，这本书献给我的家人。

书稿的完成是艰难的，特别是在写作时间被分割得七零八碎之后，断断续续的写作过程有时让人抓狂，但好在有无数个鲜活、生动的脸庞和身影出现——他们是给我“讲故事”的人，其实他们本身也是“故事”中的人。他们就是让我钦佩不已的职教中人。他们给我讲他们的爱、他们的忧虑、他们的顺从、他们的勇敢，而所有这一切都与职业教育密切相关。我见证了他们在讲述时的自豪、焦虑、迷茫，更见证了他们在讲述时的“爱之深则恨之切”，感谢他们将爱、真诚和勇敢投入自己选择的职教事业中，更感谢他们无私、坦诚地面对我的各种询问和不解，是他们让我真切地感受到职业教育的各种“现场”，也渐渐清晰自己的责任和使命。感谢这些有责任感、勇敢、不断探索的职教中人。

感谢书稿完成过程中不断给予我鼓励和支持的师长、朋友，还有我那些可爱的研究生们！

2019年可以说是职业教育发展的不平凡的一年。年初《国家职业教育改革实施方案》发布，之后一系列“大动作”不断出现，高职的“双高”计划、“1+X”证书制度试点、高职扩招专项、全面推进现代学徒制、退役士兵职业教育等诸多职教改革政策相继出台，足以彰显国家对职业教育的重视以及发展职业教育的决心，职业教育改革发展的“新时代”正在到来。在这一时代背景下，作为身处其中的一个研究者、亲历者、见证者，我有责任为构建中国特色职业教育理论体系贡献一己之力，更有义务为解决我国职业教育实践领域的真问题而努力。我愿意继续努力！

感谢南开大学出版社编辑部主任李佳在本书出版过程中付出的努力，感谢编辑刘兵老师对书稿一丝不苟的审阅与核对，在后期书稿退改过程中，我常常被她的细心和责任心感动，这份感动将成为我未来继续努力前进的力量。

当然，本书文责自负。

2019 年 9 月 28 日

于英国格拉斯哥大学教育学院